工业和信息化部"工业和信息产业科技与教育专著出版资金
高职"十三五"市场营销专业"全景教学"系列项目规则教材

市场调查与预测

陈 兵 主编

卢 宇 熊 英 副主编

电子工业出版社
Publishing House of Electronics Industry
北京·BEIJING

内 容 简 介

本书根据市场调查与预测经历的全过程，分为4篇8个项目：调查篇包括，项目1市场调查的基本知识、项目2市场调查方案的方式和方法；分析篇包括，项目3数据整理和描述分析、项目4调查参数估计（选修与提高项目）；预测篇包括，项目5定性预测法、项目6时间序列预测法、项目7回归分析预测法；报告篇为项目8市场调研报告和市场预测报告的撰写。

本书可作为高等职业院校市场营销专业和其他相关专业的教材，也可以作为职业培训以及企业管理人员的自学参考书。

未经许可，不得以任何方式复制或抄袭本书之部分或全部内容。
版权所有，侵权必究。

图书在版编目（CIP）数据

市场调查与预测/陈兵主编. —北京：电子工业出版社，2018.11

ISBN 978-7-121-35227-0

Ⅰ. ①市… Ⅱ. ①陈… Ⅲ. ①市场调查—高等职业教育—教材 ②市场预测—高等职业教育—教材 Ⅳ. ①F713.52

中国版本图书馆 CIP 数据核字（2018）第 238876 号

策划编辑：朱干支
责任编辑：裴 杰
印　　刷：三河市君旺印务有限公司
装　　订：三河市君旺印务有限公司
出版发行：电子工业出版社
　　　　　北京市海淀区万寿路173信箱　邮编　100036
开　　本：787×1 092　1/16　印张：15.25　字数：430千字
版　　次：2018年11月第1版
印　　次：2019年7月第2次印刷
定　　价：39.00元

凡所购买电子工业出版社图书有缺损问题，请向购买书店调换。若书店售缺，请与本社发行部联系，联系及邮购电话：(010) 88254888，88258888。

质量投诉请发邮件至 zlts@phei.com.cn，盗版侵权举报请发邮件至 dbqq@phei.com.cn。
本书咨询联系方式：(010) 88254573，zgz@phei.com.cn。

前　言

多年来，高职专业课程过于强调实操，理论只求"必需、够用"足矣，尤其是市场调查与预测课程，高职学生调查技能普遍不错，但调查分析乃常见短板，这使得他们的调查与预测水准难以提高。

本书作者以同时注重"实务+理论"为出发点，强调实用性操作，讲清说透必备调查理论，编写了这本能全面提高学生调查预测技能和知识的教材。这是一本以能力提升为导向，面向实际，重视应用，内容丰富的教材。

根据市场调查与预测经历的全过程，全书分为四篇：调查篇、分析篇、预测篇、报告篇。总共8个项目。

调查篇介绍了市场调查的实际操作，其中，项目1介绍市场调查的基本知识；项目2介绍市场调查方案的方式和方法。

分析篇是关于调查数据的整理与分析，其中，项目3介绍数据整理和描述分析；项目4介绍调查参数估计（选修与提高项目）。

预测篇讲解各种预测方法，其中，项目5介绍定性预测法；项目6介绍时间序列预测法；项目7介绍回归分析预测法。

报告篇为项目8，介绍市场调研报告和市场预测报告的撰写。

本书特点：

（1）结构严谨。内容安排科学、合理，内容全面，包含了市场调查与预测比较完整的知识。

（2）重点与难点突出。不用过多的其他链接、拓展等不必要的内容冲淡主题。

（3）理论联系实际。兼顾实用性与理论性，使学生既掌握实操，也学会理论基础。

（4）与全国大学生市场调查与分析大赛接轨。书中不少内容参考了全国大学生市场调查与分析比赛要求和内容，也是一本难得的比赛学习参考书。

（5）习题丰富，便于练习。

（6）补充了必备的统计学知识。统计学与市场调查与预测关系十分密切，但目前，许多高职学院营销专业未开设统计学课程，这就极大地影响了他们对市场调查与预测的学习和实际应用。项目4可作为选学的补充内容。

本书的项目4～项目8由湖南商务职业技术学院陈兵老师编写。项目3由湖南商务职业技术学院卢宇老师编写。项目1、2由湖南现代物流职业技术学院熊英老师编写。全书由陈兵老师统稿。

由于作者水平有限，错误在所难免，欢迎广大读者批评指正。

编　者

目 录

◢ 调查篇 ◣

项目 1　市场调查的基本知识 1
　任务 1.1　市场调查的概念、特点、作用与分类 2
　　1.1.1　市场调查的概念与特点 2
　　1.1.2　市场调查的作用与分类 4
　任务 1.2　市场调查的原则与流程 7
　　1.2.1　市场调查的原则 7
　　1.2.2　市场调查的流程 8
　任务 1.3　市场调查的内容 10
　　1.3.1　市场环境调查 10
　　1.3.2　市场需求调查 12
　　1.3.3　市场营销调查 13

项目 2　市场调查方案的方式和方法 18
　任务 2.1　市场调查方案概述 19
　　2.1.1　市场调查方案设计的程序和类型 19
　　2.1.2　市场调查方案的主要内容 21
　　2.1.3　市场调查方案的评价 25
　任务 2.2　市场调查的基本方式 26
　　2.2.1　普查 26
　　2.2.2　重点调查 26
　　2.2.3　典型调查 27
　任务 2.3　文案调查法 28
　　2.3.1　文案调查法的含义、特点、功能与原则 28
　　2.3.2　文案调查的途径 30
　　2.3.3　文案调查的方法 31
　　2.3.4　市场信息的分类 32
　任务 2.4　抽样调查法 33
　　2.4.1　抽样调查的基本理论 33
　　2.4.2　随机抽样技术及其应用 37
　　2.4.3　抽样误差及其样本容量的确定 40
　　2.4.4　非随机抽样技术 42
　任务 2.5　问卷调查法 45

  2.5.1　问卷设计的原则与程序 ……………………………………………………… 46
  2.5.2　问卷的结构 …………………………………………………………………… 48
  2.5.3　问卷的设计技术 ……………………………………………………………… 51
  2.5.4　问卷中的态度量表 …………………………………………………………… 56
 任务 2.6　询问调查法 ……………………………………………………………………… 59
  2.6.1　面谈调查法 …………………………………………………………………… 59
  2.6.2　电话调查法 …………………………………………………………………… 61
  2.6.3　邮寄调查法 …………………………………………………………………… 62
 任务 2.7　观察调查法 ……………………………………………………………………… 63
  2.7.1　观察调查法的特点、类型记录技术和内容 ………………………………… 63
  2.7.2　观察调查法的原则和程序 …………………………………………………… 64
 任务 2.8　实验调查法 ……………………………………………………………………… 65
  2.8.1　无控制组的事前事后对比实验 ……………………………………………… 65
  2.8.2　有控制组的事后实验 ………………………………………………………… 66
  2.8.3　有控制组的事前事后对比实验 ……………………………………………… 67
 任务 2.9　网络调查法 ……………………………………………………………………… 67
  2.9.1　网络调查法的含义、特点与存在的问题 …………………………………… 68
  2.9.2　网络调查法的常用方法 ……………………………………………………… 70

▲ 分析篇 ▲

项目 3　数据整理和描述分析 ……………………………………………………………… 78
 任务 3.1　数据的整理与图表显示 ………………………………………………………… 79
  3.1.1　数据的类型 …………………………………………………………………… 79
  3.1.2　数据的分组 …………………………………………………………………… 80
  3.1.3　数据的图形显示 ……………………………………………………………… 83
 任务 3.2　数据集中趋势的度量 …………………………………………………………… 86
  3.2.1　平均数 ………………………………………………………………………… 86
  3.2.2　中位数 ………………………………………………………………………… 87
  3.2.3　众数 …………………………………………………………………………… 88
 任务 3.3　数据离散趋势的度量 …………………………………………………………… 88
  3.3.1　极差 …………………………………………………………………………… 88
  3.3.2　四分位点和四分位极差 ……………………………………………………… 89
  3.3.3　方差和标准差 ………………………………………………………………… 90
  3.3.4　变异系数 ……………………………………………………………………… 90

项目 4　调查参数估计（选修与提高项目）……………………………………………… 101
 任务 4.1　抽样分布 ………………………………………………………………………… 102
  4.1.1　总体分布与总体参数 ………………………………………………………… 102
  4.1.2　统计量和抽样分布 …………………………………………………………… 102
  4.1.3　统计量的标准误差 …………………………………………………………… 103
 任务 4.2　参数估计的一般问题 …………………………………………………………… 104

  4.2.1 估计量与估计值 104
  4.2.2 点估计与区间估计——参数估计的两种方法 104
  4.2.3 评价点估计量的标准 105
 任务 4.3 一个总体参数的区间估计 105
  4.3.1 总体均值的区间估计 105
  4.3.2 总体比例（二项总体参数 P）的区间估计 107
 任务 4.4 样本容量的确定 108
  4.4.1 估计总体均值时样本量的确定 108
  4.4.2 估计总体比例时样本量的确定 108

▲ 预测篇 ▲

项目 5 定性预测法 116
 任务 5.1 市场预测 117
  5.1.1 市场预测的概念 117
  5.1.2 市场预测的特征 117
  5.1.3 市场预测的作用 118
  5.1.4 市场预测的原则 119
  5.1.5 市场预测的分类 120
  5.1.6 市场预测的内容 121
  5.1.7 市场预测的步骤 122
 任务 5.2 类推预测法 124
  5.2.1 类推预测法概述 124
  5.2.2 类推预测法的应用举例 125
 任务 5.3 调研预测法 126
  5.3.1 试验推算法 127
  5.3.2 市场因子推演法 127
  5.3.3 联测法 128
  5.3.4 集合意见推算预测法 129
 任务 5.4 指标与概率预测法 132
  5.4.1 指标预测法 132
  5.4.2 概率预测法 134
 任务 5.5 专家预测法 137
  5.5.1 专家预测法的含义、特点过程及优点 137
  5.5.2 专家意见汇总预测法 138
  5.5.3 头脑风暴法 140
 任务 5.6 德尔菲预测法 143
  5.6.1 德尔菲预测法的含义和特点 143
  5.6.2 德尔菲预测法的程序 144
  5.6.3 德尔菲预测法的优缺点 144
  5.6.4 德尔菲预测法的实施注意事项 145
  5.6.5 德尔菲预测法的应用举例 146

项目 6　时间序列预测法 ... 157

任务 6.1　移动平均法 ... 158
6.1.1　简单移动平均法 ... 158
6.1.2　加权移动平均法 ... 160

任务 6.2　指数平滑法 ... 163
6.2.1　一次指数平滑法 ... 164
6.2.2　二次指数平滑法 ... 165

任务 6.3　延伸曲线法 ... 167
6.3.1　直线趋势延伸预测法 ... 167
6.3.2　曲线趋势延伸预测法 ... 170

任务 6.4　季节变动法 ... 173
6.4.1　季节变动预测法与季节指数 ... 173
6.4.2　无趋势季节变动预测法 ... 173
6.4.3　长期趋势季节变动预测法 ... 174

项目 7　回归分析预测法 ... 189

任务 7.1　相关分析 ... 190
7.1.1　函数关系与相关关系 ... 190
7.1.2　用散点图描述相关关系 ... 190
7.1.3　相关系数 ... 191

任务 7.2　一元线性回归预测法 ... 194

任务 7.3　多元线性回归预测法 ... 200

任务 7.4　非线性回归预测法 ... 204
7.4.1　非线性回归预测方法 ... 204
7.4.2　非线性回归预测的选配曲线 ... 206
7.4.3　非线性回归预测原则 ... 207

报告篇

项目 8　市场调研报告和市场预测报告的撰写 ... 221

任务 8.1　市场调研报告的撰写 ... 222
8.1.1　市场调研报告概述 ... 222
8.1.2　市场调研报告的写作 ... 223

任务 8.2　市场预测报告的撰写 ... 228
8.2.1　市场预测报告概述 ... 228
8.2.2　市场预测报告的写作 ... 229
8.2.3　市场预测报告的撰写要求 ... 230

参考文献 ... 235

调查篇

项目 1

市场调查的基本知识

学习目标

知识目标

1. 理解市场调查的含义;
2. 了解市场调查的作用与分类;
3. 掌握市场调查工作的内容。

能力目标

1. 能体会市场调查的意义;
2. 能说明不同市场调查分类的差异;
3. 能结合实际认识市场调查的流程。

市场调查与预测

引入案例

在20世纪60年代中期，有两个鞋厂的推销员先后到达南太平洋的一个岛屿上，目的都是推销皮鞋。这两位市场调查者发现了一个共同的事实：这个岛屿上人人光脚，都不穿鞋子。在同样的事实面前，一个人沮丧不已，给公司总部发回的电报是："本岛无人穿鞋，我决定明天返回"；另一个却大喜过望，给公司总部发回的电报是："好极了，该岛无人穿鞋，是个很好的市场。我将驻在此地，开展促销活动。"这是怎么回事呢？原来，这就是不同的思维，有着不同的分析判断。前者认为：不穿鞋的人永远不穿鞋，推销等于"瞎子点灯白费蜡"；后者则认为：今天不穿鞋不等于永远不穿鞋，随着生活水平的提高和外来文化的影响，他们的生活习惯会逐渐得以改变。因此，后者便印制了一种没有文字的广告画，画的是岛上的一位壮汉，脚穿皮鞋，肩扛虎豹狼鹿等猎物，形象威武雄壮。岛上的人果然欣然接受了穿鞋这一文明的生活方式。该公司的皮鞋畅销于该岛，公司赚到一大笔钱，并牢牢地把握住了这一市场。

任务1.1 市场调查的概念、特点、作用与分类

1.1.1 市场调查的概念与特点

（一）市场的含义

市场经济条件下，企业的生产和经营必须重视市场的需求，企业家都是按照自己对市场的理解来组织经营活动的。随着商品经济的发展，市场这个概念的内涵也不断充实和发展。目前对市场较为普遍的理解主要有以下几点。

（1）市场是商品交换的场所。商品交换活动一般都要在一定的空间范围内进行，市场首先表现为买卖双方聚在一起进行商品交换的地点或场所。这是人们对市场最初的认识，虽不全面但仍有现实意义。

（2）市场是商品的需求量。从市场营销者的立场来看，市场是指具有特定需要和欲望、意愿并能够通过交换来满足这种需要或欲望的全部顾客。顾客是市场的中心，而供给者都是同行的竞争者，只能形成行业，而不能构成市场。

人口、购买能力和购买欲望这三个相互制约的因素，结合起来才能构成现实的市场，并决定着市场的规模与容量。人们常说的"某某市场很大"，并不都是指交易场所的面积大，而是指某某商品的现实需求和潜在需求的数量很大。这样理解市场，对开展市场调研有直接的指导意义。人口+购买能力+购买欲望=现实有效的市场，如图1-1所示。

（3）市场是商品供求双方相互作用的总和。人们经常使用的"买方市场"或"卖方市场"的说法，就是反映商品供求双方交易力量的不同状况。在买方市场条件下，市场调研的重点应放在买方；反之，则应放在卖方。

项目 1
市场调查的基本知识

（4）市场是商品交换关系的总和。在市场上，一切商品都要经历商品—货币—商品的循环过程。一种形态是由商品转化为货币，另一种则是由货币转化为商品。这种互相联系、不可分割的商品买卖过程，就形成了社会整体市场。

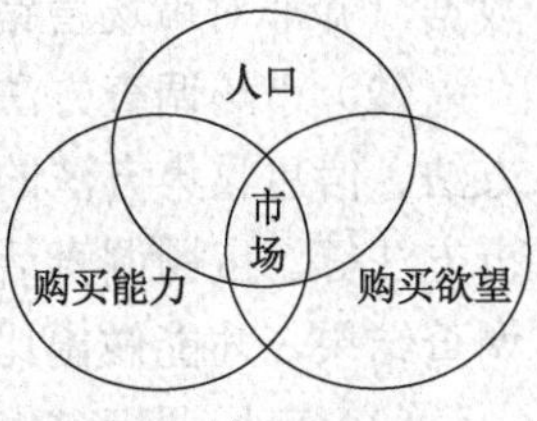

图 1-1　市场的构成

（二）市场调查的概念

现代企业在进行经营决策时，首先要了解内部和外部的环境及信息，要掌握信息，就必须进行市场调查。企业的管理部门或有关负责人要针对某些问题进行决策或修正原定产品策略、定价策略、分销策略、广告和推广策略等，通常需要了解的情况和考虑的问题是多方面的，如产品在哪些市场的销售前景较好？产品在某个市场上的销售预计可达到什么样的数量？怎样才能扩大企业产品的销路，增加销售数量？如何掌握产品的价格？应该使用什么方法去组织产品推销？如此种种问题，只有通过实际市场调查之后才能得到具体答案，才能作为决策或修正策略的客观依据。

在国外，市场调查活动统称为市场调研或营销调研。

国际商会/欧洲民意和市场营销调查学会认为："营销调查（Marketing Research）是指个人和组织对有关其经济、社会、政治和日常活动范围内的行动、需要、态度、意见、动机等情况进行系统收集、客观记录、分类、分析和提出数据资料的活动。"

美国市场营销协会认为，市场调研活动是指一种通过信息将消费者、顾客和公众与营销者联结起来的职能。简单地说，市场调研是指对于营销决策的相关数据进行计划、收集和分析，并把分析结果与管理者沟通的过程。

我们认为，市场调查是企业营销活动的先导，是指为了形成特定的市场营销决策，以科学的方法、客观的态度，对市场营销有关问题所需的信息，进行系统的收集、记录、整理和分析，以了解市场发展变化的现状和预测未来发展趋势的一系列活动过程。

【案例】一个总统的营销

美国前总统克林顿曾经采用市场调查的方法推行他的新政策和废除原来的旧政策，他和他的助手们广泛地采用了群体调查、电话调查、个人调查及面谈形式的会议等方法来了解人们期望从他的政策中得到什么。在克林顿眼里，国家的纳税人是他的政府机构的"顾客"。克林顿的调研开始于他在美国的第一次演说。在这次演说中，他提出了包括税收在内的一揽子新经济政策。白宫采用市场调查的方法来使这套粗糙的政策变得可行，并把它们推销给美国民众。提高税率是其中最难推销的一项政策，克林顿政府利用群体调查和电话调查的方法来决定如何使之受到大家的欢迎。调查结果显示的是民众愿意缴纳较高的税来减少国家的债务，但它同时还表明民众希望克林顿总统和国会能着手处理浪费性的联邦支出。因此，削减预算赤字就成了这一揽子政策的重要内容。

课堂思考

克林顿是如何广泛使用了市场调查的方法达到其政治目的的？（提示：制定新的政策和提供新产品完全相同，在推销时你要密切关注受众的最终的利益）

（三）市场调查的特点

（1）市场调查目的的针对性。市场调查的目的是了解、分析和判断企业市场营销管理中是否存在问题，或解决已存在问题，预测未来的发展趋势，从而为企业制定决策提供切实可靠的

市场调查与预测

数据,并非对市场营销的所有问题笼统、盲目地进行调查。

(2)市场调查方法的科学性。市场调查活动必须采用科学的方法,如市场信息范围的确定方法、信息收集方法的选择、流程的设计、执行的技巧与严谨度、采集到数据的处理方法和分析方法等。市场调查活动只有运用科学的方法进行组织、实施和管理,才能获取可信度较高的调查结果,才能做出比较正确的市场决策。

(3)市场调查过程的关联性。市场调查活动是一个系统化的工作,包括调查活动的设计与组织,所需信息资料的收集、整理和分析,调查报告的出具等。一系列工作环环相扣,紧密联系,既互相依存又互相影响,共同构建了市场调查活动的全过程。

课堂思考

我们应该如何理解市场调查目的的针对性、方法的科学性,以及过程的关联性?

1.1.2 市场调查的作用与分类

(一)市场调查的作用

在经济全球化的今天,市场竞争更加激烈。企业更需要确切的市场信息,以制定出科学的营销策略,如我们的消费者是谁?他们的需求是什么?竞争对手的优势是什么?从中我们可以看出市场调查在市场营销管理中的重要地位。市场调查的主要作用体现在如下几个方面。

(1)市场调查是企业市场营销活动的起点。企业的营销活动是从市场调查开始的,通过市场调查识别和确定市场机会,制订营销计划,选择目标市场,设计营销组合,对营销计划的执行情况进行监控和信息反馈。在这一过程中,企业的每一步都离不开市场调查,都需要市场调查为决策提供信息。企业管理部门和有关人员针对某些问题进行决策时,如进行产品策略、价格策略、分销策略、广告和促销策略的制定等,只有通过具体的调查活动,才能获得决策依据。

(2)市场调查是企业进行决策检验和修正的依据。企业依据市场调查获得的资料,可检验企业的计划和战略是否可行,有无疏忽和遗漏,是否需要修正,并提供相应的修改方案。通过了解分析市场信息,可以避免企业在制定营销策略时发生错误,或可以帮助营销决策者了解当前营销策略及营销活动的得失,以做出修正。只有实际了解市场的情况,才能有针对性地制定切实可靠的市场营销策略和企业经营发展策略。

(3)市场调查可以使企业发现消费者的需求。随着市场经济的发展,消费者的需求变化越来越快,产品的生命周期日趋缩短,市场竞争更加激烈,对于企业而言,能否及时了解市场的变化情况,并适时采取应变措施,是企业能否取胜的关键。企业通过市场调查,可以发现市场中未被充分满足的需求,确定本企业的目标市场。同时,还可以根据消费者需求的变化特点,适时开发生产相应的产品,并采取有效的营销策略,将产品及时送到消费者手中,满足目标顾客的需要。

【案例】麦当劳的开业调查

麦当劳在中国开到哪里火到哪里,令中国餐饮界人士既羡慕又嫉妒。可是有人看到了它前期认真细致的市场调研工作了吗?

20世纪80年代,麦当劳在进入中国前已经做好了充分的准备:连续5年跟踪调查,了解中国消费者的经济收入情况和消费习惯;为了达到优良的食品品质,尤其是薯条,提前4年在北方试种马铃薯,最后选择了在中国最适合种植土豆的地方——山西来种植土豆,这大大节约

项目 1
市场调查的基本知识

了它们从本土进口土豆的经费,还不远万里从我国香港地区空运麦当劳快餐成品到北京,进行口味试验和分析;开第一家分店时,麦当劳在北京选了5个地点进行反复比较、论证,最后麦当劳在中国正式开业,一炮打响。

小练习

从报刊、网络查询麦当劳在中国的开店历程,并记录其市场调查的详细过程,进行课堂交流。

(4)市场调查有利于企业随时了解市场环境的变化。随着竞争的加剧,企业所面临的市场环境不断地发生变化,如产品、价格、分销、广告、推销等市场因素,以及有关政治、经济、文化、地理条件等市场环境因素。这两类因素往往相互联系与影响,不断发生变化。企业如果要适应这种变化,就只能通过市场调查,及时了解市场因素和市场环境因素的变化,从而有针对性地采取措施,调整营销策略,以应对市场竞争,从而增强企业的竞争能力。

(5)市场调查可以为企业整体宣传策略提供信息支持。市场宣传推广需要了解各种信息的传播渠道和传播机制,以寻找合适的宣传推广载体和方式以及详细的营销计划,这也需要通过市场调查来解决,特别是在高速变化的环境下,过去的经验只能减少犯错误的机会,更需要适时的信息更新来保证宣传推广得到位。通常在市场宣传推广中,还需要引用媒体、政府等部门的信息支持,如从消费者认同度、品牌知名度、满意度、市场份额等方面提供企业的优势信息,以满足进一步的需要。

【案例】市场调查看衰 iPhone 2016 年四季度出货量,2017 年或更差

在三星 Galaxy Note 7 的助攻下,业界曾普遍认为 iPhone 捡到了最好的机会,即使 iPhone 7 缺乏创新也将获得增长,但是一夜之间市场调查公司对 iPhone 7 的出货量就转变了看法,看衰其 2016 年四季度的出货量,在这样的情况下 2017 年上半年 iPhone 的出货量或许会更差。

市场调查公司 GfK 最新发布的调查报告指出,iPhone 7 的销售情况可能比 2015 年更低,这是第一家权威的机构发出了看衰 iPhone 7 四季度出货量的报告。

其实此前看好 iPhone 7 的出货量数据也首先是依据美国运营商的预定数据得出的,并没有详细分析其他地区的情况,GfK 的数据则恰恰是在非美国进行市场调查得出的结论。但是美国市场 iPhone 出货量的比例已经大幅度降低,2014 年四季度中国正式超过美国成为 iPhone 的最大销售市场。就出货量比例来看,中国占据了 iPhone 全球出货量的 35%,而美国仅为 24%。由此可见,仅依据美国市场的预订量数据就认定 iPhone 7 的出货量会比较好过于乐观了。其实即使是在美国市场,也同样出现了自相矛盾的现象。与运营商的预订量翻倍增长相反的是,美国多个 iPhone 直营店在 iPhone 7 首发销售的排队人数降到了新低,只有 iPhone 6S 发售的六成,更不到 iPhone 6 发售的三成。

其实与中国内地市场高度相关的黄牛收购价也反映了 iPhone 7 远不如 iPhone 6 发售时的疯狂,旺角的黄牛收购价除了亮黑色款外在发售不久均跌穿了官方的发售价格,这体现了中国大陆市场对 iPhone 7 的反应是相当冷淡的,已不再如当初对 iPhone 6 那么狂热。

(二)市场调查的分类

根据不同的标准,市场调查工作可以分为以下类型。

1)按调查对象的范围划分

(1)全面调查。全面调查是指对调查对象全体或对涉及市场问题的对象进行逐一的、普遍的、全面的调查。其优点是全面、精确。适用于取得调查总体的全面系统的总量资料,如我国的人口普查。然而，其缺点也十分明显，全面调查费时、费力、费资金，所以适合在被调查对象数量少，企业人、财、物力都比较雄厚时采用。

（2）抽样调查。抽样调查是指从目标总体中选取一定数量的样本作为调查对象进行调查。其特点是以较少的时间、费用，获得一定的调查结果，以推测市场的总体情况。抽样调查的样本少，调查者人数要求少，时效性较高，并且可以通过对调查者进行很好的培训，以提高调查的准确率。同时抽样调查也是一种重要的调查方法，将在以后的章节中介绍。

2）按调查性质划分

（1）探索性调查。探索性调查又称试探性调查或非正式调查，是指当调查的问题或范围不明确时所采用的一种方法，主要用来发现问题、寻找机会和解决问题。探索性调查一般采用文献资料的收集、小组座谈会或专家座谈会等调查方法。

（2）描述性调查。描述性调查是指进行事实资料的收集、整理，把市场的客观情况如实地加以描述和反映。描述性调查通常会描述被调查者的人口统计学特征、习惯偏好和行为方式等。通过描述性调查来解决诸如"是什么"的问题，它比探索性调查更深入、更细致。

【案例】

美国《青少年博览》杂志为了了解其读者的特点，特针对 12～15 岁的少女使用香水、口红的情况进行了一次描述性调查。调查数据显示：12～15 岁的少女中有 86.4%的人使用香水，有 84.9%的人使用口红。而在使用香水的女孩中有 27%的人使用自己喜爱的品牌，有 6%的人使用别人推荐的品牌。调查结果表明，美国 12～15 岁的大多数少女使用化妆品，且开始使用化妆品的年龄较小，对品牌的忠实程度高。

（3）因果关系调查。因果关系调查是指为了了解市场各个因素之间的相互关联，进一步分析何为因、何为果的一种调查类型。其目的是要获取有关起因和结果之间联系的证据，用来解决诸如"为什么"的问题，即分析影响目标问题的各个因素之间的相互关系，并确定哪几个因素起主导作用。

（4）预测性调查。预测性调查是指对未来市场的需求变化做出估计，属于市场预测的范围。所以，常用一些预测模型来进行定量分析。

3）按调查时间划分

（1）连续性调查。连续性调查是指对所确定的调查内容接连不断地进行调查，以掌握其动态发展的状况，如定期统计报表就是我国定期取得统计资料的重要方式。它有国家统一规定的表格和要求，一般由上而下统一布置，然后由下而上提供统计资料。

（2）一次性调查。一次性调查是指针对企业当前所面临的问题组织专项调查，以尽快找到解决问题的一种调查方式。企业的很多专项调查都属于一次性调查，如新产品命名调查、顾客满意度调查、市场营销组合调查、广告效果调查等。

4）按收集资料的方法划分

（1）方案调查。方案调查又称二手资料调查，是指对已公开发布的资料、信息加以收集、整理和分析的一种调查类型。优点是简单、快速、节省经费；缺点是缺乏时效性，即不一定适合当前的情况。

（2）实地调查。实地调查又称第一手资料调查，是指调查员直接向被访问者收集第一手资料，再加以分析，写出调查报告。实地调查法包括观察法、访问法和实验法等。实地调查法所花费的人力、时间和费用比方案调查法要大得多。

（3）网络调查。网络调查是指互联网上针对选定营销环境进行简单调查设计、收集资料和初步分析的活动。网络调查分为两种方式：一种是利用互联网直接进行问卷调查的方式收集一手资料；另一种是利用互联网的媒体功能，从互联网收集二手资料。

任务 1.2　市场调查的原则与流程

1.2.1　市场调查的原则

市场调查既然是通过收集、分类、筛选资料，为企业生产经营提供正确依据的活动，它就需要遵循以下原则。

1）时效性原则

市场调查的时效性表现为应及时捕捉和抓住市场上任何有用的情报、信息，及时分析、及时反馈，为企业在经营过程中适时地制定和调整策略创造条件。

2）准确性原则

市场调查收集到的资料必须体现准确性原则，对调查资料的分析必须实事求是，尊重客观实际，切忌以主观臆造来代替科学的分析。同样，片面、以偏概全也是不可取的。要使企业的经营活动在正确的轨道上运行，就必须要有准确的信息作为依据，才能瞄准市场，看清问题，抓住时机。

3）系统性原则

市场调查的系统性表现为应全面收集有关企业生产和经营方面的信息资料。市场调查既要了解企业的生产和经营实际，又要了解竞争对手的有关情况；既要认识到其内部机构设置、人员配备、管理素质和方式等对经营的影响，也要调查社会环境的各方面对企业和消费者的影响程度。

4）经济性原则

市场调查是一件费时、费力、费财的活动。它不仅需要体力和脑力的支出，同时还要利用一定的物质手段，以确保调查工作顺利进行和调查结果的准确。市场调查要讲求经济效益，力争以较少的投入取得最好的效果。

5）科学性原则

市场调查不是简单地收集情报、信息的活动，为了在时间和经费有限的情况下，获得更多更准确的资料和信息，就必须对调查的过程进行科学的安排。采用什么样的调查方式、选择谁作为调查对象、问卷如何拟订才能达到既明确表达意图又能被调查者易于答复的效果，这些都需要进行认真的研究；同时还要运用一些社会学和心理学等方面的知识，以便与被调查者更好地交流；在汇集调查资料的过程中，要使用计算机这种高科技产品来代替手工操作，对大量信息及时进行准确严格的分类和统计；对资料所做的分析应由具有一定专业知识的人员进行，以便对汇总的资料和信息做出更深入的分析；分析人员还要掌握和运用相关数学模型和公式，从而将汇总的资料以理性化的数据表示出来，精确地反映调查结果。

6）保密性原则

市场调查的保密性原则体现在两个方面。第一是为客户保密。许多市场调查是由客户委托市场调查公司进行的,因此市场调查公司及从事市场调查的人员必须对调查获得的信息保密,不能将信息泄露给第三者。在激烈的市场竞争中,信息是非常重要的,不管是有意还是无意,也不管信息泄露给谁,只要将信息泄露出去就有可能损害客户的利益,同时反过来也会损害市场调查公司的信誉,所以市场调查人员必须特别谨慎。第二是对被调查者提供的信息保密,不管被调查者提供的是什么样的信息,也不管被调查者提供信息的重要性程度如何。如果被调查者发现自己提供的信息被暴露出来,可能给他们带来某种程度的伤害,同时也会使他们失去对市场调查的信任。被调查者愿意接受调查是调查业存在的前提,如果市场调查不能得到被调查者的信任和配合,那么整个市场调查业的前景也是不堪设想的。

【案例】速溶咖啡

在调查研究史上,由于方法使用不当导致整个调查研究失败的不乏其例。以速溶咖啡的市场调查为例。20世纪40年代美国速溶咖啡投入市场后,由于销路与原来预料的大相径庭,于是厂家请了心理学家对消费者进行了关于为什么不喜欢速溶咖啡的调查。在最先采用的问卷调查中,由于采用直接询问法,很多受调查者都回答是因为不喜欢速溶咖啡的味道,而实际上速溶咖啡的味道经过测试与人们习惯使用的豆制咖啡并没有区别,说明该项问卷调查获得的结果是不可靠、不正确的。后来心理学家改用了间接的测量方法,才找出消费者不喜欢速溶咖啡的真正原因,即家庭妇女担心购买使用速溶咖啡会被认为是懒惰的人,是不称职的妻子。

1.2.2 市场调查的流程

市场调查是一个由不同阶段、不同步骤相互联系、相互衔接构成的一个统一的整体。一般而言,根据调查活动中各项工作的自然顺序和逻辑关系,市场调查过程可以分为4个阶段:第一,调查策划的准备阶段,通过对内外环境及企业自身的分析提出调查问题并确定目标;第二,调查策划的设计阶段,主要包括设计调查方案、选择调查方法、明确样本及抽样方法;第三,调查策划的实施阶段,根据调查设计进行资料的采集工作,并通过定性与定量分析方法对数据进行处理与分析;第四,调查策划的结论阶段,通过综合分析得出调查结论,并最终形成调查报告。

(一)调查策划的准备阶段

1)确定调查的必要性

并非每一项调查都有执行的必要性,要清楚收集信息的原因,明确企业是否已经拥有所需要的信息,是否有充裕的时间与资金进行调查,并权衡调查收益与成本的关系,分析信息可获得程度的高低。

2)明确调查问题

在分析调查的必要性后,就要对调查的问题及主体加以确定。通常在正式调查之前都要进行一项非正式调查,又称探索性调查,即一种小规模的调查,目的是确切地掌握问题的性质和更好地了解问题的背景环境,以便节省调查费用,深入了解调查问题,缩小调查范围。

3)确定调查目标

调查目标必须尽可能准确、具体并切实可行。

项目 1
市场调查的基本知识

（二）调查策划的设计阶段

1）设计调查方案

调查方案的设计是指为实现调查目标而制订调查计划书，是调查项目实施的行动纲领。一份完整的调查方案通常包括以下几个方面的内容：确定资料来源；设计具体的调查内容；设定调查的时间表；确定调查对象和调查人员；说明调查预算。

2）选择调查方法

营销调查策划的 5 种方法：文案法、问卷法、访问法、观察法和实验法。

3）选择抽样方法并设定样本容量

可采用随机抽样或非随机抽样的方法进行调查。在选定抽样方法之后，就要根据抽样特点确定样本的容量。

（三）调查策划的实施阶段

1）数据采集

调查设计正式确定之后，接下来是根据其进行数据采集，一般可以采取人员采集和机器记录两种数据采集方式。数据采集通常分为两个阶段：前侧阶段和主题阶段。前侧阶段是指使用子样本判断主体调查的数据采集计划是否合适；主题调查阶段是指正式进行大规模的调研。

2）数据整理与分析

实地调查结束后，即进入调查资料的整理和分析阶段。收集好已填好的调查表后，由调查人员对调查表进行逐份检查，剔除不合格调查表，然后将合格调查表统一编号，以便于人员对调查表进行统计。资料的整理与分析主要是对所获得的原始信息资料进行加工编辑、审核、订正、分类汇总、加工整理。整个过程中，依据一定的统计方法，进行技术分析、数据处理。在加工编辑之前要对获得的资料进行评定，剔除误差，保证信息资料的真实性和可靠性。如果发现不足或存在问题，则应及时拟订再调查提纲，做补充调查，以保证调查结果的完整性和准确性。调查数据的统计可利用 Excel 软件完成，将调查数据输入计算机后，经 Excel 软件运行后，即可获得已列成表格的大量统计数据。利用统计结果，就可以按照调查目的的要求，针对调查内容进行全面的工作。

【案例】番茄酱的失败

美国的一家调味品公司得知日本市场上买不到番茄酱后，就向日本运进了大量的畅销牌子的番茄酱。容量大而又富裕的日本市场有如此大的吸引力，以至于该公司恐怕任何迟疑都会使竞争对手领先一步占领市场。然而，这一大批畅销牌子的番茄酱在日本却滞销，这一营销举措最终失败了。遗憾的是，该公司至今还没有弄明白为什么在日本没有能够将番茄酱销售出去。

事实上，如果该公司进行一次市场调查就会知道番茄酱滞销的原因：在日本，黄豆酱才是最受欢迎的调味品。

（四）调查策划的结论阶段

市场调查最后阶段的工作是根据整理的资料进行分析论证，得出结论，然后撰写市场调查报告，并在调查报告中提出若干建议方案，供企业在决策时作为参考依据，并进行后续的跟踪反馈。

1）撰写调查报告

调查报告是调查结束后的书面成果汇报，提出结论性意见及建议。市场调查工作的成果将

市场调查与预测

体现在最后的调查报告中。市场调查报告要按规范的格式撰写，一个完整的调查报告通常包括题目、目录、概要、正文、结论和建议、附件等。

报告的写作应力求语言简练、明确、易于理解，内容讲求适用性，并配以图表进行说明。如果是技术资料及资料来源说明，要注重报告的技术性，以增强说服力。

2）跟踪反馈

为了更好地履行调查工作的职责，调查人员应持续关注市场的变化情况，根据调查，不断提高调查水平。提交了调查结论和建议后，不能认为调查过程就此完结了，而应继续了解其结论是否被重视和采纳，采纳的程度和采纳后的实际效果等，以便积累经验，不断改进和提高调查工作的质量。

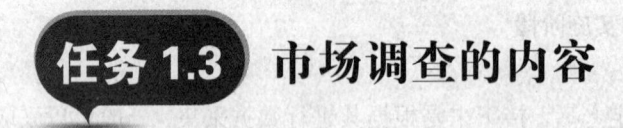

任务 1.3　市场调查的内容

1.3.1　市场环境调查

市场环境调查是指对影响企业生产经营活动的外部因素所进行的调查。它是从宏观上调查和把握企业运营的外部影响因素及产品的销售条件等。对企业而言，市场环境调查的内容基本上属于不可控制的因素，包括政治、经济、社会文化、技术、法律和竞争等，它们对所有企业的生产和经营都产生巨大的影响。因此，每个企业都必须对主要的环境因素及其发展趋势进行深入细致的调查研究。

市场环境的变化，既可以给企业带来市场机会，也可能形成某种威胁。因此，对市场环境的调查，是企业开展经营活动的前提。

市场环境调查包括政治法律环境调查、经济技术环境调查、社会文化环境调查和自然地理环境调查。

（一）政治法律环境调查

1）企业的政治环境调查

企业的政治环境是指企业面临的外部政治形势、状况和制度，分为国内政治环境和国际政治环境。对国内政治环境的调查，主要是分析党和政府的路线、方针、政策的制定与调整及其对市场和企业产生的影响。

【案例】政治风云导致"米沙"的失败

1977 年，洛杉矶的斯坦福·布卢姆以 25 万美元买下西半球公司的一项专利，生产一种名叫"米沙"的小玩具熊，用作 1980 年莫斯科奥运会的吉祥物。此后的两年里，布卢姆先生和他的伊美治体育用品公司致力于"米沙"的推销工作，并把"米沙"商标的使用权出让给 58 家公司。成千上万的"米沙"被制造出来，分销到全国的玩具商店和百货商店，十几家杂志上出现了这种带 4 种色彩的小熊形象。开始，"米沙"的销路很好，布卢姆预计这项业务的营业收入可达 5000 万～1 亿美元。不料在奥运会开幕前，由于苏联拒绝从阿富汗撤军，美国总统宣

项目 1
市场调查的基本知识

布不参加在莫斯科举行的奥运会。骤然间,"米沙"变成了被人深恶痛绝的象征,布卢姆的赢利计划成了泡影。

【案例】"中国将出兵朝鲜"

1950年年初,朝鲜战争到了剑拔弩张、一触即发的时刻。美国政府就发动朝鲜战争中国会否出兵的问题展开了反复的讨论。讨论的结果认为中华人民共和国刚刚成立,百废待兴,自顾不暇,不会也不敢出兵。

当时,美国对华政策研究室接到一个秘密情报:欧洲有一个德林软件公司,集中了大量人力和财力研究出了一项对美国来说非常有用的课题:"如果美国出兵朝鲜,中国的态度将如何?"研究成果出来以后,打算把它卖给美国。据说这个成果只有一句话,却索价500万美元(当时折合一架最好的战斗机)。用500万美元买一句话,美国人认为简直是发疯,他们一笑置之。朝鲜停战后,美国国会开始辩论"究竟出兵朝鲜是否有必要"的时候,才有人想起德林软件公司的研究成果,美国才以300万美元(有资料显示为280万元)买下德林软件公司的研究成果。其实最终的研究成果只有7个字:"中国将出兵朝鲜。"另附了几百页的论证材料。

美军侵朝司令麦克阿瑟谈起这件事时大为感慨地说:"我们最大的失策是舍得用几百亿美元和数十万军人的生命,却吝惜一架战斗机的代价。"

2)企业的法律环境调查

企业在市场经营活动中,必须遵守各项法律、法令、法规、条例等。法律环境的调查,是分析研究国家和地区的各项法律、法规,尤其是其中的经济法规。随着买方市场的形成,消费者组织对企业营销活动的影响日益增强,企业管理者在市场活动中必须认真考虑消费者的利益,为消费者提供良好的产品和服务。

(二)经济技术环境调查

1)企业的经济环境调查

企业的经济环境是指企业面临的社会经济条件及其运行状况、发展趋势、产业结构、交通运输、资源等情况。经济环境是制约企业生存和发展的重要因素。经济环境调查具体包括社会购买力水平、消费者收支状况、居民储蓄和信贷等情况变化的调查。

2)企业的技术环境调查

科学技术的发展,使商品的市场生命周期迅速缩短,生产的增长也越来越多地依赖科技的进步。以电子技术、信息技术、新材料技术、生物技术为主要特征的新技术革命,不断改造着传统产业,使产品的数量、质量、品种和规格有了新的飞跃,同时也使一批新兴产业建立和发展了起来。新兴科技的发展和新兴产业的出现,可能给某些企业带来新的市场机会,也可能给某些企业带来环境威胁。

(三)社会文化环境调查

文化是一个复杂的整体概念,它通常包括价值观念、信仰、兴趣、行为方式、社会群体及相互关系、生活习惯、文化传统和社会风俗等。文化是人类后天学习而获得的,并为人类所共同享有。文化使一个社会的规范和观念更为系统化,解释一个社会的全部价值观和规范体系。

在不同国家、民族和地区之间,文化之间的区别要比其他生理特征更为深刻,它决定着人们独特的生活方式和行为规范。文化环境不仅建立了人们日常行为的准则,也形成了不同国家和地区市场消费者的态度和购买动机的取向模式。市场社会文化环境调查对企业经营也至关重要。

（四）自然地理环境调查

一个国家和地区的自然地理条件也是影响市场的重要环境因素，与企业经营活动密切相关。自然环境主要包括气候、季节、自然资源、地理位置等，这些因素从多方面对企业的市场营销活动产生着影响。一个国家和地区的海拔高度、温度、湿度等气候特征，影响着产品的功能与效果。人们的服装、食品也受气候的明显影响。地理因素也影响着人们的消费模式，还会对经济、社会发展、民族性格产生复杂的影响。企业市场营销人员必须熟悉不同市场自然地理环境的差异，才能搞好市场营销。

课堂思考

为什么说在经济环境调查中，应着重把握一国（或地区）总的经济发展前景？[提示：一般说来，对于经济迅速发展的国家（或地区），市场销售前景将是十分广阔的，市场机会相对多一些；而对于经济停滞的国家（或地区），购买力增长缓慢，市场销售前景就不大乐观，市场机会也就相对少一些了]

1.3.2 市场需求调查

市场需求调查包括消费者人口状况调查、市场商品需求量调查、消费者购买动机和行为调查和消费者满意度调查。

（一）消费者人口状况调查

（1）人口构成。包括性别（男性：车、烟酒；女性：服装、化妆品）和年龄（儿童：食品；老人：保健品）。

（2）人口的地理分布，如城市与农村、东部与西部。

（3）人口数量。人口数量和市场容量有着密切的关系，在某地进行市场调查必须熟悉所在地的人口的总量，在多大范围内展开调查活动，就需要研究此范围内的人口的总量。人口数量是计算市场商品需求量时必须考虑的因素。

（4）家庭。家庭调查主要包括对家庭数量、平均家庭人口数、家庭成员构成、家庭生命周期各阶段的分布情况等。

（二）市场商品需求量调查

调查市场商品需求量主要是调查社会商品购买力，是一种有支付能力的消费需求。

社会商品购买力有广义和狭义之分，广义的社会商品购买力是指为满足生产和生活的需要，在一定时期内通过市场购买的商品和服务的总量；狭义的社会商品购买力是指全社会一定时期内在零售市场上购买商品和服务的总量或表现出来的社会商品购买力的货币总额。社会商品购买力调查包括以下内容。

（1）社会商品购买力投向调查。

（2）需求时间调查。

（3）社会商品购买力构成调查。

（三）消费者购买动机和行为调查

消费者购买动机和行为调查包括消费者购买动机、购买行为和购买决策过程及消费者购买特性研究。

企业通过调查，掌握了消费者的爱好、购买动机、风俗习惯等，就可以针对不同的消费者采取不同的市场营销策略，使企业避免营销行为的盲目性。

（四）消费者满意度调查

消费者满意度是指消费者对企业提供的产品和服务的满意程度。

（1）消费者满意度调查的内容：发现导致消费者满意的关键的绩效因素；评估公司的绩效及主要竞争对手的绩效水平；对公司发展过程中的问题，提出改善建议，并通过不断地连续调查以实现持续的提高。

（2）消费者满意度的测量：一是列出所有可能影响消费者满意的因素，按照重要程度由最重要到最不重要排列，选出企业最关心的相关因素，相关因素一般控制在 10～20 个，让被调查者帮助判断这些因素的重要程度；二是就所选要评价的重要因素的满意度让被调查者做出评价，评分尺度可以是 2 项、3 项、5 项、7 项或 10 项等，可由设计者依据要求的精确程度及分析水平而设定。

1.3.3 市场营销调查

市场营销调查包括竞争对手状况调查、品牌及企业形象调查、商品实体和包装调查、价格调查、销售渠道调查和广告调查。

（一）竞争对手状况调查

竞争对手状况调查主要调查竞争对手的数量、实力及策略，包括对手的价格策略、销售渠道、促销方式，以及产品的质量、性能等情况。

作为进入国际市场的企业，还需了解外国企业在市场上的份额及在该国市场上所具有的优势等。

（二）品牌及企业形象调查

1）品牌调查

调查的内容主要包括：品牌的知名度；品牌的美誉度；对品牌的认知程度及认知途径；品牌的基本形象和具体形象；评价品牌的指标及指标的相对重要性；对品牌名称及标志或商标的联想和印象；品牌的忠诚度、企业品牌在消费者心目中的地位及影响消费者购买商品的程度等。

2）企业形象调查

企业形象分析包括：产品或企业的知名度分析；消费者的意见分析；中间商的意见分析。

（三）商品实体和包装调查

1）商品实体调查

商品实体调查是对商品本身各种性能的好坏程度所做的调查，主要包括 3 项内容：一是商品性能调查；二是商品的规格、型号、式样、颜色和口味等方面的调查；三是商品制作材料调查。

2）商品包装调查。

调查的内容主要包括3项：一是消费品包装；二是工业品包装；三是运输包装。

（四）价格调查

价格调查的主要目的是支持企业的价格决策和价格战略。

从宏观角度看，价格调查主要包括对市场商品的价格水平、市场零售物价价格指数和居民消费价格指数等方面的调查。

从微观角度看，价格调查主要包括：消费者对产品价值的认知调查；目标市场的不同层次消费者群体对产品的需求程度的调查；同类竞争产品的定价水平及销售量情况的调查；现有定价能否使企业赢利及在同类企业中所处地位的调查；商品需求和供给的价格弹性、影响因素的调查；消费者对价格变化的理解或反应调查等。

（五）销售渠道调查

销售渠道调查就是对商品在流通过程中所经过的流通环节或中间层次进行调查。主要应了解企业现有的渠道政策是否合理；销售渠道规划是否合理；销售渠道的模式及类型是否满足销售商品的需要；渠道的参与者及市场占有率；渠道成员之间的关系；中间商的销售额、资金状况、储存能力、消费者对中间商的反应、遵守合同的声誉等；中间商对发货速度、数量的要求，对推销员、营业员进行技术培训的要求；渠道绩效的评估是否科学等。

（六）广告调查

广告调查是用科学的方法了解广告宣传活动的情况和过程，为广告主制定决策，达到预定的广告目标提供依据。广告调查主要应包括：①广告主题调查；②文案测试调查；③广告媒体调查；④广告效果调查。

案例

日本资生堂公司为了在激烈的广告竞争中击败对手，对消费者就化妆品的需求心理和消费情况进行了调查，他们将消费者按年龄分成4种类型：第一类为15~17岁的消费者，她们讲究打扮、追求时髦，对化妆品的需求意识较强烈，但购买的往往是单一的化妆品；第二类为18~24岁的消费者，她们对化妆品采取积极的消费行动，只要是中意的商品，价格再高也在所不惜，这一类消费者往往是购买整套的化妆品；第三类为25~34岁的消费者，她们大多数已结婚，因此对化妆品的需求心理和消费行动也有所变化，化妆已是她们的日常生活习惯；第四类为35岁以上的消费者，她们可分为积极派和消极派两种类型，但也显示了购买单一化妆品的倾向。资生堂公司根据上述情况，制定了"年龄分类"的广告销售策略，在广播、电视和报刊上，针对各类型的特点大做广告，并努力使化妆品的式样、包装适应各类消费者的特点和需要，使产品受到普遍欢迎。

项目 1
市场调查的基本知识

知识归纳

项目 1 市场调查的基本知识		
市场调查的概念、特点、作用与分类	市场调查的概念与特点	市场调查：企业营销活动的先导，是指为了形成特定的市场营销决策，以科学的方法、客观的态度，对市场营销有关问题所需的信息，进行系统的收集、记录、整理和分析，以了解市场发展变化的现状和预测未来发展趋势的一系列活动过程。 特点：目的的针对性，方法的科学性，过程的关联性
^	市场调查的作用与分类	作用：①市场调查是企业市场营销活动的起点；②市场调查是企业进行决策检验和修正的依据；③市场调查可以使企业发现消费者需求；④市场调查有利于企业随时了解市场环境的变化；⑤市场调查可以为企业整体宣传策略提供信息支持。 分类：①按调查对象的范围可分为全面调查和抽样调查；②按调查性质可分为探索性调查、描述性调查、因果关系调查和预测性调查；③按调查时间可分为连续性调查和一次性调查；④按收集资料的方法不同可分为方案调查、实地调查和网络调查
市场调查的原则与流程	市场调查的原则	时效性原则、准确性原则、系统性原则、经济性原则、科学性原则、保密性原则
^	市场调查的流程	（1）调查策划的准备阶段（确定调查的必要性，明确调查问题，确定调查目标）。 （2）调查策划的设计阶段（设计调查方案，选择调查方法，选择抽样方法并设定样本容量）。 （3）调查策划的实施阶段（数据采集，数据整理与分析）。 （4）调查策划的结论阶段（撰写调查报告，跟踪反馈）
市场调查的内容	市场环境调查	政治法律环境调查、经济技术环境调查、社会文化环境调查、自然地理环境调查
^	市场需求调查	消费者人口状况调查、市场商品需求量调查、消费者购买动机和行为调查、消费者满意度调查
^	市场营销调查	竞争对手状况调查、品牌及企业形象调查、商品实体和包装调查、价格调查、销售渠道调查、广告调查

情景 1

练习题

一、解释下列重要概念

市场　市场调查　市场调查方案

二、课后自测

（一）单选题

1. 市场调查首先要解决的问题是（　　）。

市场调查与预测

  A. 选择调查方法   B. 确定调查对象
  C. 明确调查目的   D. 筹措调查费用
2. 为了挖掘市场某一问题的原因与结果之间的相互关系而进行专题调查，属于（　　）。
  A. 探测性调查   B. 描述性调查
  C. 因果性调查   D. 预测性调查
3. 市场调查的目的是（　　）。
  A. 了解消费者的需求   B. 分析市场的趋势
  C. 了解市场占有率的变化趋势   D. 为市场预测和经营决策提供依据
4. 市场调查内容的具体化形式是（　　）。
  A. 调查目的   B. 调查计划   C. 调查项目   D. 调查报告
5. 围绕企业经营活动中存在的问题，即调查目的来进行市场调查就是遵循（　　）。
  A. 科学性原则   B. 针对性原则   C. 客观性原则   D. 经济性原则
6. 影响调查数据质量高低的因素是多方面的，但对最后的调查数据质量有直接的影响的环节是（　　）。
  A. 调查目的的明确性   B. 调查计划的可行性
  C. 调查项目的完整性   D. 调查方案的科学性

（二）辨析题

1. 宏观经济管理必须以市场调查的资料作为决策依据，但是企业的微观管理有时可以离开市场调查，凭经验即可满足需要。（　　）
2. 调查市场的主要形式是描述性调查。（　　）
3. 企业市场营销管理的实质是市场调查与预测。（　　）
4. 市场调查是以对竞争对手的研究为中心的活动。（　　）
5. 市场调查的全过程可划分为调查准备、调查实施和结果处理3个阶段。（　　）
6. 批发和零售市场调查，实质上是对中间商的市场进行的调查活动。（　　）
7. 市场调查中最复杂也是最关键的阶段是制订调查计划。（　　）
8. 进行因果性调查，方法要简单，时间要短，重点在发现问题。（　　）
9. 进行市场调查首先要解决的问题是明确调查目的和任务。（　　）
10. 市场容量是指市场对商品或服务在一定期间内需求量的最大限度。（　　）

（三）案例分析

  美国的汽车制造业一度在世界上占霸主地位，而日本的汽车工业则是20世纪50年代学习美国发展起来的。但是，时隔60年，日本的汽车工业突飞猛进，充斥欧美市场及世界各地。何以会出现这种情况呢？
  在20世纪60年代，当时有两个因素影响汽车工业：①第三世界的石油生产被工业发达国家所控制，石油价格低廉；②轿车制造业发展很快，多座位的豪华车、大型车盛极一时。但是擅长搞市场调查与预测的日本制造商，首先通过表面的经济繁荣，看到产油国与跨国公司之间正在暗中酝酿和发展着的斗争，以及工业发达国家能源消耗量的增加，预测即将要发生世界性的能源危机，石油价格将很快上涨。因此，必须改产耗油量小的汽车来适应能源奇缺的环境。其次，日本估计：随着汽车数量的增多，马路上的车流量会增加，停车场收费会提高。因此，只有造小型车才能适应拥挤的马路和停车场。再次，日本制造商分析了工业发达国家家庭成员的用车情况，主妇要上超级市场，主人要上班，孩子要上学，一个家庭只有一辆汽车显然不能

项目 1
市场调查的基本知识

满足要求。这样，小巧玲珑的汽车就受到了消费者的宠爱。通过调查分析，日本掌握了经济环境、自然规律、交通情况等因素的变化趋势，进而做出了正确的决策。于是日本物美价廉的小型节能汽车在 20 世纪 70 年代的世界石油危机中横扫欧美市场，市场占有率不断提高，而欧美各国生产的传统豪华型轿车，因为耗油大、成本高，则销路大受影响。

问题：
1. 企业是否应关注市场环境的变化？
2. 企业应如何把握市场机会？
3. 本案例对企业的营销管理有什么启示？

实训

实训 1：市场调查观察

实训目的： 认识市场调查的经济意义。

实训内容：
1. 列举自己生活中的调查事例。
2. 讨论一个企业市场调查案例并写出报告。

实训组织： 学生分成小组，列举较为典型的日常生活调查活动，并写出书面的观察结果报告。

实训总结： 学生小组间交流不同的观察结果，教师根据观察报告、PPT 演示、讨论分享中的表现，分别给每个小组进行评价打分。

实训 2：市场调查认知

实训目的： 通过实训演练与操作，初步认识市场调查工作。

实训内容：
1. 仔细观察自己所熟悉的商家，分析他们是如何进行市场调查的。
2. 由教师设定题目，走访大型的购物中心或超市，分析市场调查对其日常经营活动的影响。

实训组织： 学生分小组、分行业观察企业调查活动，并写出书面的观察结论报告。

实训总结： 学生小组间交流不同行业的观察结果，教师根据观察报告、PPT 演示、讨论分享中的表现，分别给每个小组进行评价打分。

项目 2

市场调查方案的方式和方法

💡 学习目标

知识目标 ◀

1. 了解调查方案设计的程序、类型；
2. 掌握调查方案的主要内容与评价标准；
3. 掌握市场调查的基本方法。

能力目标 ◀

1. 能结合实际编写与修订市场调查方案；
2. 能结合实际设计市场调查问卷；
3. 能体会不同市场调查方法的差异；
4. 能根据需要选择不同的市场调查方法；
5. 能结合实际评价认识市场调查方法。

项目 2
市场调查方案的方式和方法

引入案例

美国公司准备改进咖啡杯的设计,为此进行了市场调查。首先,他们进行了咖啡杯选型调查,他们设计了多种咖啡杯子,让 500 个家庭主妇进行观摩评选,研究主妇们用干手拿杯子时,哪一种形状好;用湿手拿杯子时,哪一种不易滑落。调查结果表明,应选用四方长腰果型杯子。然后对产品名称、图案等也同样进行造型调查。接着他们利用各种颜色会使人产生不同感觉的特点,通过调查,选择了颜色最适合的咖啡杯子。他们的方法是,首先请了 30 多人,让他们每人各喝 4 杯相同浓度的咖啡,但是咖啡杯的颜色分别为咖啡色、青色、黄色和红色 4 种。试饮的结果是,使用咖啡色杯子的人认为"太浓了"的占 2/3,使用白色杯子的人异口同声地说"太淡了",使用黄色杯子的人都说"不浓,正好",而使用红色杯子的 10 人中竟有 9 人说"太浓了"。根据这一调查结果,公司咖啡店的杯子以后一律改用红色杯子。该店借助于颜色,既可以节约咖啡原料,又能使绝大多数顾客感到满意。结果这种咖啡杯投入市场后,与市场上通用公司的产品展开了激烈竞争,以销售量比对方多两倍的优势取得了胜利。

任务 2.1 市场调查方案概述

2.1.1 市场调查方案设计的程序和类型

(一)市场调查方案的含义

市场调查工作复杂、严肃,而且技术性较强,特别是在大规模市场调查活动中,参与者众多,协调、管理工作就成为重中之重。科学、周密的市场调查方案就成为整个调查工作有序进行、减少误差、提高调查质量的重要保障。

市场调查方案就是根据调查研究的目的,恰当地确定调查客体、调查内容,选择合适的调查方式和方法,确定调查时间,进行经费预算,并制订具体的调查组织计划,制定出合理的工作程序,以指导调查实践的顺利进行。

无论是大范围的市场调查,还是小规模的市场调查,都会涉及相互联系的各个方面和全过程。这里所讲的调查工作的各个方案是对调查工作的横向设计,指调查所涉及的各个具体项目组成,如对某企业一款热销产品的竞争能力进行调查,就应该将该产品的品牌形象、质量、价格、服务、信誉等作为一个整体进行考虑;全部过程则是对调查工作的纵向设计,它是指调查工作所需经历的各个阶段和环节等,即调查资料的收集、整理和分析等。只有这样,才能确保调查工作有序进行。

(二)市场调查方案设计的任务

市场调查方案设计是对调查事项做出一系列的事先决定,结合起来,形成一个执行调查任务的主体计划。调查设计的任务有以下 6 个方面。

(1)说明为解决问题需要收集哪些材料和依据。

(2) 说明怎样运用这些数据去解决问题。
(3) 说明获得答案及证实答案的基本规则。
(4) 详细叙述从哪里去取得依据及如何取得依据。
(5) 关于估计计划可行性及计算成本的说明。
(6) 做出着手调查工作的计划打算。

（三）市场调查方案设计的程序

(1) 确定调查目的和意义。
(2) 确定调查对象和范围。
(3) 确定调查项目和内容。
(4) 确定调查方式和方法。
(5) 制订调查的组织计划。
(6) 确定调查时间和调查工作期限。
(7) 制定调查经费预算。
(8) 确定提交报告的方式。

（四）市场调查方案的类型

市场调查方案有各种不同类型，按市场调查性质划分可分为探索性调查设计、描述性调查设计和因果关系调查设计。

1) 探索性调查

探索性调查是指在定义问题和研究目标之后，对一个问题或情况进行探索和研究，来确定问题存在的原因或发掘问题的症结（多原因找到一个原因）。

资料来源：二手资料（现成资料、专家等人、以往案例）。

探索性调查特别有助于把一个大而模糊的问题表达为小而精确的子问题，以使问题更明确，并识别出需要进一步调查的信息，可以用于以下目的。

(1) 更加明确地表达问题并做出假设。
(2) 使调查人员对问题更加熟悉。
(3) 澄清概念。

【案例】

某通信公司一款智能手机产品的市场份额在 2015 年出现了下降，如果公司无法一一查知原因，就可用探索性调查来发现问题：是受大环境经济衰退的影响？是因为广告支出的减少？是由于销售代理效率低？还是因为消费者习惯改变了等。

根据安排，市场调查人员可以分工，按照不同的调查方向与重点，编写简略的市场调查方案，用来指导调查行动。

2) 描述性调查设计

描述性调查不像探索性调查那样有弹性，它必须对调查的问题有基本的了解，这种调查的功能就是能正确地描述或衡量问题。

描述性调查处理的是总体的描述性特征，要求清楚地规定调查的 6 个要素，即 5W1H：谁（Who）、什么（What）、何时（When）、何地（Where）、为什么（Why）、什么方式（How）。

项目 2
市场调查方案的方式和方法

3）因果关系调查设计

因果关系调查常常需要说明市场上一个因素的变动是否会引起另一个因素改变，目的是识别它们之间的因果关系，以便采取相应措施，如预期价格、包装及广告费用等对销售额有影响。此时的市场调查方案一般比较简略。

【案例】

某超市最近瓶装水销售额节节攀升，店方希望通过调查找到原因：是因为价格下降？是因为店面重新装潢？是因为季节变化？还是消费者行为改变了？通过调查，可以找到这里面的因果关系。根据安排，市场调查人员可以通过实验的方式，获得相关数据，从而得出调查结论。

通过上面对探索性、描述性、因果性调查类型的阐述，我们不难发现调查问题的不确定性影响着调查项目的类型。在调查的早期阶段，当调查人员还不能肯定问题的性质时实施探索性调查；当调查人员意识到了问题但对有关情形缺乏完整的知识时，通常进行描述性调查；因果性调查（测试假设）则要求严格地定义问题，并能通过调查探寻结论。

2.1.2 市场调查方案的主要内容

不同项目的调查方案的格式会有所区别，但一般来讲都应该包括以下几个部分：前言、调查目的和意义、调查对象与范围、调查内容与项目、调查方式和方法、资料分析方法、调查进度安排、经费预算、调查结果的表达形式等。

市场调查总体方案设计主要包括下述几个内容，操作步骤如图 2-1 所示。

```
确定调查目的和意义
    ↓
确定调查对象与范围
    ↓
确定调查项目与内容
    ↓
确定调查方式和方法
    ↓
确定调查资料整理和分析方法
    ↓
制订调查的组织计划
    ↓
确定调查进度安排
    ↓
制定调查经费预算
    ↓
确定提交报告的方式
```

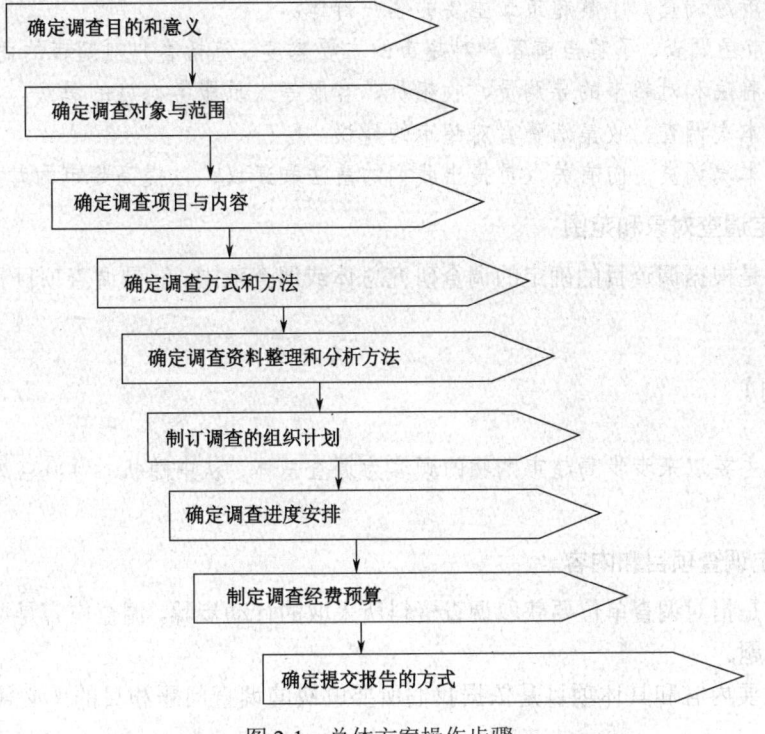

图 2-1 总体方案操作步骤

市场调查与预测

（一）前言

前言是市场调查方案的开头部分，其主要内容是简明扼要地介绍整个调查项目的背景，即调查项目的由来等。

【案例】

ABC公司是我国国产智能手机的五大巨头之一，2013年以前很少做广告宣传，但2014年公司的年度广告投入费用达到8800万元，主要是电视广告片、各种方式的售点POP广告、印刷品广告和极少量的灯箱广告等。为了有针对性地开展2015年度的产品宣传推介工作，促进产品品牌形象的传播和产品销售量的进一步提高，以便在激烈竞争的智能手机市场中立于不败之地，公司拟进行一次广告效果调查，以供决策层参考。

（二）明确调查目的和意义

明确调查目的和意义是调查设计的首要问题，只有确定了调查目的和意义，才能确定调查的范围、内容和方法。调查目的和意义应指明本次市场调查的具体目的、要求，以及该项目的调查结果能给企业带来的决策价值、经济效益、所能实现的社会效益和经济意义。

【案例】

为了了解消费者在湖南省长沙市超市购物的行为习惯、消费量及对步步高超市的消费倾向，对步步高超市的经营提供有建设性的意见，特针对湖南市场消费者进行顾客满意度的市场调查。

（1）通过市场调查，了解超市最主要的客户群体。

（2）通过市场调查，了解当前客户对超市的主要态度，包括客户对超市的商品种类、价格、质量及摆放等看法和对超市的导购员、收银员、客服等人员服务态度的看法。

（3）通过本次调查，收集消费者对超市的建议。

（4）通过本次调查，向有关人员提出我们的看法和建议，以提高超市的营业额和利润。

（三）确定调查对象和范围

调查对象是根据调查目的确定的调查研究总体或调查范围，它是调查项目和指标的承担者或载体。

【案例】

此次调查主要以来步步高超市购物的顾客为调查总体，从中随机抽400名顾客作为调查的具体对象。

（四）确定调查项目和内容

调查项目是指对调查单位要获取调查资料所采取的行动步骤，调查内容是要明确向被调查者了解什么问题。

调查的主要内容和具体项目是依据我们所要解决的调查问题和目的所必需的信息资料来确定的。

项目 2
市场调查方案的方式和方法

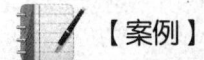

【案例】

1. 调查项目

（1）组织人员分成小组在步步高超市门口、超市内进行调查，通过发放小赠品吸引顾客，给其分发问卷并进行资料的收集。

（2）节假日抽样长沙市各小区住户，通过入户访问的形式进行市场调查。

2. 调查内容

（1）本超市的主要客户群体类型、购买频率调查。

（2）消费者的满意度：对商品的质量评价、对商品的价格评价、对超市的服务态度评价及对超市的意见和建议。

（五）确定调查方式和方法

收集调查资料的方式有普查、重点调查、典型调查、抽样调查等。具体调查方法有文案法、询问法、问卷调查法、观察法和实验法等。在调查时，采用何种方式、方法不是固定和统一的，而是取决于调查对象和调查任务。

【案例】

本次调查采用随机抽样的方式，对步步高超市湖南市场的顾客进行满意度调查，从步步高湖南超市的顾客中随机抽取 400 个样本进行深度细致的调查。随机抽样的程序为：在湖南长沙、株洲、湘潭、岳阳 4 个城市的步步高超市各随机选择 100 名顾客作为调查对象，发放问卷给受访者，直到选够有效问卷 100 份为止。本次调查主要采用问卷调查的方法，辅助使用家庭入户访问法调查。

（六）制订调查的组织计划

调查的组织计划是指确保实施调查的具体工作计划，主要包括调查的组织领导、调查机构的设置、人员的选择和培训、工作步骤及其善后处理等。必要时，还必须明确规定调查的组织方式。

市场调查组织及人员安排表一般如表 2-1 所示。

表 2-1 市场调查组织及人员安排表

时　　间	项　　目	地　　点	人员安排
2016 年 9 月 15—25 日	问卷设计及印刷		
2016 年 9 月 26—28 日	问卷调查		
2016 年 10 月 5—7 日	家庭访问调查		
2016 年 10 月 8—10 日	调查问卷、访谈记录的整理分析		
2016 年 10 月 11—12 日	整理总结调查报告		

（七）确定调查进度安排

1）调查时间

调查时间是指调查在什么时间进行，需要多少时间完成，即指调查资料所属的时间。如果所要调查的是时期现象，就要明确规定资料所反映的是调查对象从何时起到何时止的资料。如果所要调查的是时点现象，就要明确规定统一的标准调查时点。

2）调查期限

调查期限是指调查工作的开始时间和结束时间，包括从调查方案设计到提交调查报告的整个工作时间，也包括各个阶段的起始时间。其目的是使调查工作能及时开展、按时完成。为了提高信息资料的时效性，在可能的情况下，调查期限应适当缩短。对于调查的工作时间和进度安排，事先应有周密的计划。

市场调查工作进度计划表如表2-2所示。

表2-2 市场调查工作进度计划表

时间	天数	项目
2016年9月15—25日	10	问卷设计及印刷
2016年9月26—28日	3	问卷调查
2016年10月5—7日	3	家庭访问调查
2016年10月8—10日	3	调查问卷、访谈记录的整理与分析
2016年10月11—12日	2	整理总结调查报告

（八）制定调查经费预算

调查费用根据调查工作的种类、范围不同而不同，当然，即使同一种类，也会因质量要求差异而不同，不能一概而论。费用项目具体可有：问卷设计、资料收集、数据输入费；培训费；实地调查劳务费；统计分析劳务费；计算机数据处理费；报告撰稿费；组织管理费；专家咨询费；复印费、印刷费；赠品费用等。

根据一些社会市场调查机构的经验，一般情况下，企业自行组织市场调查的经费预算比例：策划费20%，访问费40%，统计费30%，报告费10%。若委托专业市场调查公司进行的调查，则需加上全部经费的20%～30%的服务费，作为税款、营业开支及代理公司应得的利润。

市场调查经费预算表如表2-3所示。

表2-3 市场调查经费预算表

调查项目：

调查单位与主要负责人：

调查时间：

经费项目	单价	数量	金额	备注
1. 资料费				
2. 文件费				
3. 差旅费				
4. 统计费				
5. 招待费				
6. 调查费				
7. 劳务费				
8. 杂费				
...				
合计				

项目 2
市场调查方案的方式和方法

（九）确定提交报告的方式

调查数据整理分析后形成报告。随着经济理论的发展和计算机的运用，越来越多的现代统计分析手段可供我们在分析时选择，如回归分析、相关分析、聚类分析等。每种分析技术都有其自身的特点和适用性，因此，应根据调查的要求，选择最佳的分析方法并在方案中加以规定。市场调查结果表达形式的编写主要包括报告书的形式和份数、报告书的基本内容、报告书中图表量的大小、最终报告是书面报告还是口头报告、是否有阶段性报告等。

【案例】

本次调查成果的形式为调查书面报告。具体内容将包括前言、摘要、市场调查目标、研究方法、调查结果、结论与建议、附录 7 个部分。交给客户两份书面材料。

（十）附录部分

附录部分的编写主要是列出课题负责人及主要参加者名单，并可扼要介绍团队成员的专长和分工情况，指明抽样方案的技术说明和细节说明，以及调查问卷设计中有关技术参数、数据处理方法、所采用的软件等。

一份完整的市场调查方案策划报告，上述 10 个方面的内容均应涉及，不能有遗漏，否则就是不完整的。具体格式方面，应根据具体的案例背景加以灵活处理。

2.1.3 市场调查方案的评价

市场调查方案的评价主要表现为依据一些标准，对编写完成的市场调查方案进行可行性分析，使其进一步得到完善。那么，标准有哪些？怎么评价其科学、适用性呢？

对于一个市场调查方案的优劣，可以从以下不同角度加以评价。

（一）方案设计是否体现调查目的和要求

方案设计是否体现了调查的目的和要求，这一条是最基本的评价标准。明确市场调查目标是市场调查方案设计的第一步，包括为什么要进行这项调查、通过调查想了解哪些问题、调查结果的用途是什么。制定市场调查方案中，只有明确了调查目标，才能确定调查的范围、内容与方法，否则就会列入一些无关紧要的调查项目，漏掉一些重要的调查项目，无法满足调查的要求。

（二）方案设计是否具有科学性、完整性和操作性

在市场调查实践中，调查方案的每一个细节都可能有多种选择，综合考虑和权衡后制定一个科学、可行的调查方案不仅关系到调查项目完成的经济性、时效性，有时还影响到整个调查任务的成败。因此，市场调查方案的制定应该通盘考虑、科学筹划，充分注意各环节内容的关联性，才能保证调查活动的顺利、有效开展。

【案例】

从 A 品牌专卖店商业选址的调查目的出发，对商业氛围、交通条件、银行网点、卫生环境、居民居住、休闲娱乐等各个方面，设置了许多相互联系、相互制约的指标，形成了一套比较完整的指标体系。

（三）方案设计能否使调查质量有所提高

影响调查数据质量高低的因素是多方面的，但调查方案是否科学、可行，对最后的调查数据质量有直接的影响。方案的评价具有重要的意义。首先在于架起了方案与实施的桥梁，为研究创造了条件。其次，可以使研究者不断总结提高，推动市场调查的发展。

任务 2.2 市场调查的基本方式

2.2.1 普查

（一）概念

普查是专门组织的一次性的全面调查，对调查对象的全部单元，无一例外地逐个加以调查，用来调查属于一定时间点或时期内的社会经济现象的总量。

（二）优缺点

普查适用于某些不能或不必要用统计报表经常进行的调查，而在相隔较长时间后，又必须全面掌握其数量状态的社会现象。

优点：普查是对全部调查对象逐个进行的调查；和其他调查方式相比，它所收集的资料无疑是最全面的；调查结果也是比较可靠的。

缺点：普查工作往往牵涉面广，调查工作量大，时间性要求也比较强，调查内容项目有限。普查只能调查一些最基本、最一般的社会现象，很难对社会问题进行深入细致的研究，所以普查的应用范围比较狭窄，适应性较小。

【案例】

1990年我国第四次人口普查的目的就规定得十分明确，即"准确地查清第三次人口普查以来我国人口在数量、地区分布、结构和素质方面的变化，为科学地制定国民经济和社会发展战略与规划，统筹安排人民的物质和文化生活，检查人口政策执行情况提供可靠的依据。

2010年开展第六次全国人口普查时，国务院在关于国发〔2009〕23号通知中规定：人口普查主要调查人口和住户的基本情况，内容包括性别、年龄、民族、受教育程度、行业、职业、迁移流动、社会保障、婚姻生育、死亡、住房情况等。人口普查的标准时点是2010年11月1日零时。

2.2.2 重点调查

（一）概念

重点调查是一种非全面调查，它是在全部单位中选择一部分重点单位进行调查，以取得统计数据的一种非全面调查方法。其目的是了解总体的基本情况。这些重点单位在全部单位中虽然只是一部分，但它们在所研究现象的总量中占有较大比例，因而对它们进行调查就能够反映全部现象的基本情况。例如，要了解全国钢铁生产的增长情况，只要对全国为数不多的大型钢铁企业的生产情况进行调查，就可以掌握我国钢铁生产的基本情况了。又如，黑龙江省企业调查队在对全省近百家亏损企业进行的专项调查基础上，选择其中 10 家由亏转盈的企业进行了重点调查。

（二）优缺点

优点：所投入的人力、物力少，而又能较快地收集到统计信息资料。一般来讲，在调查任务只要求掌握基本情况，而部分单位又能比较集中反映研究项目和指标时，就可以采用重点调查。

缺点：重点调查是一种非全面调查，它是在全部单位中选择一部分重点单位进行调查，因此数据缺乏全面性。

2.2.3 典型调查

（一）概念

典型调查是根据调查目的和要求，在对调查对象进行初步分析的基础上，有意识地选取少数具有代表性的典型单位进行深入细致的调查研究，借以认识同类事物的发展变化规律及本质的一种非全面调查。典型调查要求收集大量的第一手资料，搞清所调查的典型中各方面的情况，做系统、细致的解剖，从中得出用以指导工作的结论和办法。

典型调查法又叫"解剖麻雀"。调查中一是要选好典型，要有代表性，不能以偏概全；二是要具体分析典型经验产生的环境和客观条件；三是要充分收集和占有材料，反映典型的本来面目，揭示事物的本质和发展变化规律，不能浅尝辄止；四是要根据事物发展的需要、组织管理目标和实际工作的善和趋势，注意典型的推广和借鉴价值；五是为制定重大决策服务的典型调查，为制定重大决策统计调查或抽样调查等方法，以便更加充分全面地占有资料，为制定重大决策提供更为详实的资料。

典型调查适用于调查总体同质性比较大的情形。同时，它要求研究者有较丰富的经验，在划分类别、选择典型上有较大的把握。实施典型调查的主要步骤是：根据研究目的，通过多种途径了解研究对象的总体情况；从总体中初选出备选单位，加以比较，慎重选出有较大代表性的典型；进行（典型）调查，具体收集资料；分析研究资料，得出结论。

典型调查一般用于调查样本太大，而调查者又对总体情况比较了解，同时又能比较准确地选择有代表性对象的情况。

（二）优缺点

第一，典型调查是对调查对象中个别或某些单位进行的调查，因此它是非全面调查。

第二，典型调查是对有意识地选择的调查单位进行的调查，因此容易受人的主观意志的影响。

第三，典型调查可以估计总体，但是不能检验其正确性，因此属于定性调查。

优点：典型调查法较为细致，适用于对新情况、新问题的调研，能够集中地、有力地体现问题和情况的主要方面，了解的事物生动具体，资料详尽，对问题的研究深入细致，调查方法灵活多样。典型调查法具有省时、省力的优点，可以长期蹲点深入实际，直接观察，也可开调查会或个别访问。

市场调查与预测

缺点：调查面较窄，难以反映事物的全貌，不够准确。

【案例】

2016年8月9日，我国住房和城市建设部村镇建设司司长带领调研组，到吉林长春农安县开展了城镇垃圾下乡和农村"垃圾山"典型调查活动。调研组一行先后实地考察了合隆镇陈家店村、烧锅镇和农安镇北关村、群众村、东五里界村的生活垃圾堆弃点，视察了合隆镇烧锅岭村农村污水处理在建示范项目，并深入到部分农户家中详细了解改水改厕情况。

任务2.3 文案调查法

调查方法的选择运用是否合理，对调查结果的影响甚大，我们将在下面的任务中介绍文案调查法、抽样调查法、问卷调查法、询问调查法、观察调查法、实验调查法、网络调查法等市场调查的各种方法及其适用情况。

2.3.1 文案调查法的含义、特点、功能与原则

（一）文案调查法的含义

文案调查法又称资料查阅寻找法、二手资料调查法，它是利用企业内部和外部现有的各种信息、情报，对调查内容进行分析研究的一种调查方法，是通过收集各种历史和现实的动态统计资料，从中摘取与市场调查课题有关的资料，进行统计分析的调查方法。文案调查的对象是各种历史和现实的统计资料，即二手资料。二手资料指通过他人收集、记录、整理所积累的各种数据和资料。

（二）文案调查法的特点

文案调查法具有不受时空限制、收集成本低、可靠性和准确性较强的特点。

与实地调查法相比，文案调查法具有以下几个特殊性。

（1）文案调查是收集已经加工过的次级资料，而不是对原始资料的收集。

（2）文案调查以收集文献性信息为主，它具体表现为各种文献资料。

（3）文案调查所收集的资料包括动态的和静态的两个方面，尤其偏重于动态角度。

文案调查法具有如下优点。

（1）不受时空限制。通过对文献资料的收集和分析，不仅可以获得有价值的历史资料，而且可以收集到比直接调查更广泛的、多方面的信息资料。

（2）收集容易，成本低。调查人员只需花费较少的费用和时间就可以获得有用的信息资料。与实地调查比较而言，文案调查实施起来更为方便、自由，只要找到文献资料就可以查阅，成本较低。

（3）文案调查法收集到的资料的可靠性和准确性较强。二手资料一般都是以文字、图表等书面形式表现的，因此不受调查人员和调查对象主观因素的干扰，反映的信息内容较为真实、客观，特别是政府机关信息中心发布的资料。

项目 2
市场调查方案的方式和方法

但文案调查法也有以下缺点。

(1) 资料的适应性差,主要表现为衡量资料的单位、资料的分组和资料的收集时间存在差异,现实中正在发生变化的新情况、新问题难以得到及时的反映。

(2) 由于受各种客观条件的限制,很难掌握所需要的全部文献资料,整理的资料和调查目的往往不能很好地吻合,对解决问题不能完全适用,收集资料时易有遗漏。

(3) 文案调查要求调查人员有扎实的理论知识、较强的专业技能和技巧,需要具有一定文化水平的人才能胜任。

(4) 文献档案中所记载的内容,大多数情况是为其他目的而做的,因此,很难与调查人员的调查活动要求相一致,需要进一步地加工处理。

此外,文案调查对所收集的方案的准确程度也较难把握,有些资料是由专业水平较高的人员采用科学的方法收集和加工的,准确度较高,而有的资料只是估算和推测的,准确度较低。因此,要明确资料的来源并加以说明。

(三) 文案调查法的功能

文案调查法的功能具体表现在以下 3 个方面。

1) 可以发现问题并为市场研究提供重要参考依据

(1) 市场供求趋势分析。即通过收集各种市场动态资料并加以分析对比,以观察市场发展方向。例如,根据某企业近几年的营业额平均以 15% 的速度增长,由此可推测未来几年营业额的变动情况。

(2) 相关和回归分析。即利用一系列相互联系的现有资料进行回归分析,以研究现象之间相互影响的方向和程度,并可在此基础上进行预测。

(3) 市场占有率分析。根据各方面的资料,计算出本企业某种产品的市场销售量占该市场同种商品总销售量的份额,以了解市场需求及本企业所处的市场地位。

(4) 市场覆盖率分析。用本企业某种商品的投放点与全国该种产品市场销售点总数的比较,反映企业商品销售的广度和宽度。

2) 可为实地调查创造条件

(1) 通过文案调查,可以初步了解调查对象的性质、范围、内容和重点等,并能提供实地调查无法或难以取得的市场环境等宏观资料,便于进一步开展和组织实地调查,取得良好的效果。

(2) 文案调查所收集的资料还可用来证实各种调查假设,即可通过对以往类似调查资料的研究来知道实地调查的设计,用文案调查资料与实地调查资料进行对比,鉴别和证明实地调查结果的准确性和可靠性。

(3) 利用文案调查资料并经适当的实地调查,可以用来推算需要掌握的数据资料。

(4) 利用文案调查资料,可以用来帮助探讨现象发生的各种原因并进行说明。

3) 可用于有关部门和企业进行经常性的市场调查

实地调查与文案调查相比,更费时、费力,组织起来也比较困难,故不能或不宜经常进行,而文案调查如果经调查人员精心策划,尤其是在建立企业及外部文案市场调查体系的情况下,具有较强的机动性和灵活性,随时能根据企业经营管理的需要,收集、整理和分析各种市场信息,定期为决策者提供有关市场调查报告。

(四) 文案调查法的原则

文案调查法的关键在于如何快捷、科学、全面地收集有关的文案资料。要保证文案调查法成功应用，文案资料的收集必须遵循以下原则。

1）相关性原则

相关性原则是文案调查法的首要原则，也是调查人员选定文献资料的最主要标准。调查人员必须根据调查的目标要求，确定资料选择的范围和内容，把与调查主题切实相关的资料选择出来。

2）系统性原则

系统性原则即文案资料的收集必须全面、系统，能满足市场调查课题的要求。为此，要通过各种信息渠道，利用各种机会，采取多种方式广开信息源，大量收集各方面有价值的文献，并且在时序上要保持连续性，以便获得反映客观事物发展变化情况的资料。

3）时效性原则

文献资料大多数是历史性资料，要求调查人员在资料的收集过程中，必须考虑资料的时间背景，摒弃过时的、与目前市场情况不相符的资料内容，确保收集的资料能够准确反映调查对象的发展规律。

4）经济效益性原则

文案资料的收集必须要考虑其成本和使用后的效益。文案调查的优点是省时省钱，如果费用支出过高，就失去了它的经济效益。

2.3.2 文案调查的途径

文案调查应围绕调查目的，收集一切可以利用的现有资料。从一般线索到特殊线索，这是每个调查人员收集情报的必由之路。当着手正式调查时，调查人员寻找的第一类资料是向他提供总体概况的那类资料，包括基本特征、一般结构、发展趋势等，随着调查的深入，资料的选择性和详细程度会越来越高。

（一）内部资料的收集

内部资料的收集主要是收集调查对象活动的各种记录，主要包括以下4种。

（1）业务资料，包括与调查对象活动有关的各种资料，如订货单、进货单、发货单、合同文本、发票、销售记录、业务员访问报告等。通过对这些资料的了解和分析，可以掌握本企业所生产和经营的商品的供应情况，以及分地区、分用户的需求变化情况。

（2）统计资料，主要包括各类统计报表，企业生产、销售、库存等各种数据资料，各类统计分析资料等。企业统计资料是研究企业经营活动数量特征及规律的重要定量依据，也是企业进行预测和决策的基础。

（3）财务资料，是由企业财务部门提供的各种财务、会计核算和分析资料，包括生产成本、销售成本、各种商品价格及经营利润等。财务资料反映了企业活劳动和物化劳动的占用和消耗情况及所取得的经济效益，通过对这些资料的研究，可以确定企业的发展背景，考核企业的经济效益。

（4）企业积累的其他资料，如平时的剪报、各种调研报告、经验总结、顾客意见和建议、同业卷宗及有关照片和录像等。这些资料都对市场研究有着一定的参考作用。例如，根据顾客对企业经营、商品质量和售后服务的意见，就可以对如何改进加以研究。

（二）外部资料的收集

对于外部资料，可从以下几个主要渠道加以收集。

项目 2
市场调查方案的方式和方法

（1）统计部门以及各级、各类政府主管部门公布的有关资料。国家统计局和各地方统计局都定期发布统计公报等信息，并定期出版各类统计年鉴，内容包括人口数量、国民收入、居民购买力水平等，这些均是权威和有价值的信息。此外，计划委员会、财政、工商、税务、银行等各主管部门和职能部门，也都设有各种调查机构，定期或不定期地公布有关政策、法规、价格和市场供求等信息。这些信息都具有综合性强、辐射面广的特点。

（2）各种经济信息中心、专业信息咨询机构、各行业协会和联合会提供的信息和有关行业情报。这些机构的信息系统资料齐全，信息灵敏度高，为了满足各类用户的需要，它们通常还提供资料的代购、咨询、检索和定向服务，是获取资料的重要来源。

（3）国内外有关的书籍、报刊、杂志所提供的文献资料，包括各种统计资料、广告资料、市场行情和各种预测资料等。

（4）有关生产和经营机构提供的商品目录、广告说明书、专利资料及商品价目表等。

（5）各地电台、电视台提供的有关信息。近年来全国各地的电台和电视台为适应形势发展的需要，都相继开设了各种专题节目。

（6）各种国际组织、学会团体、外国使馆、商会所提供的国际信息。

（7）国内外各种博览会、展销会、交易会、订货会等促销会议，以及专业性、学术性经验交流会议上所发放的文件和材料。

（三）互联网资料的收集

互联网，将世界各地的计算机联系在一起的网络，它是获取信息的新手段，对任何调查而言，互联网资料都是重要的信息来源。互联网上的原始电子信息比以其他任何形式存在的信息都更多，这些电子信息里面，有很多内容是调查所需要的情报。

互联网的特征是，容易进入，查询速度快，数据容量大，同其他资源连接方便。在互联网上，要查找的东西，只要网上有立即就能得到。例如，某家银行经理急需一篇在国外某报纸当天发表的有关某公司的文章，请调查公司帮忙寻找。调查公司查了该报社的网页，不但发现了文章而且可以免费下载，还通过该网址的超文本链接，将一个文档中的关键词同其他文档的关键词链接的功能，发现了更多有关该公司的信息。

互联网的发展使信息收集变得容易，从而大大推动了调查的发展。过去，要收集所需情报需要耗费大量的时间，奔走很多地方。今天，文案调查人员坐在计算机前便能轻松地获得大量信息，只要在正确的地方查找就可能找到，许多宝贵的信息都是免费的。例如，及时了解政府规章的变化是调查的一项重要内容，从网上可以得到有关法律和规章的全文。从网上获取这些资料比到图书馆查找方便得多。如果想要了解某些信息的具体细节，在图书馆中查找效率很低。如果利用搜索引擎查找，输入需要查找的关键字，计算机就自动帮助找出来，可以获得包含该条文的原始文件的全文。

2.3.3 文案调查的方法

要想研究现有资料，必须先查找现有资料。对于文献性资料来说，科学地查找资料具有十分重要的意义。从某种意义上讲，文案调查法也就是对资料的查找方法。

（一）参考文献查找法

参考文献查找法是利用有关著作、论文的末尾所列出的参考文献目录，或者是文中所提到的某些文献资料，以此为线索追踪、查找有关文献资料的方法。采用这种方法，可以提高查找效率。

（二）检索工具查找法

检索工具查找法是利用已有的检索工具查找文献资料的方法。依检索工具不同，检索方法主要有手工检索和计算机检索两种，现分别介绍如下。

1）手工检索

进行手工检索的前提是要有检索工具，因收录范围不同、著录形式不同、出版形式不同而有多种多样的检索工具。以著录方式来划分的主要检索工具有3种：一是目录，它是根据信息资料的题名进行编制的，常见的目录有产品目录、企业目录、行业目录等；二是索引，它是将信息资料的内容特征和表象特征录出，标明出处，按一定的排检方法组织排列，如按人名、地名、符号等特征进行排列；三是文摘，它是对资料主要内容所做的一种简要介绍，能使人们用较少的时间获得较多的信息。

2）计算机检索

与手工检索相比，计算机检索不仅具有检索速度快、效率高、内容新、范围广、数量大等优点，而且可打破获取信息资料的地理障碍和时间约束，能向各类用户提供完善的、可靠的信息，在市场调查的计算机化程度提高之后，将主要依靠计算机来检索信息。

应当指出的是，文案调查所收集的次级资料，有些十分真实、清楚、明了，可直接加以利用；而有些则杂乱无章且有失真情况发生，对此还应进行加工和筛选，才能最终得出结论。

2.3.4 市场信息的分类

市场调查是对市场信息进行收集和研究的过程，在介绍调查方法之前，有必要了解市场信息的各种类别。

1）按市场信息的负载形式划分

（1）文献型信息，如文字、图像、符号、声频、视频等，其载体形态有手工型、印刷型、微缩型、卫星型等。

（2）物质型信息，如商品展览、模型、样品等。

（3）思维型信息，如预测信息、对竞争对手的决策判断等。

2）按市场信息的产生过程划分

（1）原始信息：市场活动中产生的各种文字和数据资料。

（2）加工信息：根据需要，对原始信息进行加工、处理和分析等而得到的信息。

3）按市场信息的范围划分

（1）宏观市场信息：关于企业外部经营环境的各种信息，如国民经济发展情况、居民购买力、股市行情等。

（2）微观市场信息：反映企业生产、经营状况的各种信息，如企业商品销售额、劳动效率、购销合同履行情况等。

4）按市场信息的态势划分

（1）动态市场信息：反映市场现象在不同时期的发展变化的信息。

（2）静态市场信息：对某一时刻市场活动的说明。

对各种动态及静态资料进行收集、整理和分析，是科学预测和决策的前提。

任务 2.4 抽样调查法

【案例】德国粮食单产的特别调查

德国粮食单产的特别调查是采用三阶段抽样来抽选样本的,即以各州为抽样总体,直至抽取到农场。在抽中的农场中抽取地块,在抽中的地块中抽选样本点。德国农业统计法规定:全德国所有样本地块数量不得超过 14 000 块。这个样本地块总量在各州及各种农作物之间的分配方案,是在联邦统计局计算的基础上,根据附属于联邦食品农林部的农产量特别调查专家委员会的意见,由联邦食品农林部决定的。

样本农场的抽选由州统计局来进行,对粮食单产的特别调查中所涉及的每个粮食种类,分别抽取一套样本农场。

全州粮食种植面积在一定规模之上的所有农场,按行政区域排序并累计各种粮食作物的播种面积便得到抽样框,而后用系统抽样的方法抽取样本农场,样本地块由调查员和样本农场主共同选定。如果农场只有一块地种植某种粮食作物,则这块地就为样本地块;如果一个农场中种植某种粮食作物的地有两块以上,则用抽签的方法来选取一块地作为样本地块。在抽签时,如果各地块的面积差不多,则每一块地用一个签;如果各地块的面积差别较大,则按面积大小给予不同的签数。

采用一般的大规模收割脱粒方式所得到的粮食单产与只收割样本点,并在实验室脱粒而获得的粮食单产肯定是有差别的。为了修正这种差别,德国还在样本地中选取部分地块,对其面积进行准确测量,并将其用一般的收割方式全部收割。由样本点割测而得到的粮食单产与全部收割而得到的粮食单产的差别就可得出一个修正系数。每个州的每一种粮食作物都计算一个这样的修正系数,并用这些修正系数来对由样本点割测所得到的各种粮食单产进行修正。全面收割地块所在的农场是以样本农场按照地区及农场主姓名排序而得到的序列为抽样框,用简单随机抽样的方法抽取的。

2.4.1 抽样调查的基本理论

(一)抽样调查的含义、特点和基本概念

1) 抽样调查的含义

抽样调查是一种专门组织的非全面调查。它是按照一定方式,从调查总体中抽取部分样本进行调查,用所得的结果说明总体情况的调查方法。抽样调查是现代市场调查中的重要组织形式,是目前国际上公认和普遍采用的科学的调查手段。抽样调查的理论原理是概率论,概率论中的大数定律、中心极限定理等一系列理论,为抽样调查提供了科学的依据。

抽样调查可以分为随机抽样和非随机抽样两类。随机抽样是按照随机原则抽取样本,即在总体中抽取单位时,完全排除了人为主观因素的影响,使每一个单位都有同等的可能性被抽到。遵守随机原则,一方面可使抽取出来的部分单位的分布情况(如不同年龄、文化程度人员的比

例等）有较大的可能性接近总体的分布情况，从而使得根据样本所做出的结论对总体研究具有充分的代表性；另一方面，遵循随机原则，有助于调查人员准确地计算抽样误差，并有效地加以控制，从而提高调查的精度。非随机抽样不遵循随机原则，它是从方便出发或根据主观的选择来抽取样本的。非随机抽样无法估计和控制抽样误差，无法用样本的定量资料采用统计方法来推断总体，但非随机抽样简单易行，尤其适用于做探测性研究。抽样调查方法如图2-2所示。

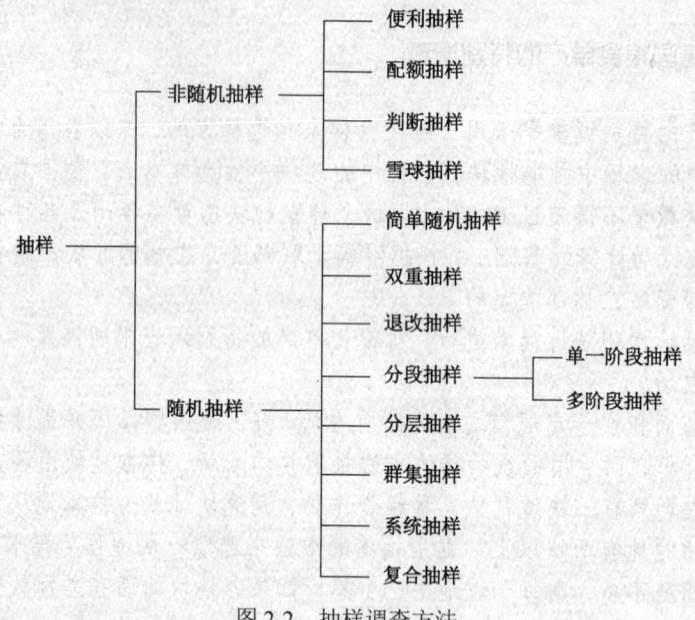

```
                            ┌─ 便利抽样
                            ├─ 配额抽样
              ┌─ 非随机抽样 ─┤
              │             ├─ 判断抽样
              │             └─ 雪球抽样
              │
              │             ┌─ 简单随机抽样
              │             ├─ 双重抽样
              │             ├─ 退改抽样
   抽样 ─────┤              ├─ 分段抽样 ─┬─ 单一阶段抽样
              │             │            └─ 多阶段抽样
              └─ 随机抽样 ──┤
                            ├─ 分层抽样
                            ├─ 群集抽样
                            ├─ 系统抽样
                            └─ 复合抽样
```

图 2-2　抽样调查方法

　　抽样调查适用的范围是广泛的。为取得大量社会经济现象的数量方面的资料，在许多场合都可以运用抽样调查方法取得；在某些特殊场合，甚至还必须应用抽样调查的方法取得。抽样调查的适用范围如下。

　　（1）对一些不可能或不必要进行全面调查的社会经济现象，最宜用抽样方式解决。

　　（2）在经费、人力、物力和时间有限的情况下，采用抽样调查方法可节省费用，争取时效，用较少的人力、物力和时间达到满意的调查效果。

　　（3）运用抽样调查对全面调查进行验证。由于全面调查涉及面广、工作量大、花费的时间和经费多，组织起来比较困难，调查质量需要检查、验证。这时，就需要用抽样调查来验证。

　　（4）对某种总体的假设进行检验，判断这种假设的真伪，以决定行为的取舍时，也经常用抽样调查来测定。

　　2）抽样调查的特点

　　（1）和全面调查相比较，抽样调查能节省人力、费用和时间，而且比较灵活。抽样调查的调查单位要比全面调查的单位数少得多，因而既能节约人力、费用和时间，又能比较快地得到调查的结果，这对许多工作都是很有利的。例如，农业产量全面调查的统计数字要等收割完毕以后一段时间才能得到，而抽样调查的统计数字在收获的同时就可以得到，一般能早得到两个月左右，这对于安排农产品的收购、储存、运输等都是很有利的。

　　大数定律是指在随机试验中，每次出现的结果不同，但是大量重复试验出现的结果的平均值几乎总是接近于某个确定的值。其原因是，在大量的观察试验中，由个别的、偶然的因素影

项目 2
市场调查方案的方式和方法

响而产生的差异将会相互抵消，从而使现象的必然规律性显示出来。例如，观察个别或少数家庭的婴儿出生情况，发现有的生男孩，有的生女孩，没有一定的规律性，但是通过大量的观察就会发现，男婴和女婴占婴儿总数的比例均会趋于50%。

由于调查单位少，有时可以增加调查内容。因此，有的国家在人口普查的同时也进行人口抽样调查，一般项目通过普查取得资料，另一些项目则通过抽样调查取得资料。这样既可以节省调查费用和时间，又丰富了调查内容。

（2）有些情况下，抽样调查的结果比全面调查要准确。调查数字与客观实际数量之间是会有差别的，这种差别通常称为误差。调查过程中的误差有两种：①登记误差，也叫调查误差或工作误差，是指在调查登记、汇总计算过程中发生的误差，这种误差是应该设法避免的；②代表性误差，这是指用部分单位的调查数字为代表，去推算总体的全面数字时所产生的误差，这种误差一定会发生，是不可避免的。

全面调查只有登记误差而没有代表性误差，而抽样调查则两种误差全有。因此，人们往往认为抽样调查不如全面调查准确，这种种看法忽略了两种误差的大小。全面调查的调查单位多，涉及面广，参加调查汇总的人员也多，水平不齐，因而发生登记误差的可能性就大。抽样调查的调查单位少，参加调查汇总的人员也少，可以进行严格的培训，因而发生登记误差的可能性就少。在这种情况下，抽样调查的结果会比全面调查的结果更为准确。

（3）抽选部分单位时要遵循随机原则。其他非全面调查，如典型调查和重点调查等，一般要根据调查任务的要求，有意识地选取若干个调查单位进行调查，而抽样调查不同，它从总体中抽取部分单位时，必须非常客观，毫无偏见，也就是严格按照随机原则抽取调查单位，不受调查人员任何主观意志的影响，否则带上个人偏见，挑中那部分单位的标志值可能偏高或偏低，失去对总体数量特征的代表性。

（4）抽样调查会产生抽样误差，抽样误差可以计算，并且可以加以控制。抽样调查是对一部分单位的调查，在实际观察标志值的基础上，去推断总体的综合数量特征。当然这种推断也会存在一定的误差，但抽样误差的范围可以事先加以计算，并控制这个误差范围，以保证抽样推断的结果达到一定的可靠程度。抽样调查也存在某些局限性，它通常只能提供总体的一般资料，而缺少详细的分类资料，在一定程度上难以满足对市场经济活动分析的需要。此外，当抽样数目不足时，将会影响调查结果的准确性。

3）抽样调查中的基本概念

（1）样本。样本也称子样、抽样总体，是在统计推断中，为推断总体特征，在总体中抽取一定数量的个体而构成的对总体具有代表性的集合体。相对于样本来说，总体也称全及总体。样本是从总体中取得的部分单位组成的小范围总体，构成样本的每一个单位可称为样本单位。

（2）样本容量。样本容量是指样本中所包含的单位数，一般用 n 表示，它是抽样推断中非常重要的概念。样本容量的大小与推断估计的准确性有着直接的联系，即在总体既定的情况下，样本容量越大，抽样指标对总体的代表性就越大；反之，样本容量越小，抽样指标对总体的代表性就越小。

（3）样本个数。样本个数是指在一个抽样方案中所有可能被抽取的样本的总数量，确切地说，它是可能的样本个数。其具体数值随的方式方法而不同，最常见的算法是根据可重复选排列的逻辑运算求得。

（4）重复抽样。重复抽样又称有放回的抽样，是指从全及总体 N 个单位中随机抽取一个容量为 n 的样本，每次抽中的单位经登录其有关标志表现后又放回总体中重新参加下一次的抽选。

每次从总体中抽取一个单位,可看作一次试验,连续进行 n 次试验就构成了一个样本。因此,重复抽样的样本是经 n 次相互独立的连续试验形成的。每次试验均是在相同的条件下,完全按照随机原则进行的。

（5）不重复抽样。不重复抽样又称无放回的抽样,是指从全及总体 N 个单位中随机抽取一个容量为 n 的样本,每次抽中的单位登录其有关标志表现后不再放回总体中参加下一次的抽选。经过连续 n 次不重复抽选的单位构成样本,实质上相当于一次性同时从总体中抽中 n 个单位构成样本。上一次的抽选结果会直接影响到下一次抽选,因此,不重复抽样的样本是经 n 次相互联系的连续试验形成的。

（二）抽样调查的一般程序

抽样调查是市场调查整体方案的一个组成部分,在调查整体计划思路已经确定的前提下,一项科学的、具有可操作性的抽样调查计划设计,大致需要经过以下 6 个基本步骤。

1）定义调查总体

市场调查人员首先要根据市场调查主题的要求和市场调查提纲的内容,确定抽样调查基本对象的范围。不同的市场调查主题对抽样调查对象的选择标准具有较大的差异。有经验的市场调查机构和人员,常常在确定调查对象之前设计一份市场调查对象的甄别卷,用来过滤和筛选切实有效的市场调查目标,以排除那些与市场调查主题和内容无关的调查对象,从而使抽样调查能够准确、高效地切中调查主题,避免浪费调查资源。

市场调查主体的确定,常常与公司的目标市场选择和产品定位策略紧密相关。因此,市场主体样本分类标准的确定可以与市场细分相结合。

2）选择样本框

在抽样设计中,市场调查人员可以通过各种方式获得调查总体的样本框,如从本公司内部的用户管理信息库中获得公司基本用户的抽样调查样本框;对学生市场的调查,可以通过学校获得总体花名册的名单;对城镇居民的调查,可以通过街道居民委员会或派出所来获得样本框等。另外,还有一些社会资源可以作为抽样样本框来利用,如电话号码簿、企业名录、社会各种人力资源和劳动就业清单等。需要注意的是,市场调查人员在利用此类样本框时要认真分析样本框对市场调查主题的代表性,或从样本框中产生的样本对调查总体的代表性。

3）确定抽样数目

在市场调查过程中,抽样数目的确定是一个非常重要的问题。如果样本数目不能够达到足够,会影响样本对总体的代表性,进而影响抽样调查结果的准确性;如果样本过多,又会造成抽样过程中不必要的资源浪费。必要的抽样数目意味着在一定抽样估计的精确度和概率把握度的控制下,样本数目既不多也不少。因此,确定抽样数目要考虑以下几个基本要素。

（1）总体方差的大小。方差大,则样本容量大;方差小,则样本容量小。

（2）市场调查者对抽样估计精度的要求。要求高,则样本多;要求低,则样本少。

（3）市场调查预算的限制。调查费用预算充足,则可多选样本;预算比较紧张,则可少选样本。

（4）市场调查时间的限制。时间充足,可多选样本;反之,则要少选样本。

4）选择抽样方法

市场调查的基本方法主要分为两类:随机抽样和非随机抽样。在这两大类方法中又各自包含不同的调查方式。市场调查中具体采用哪一种调查方法,取决于以下几个基本要素。

项目 2
市场调查方案的方式和方法

（1）市场调查主题对调查技术的要求。如果要求较高，则可以采用随机抽样技术；如果要求不高，则可采用非随机抽样方法。

（2）市场调查总体的分布特征。如果被调查总体的分布比较均匀，方差较小，则可以采取简单随机抽样的方法进行调查；如果被调查总体的分布不均匀，则可以考虑分类、等距、分阶段、整群等随机抽样的处理方法。

（3）特定市场调查项目的成本限制。如果特定市场调查费用的投入水平较高，则可提供具有较高精度的随机抽样调查；反之，则可考虑非随机抽样的几种调查方法。

5）制订抽样计划与实施计划

不同抽样方法的选择，对抽样计划的设计要求也大不相同。在随机抽样中，分类抽样、等距抽样和分阶段抽样的抽样设计都比较复杂；在非随机抽样中，配额抽样的设计相对比较复杂。为了保证抽样计划的有效实施，市场调查组织者有必要详细设计抽样调查的操作规程，以避免抽样调查实施者由于业务不精或者情况不熟而在调查过程中陷入困境。

6）推断调查总体的特征

抽样调查的最终目的是通过对样本的观察，达到对调查总体的一般认识。用样本数据对总体数据进行估计的内容一般有 3 个方面：一般水平估计、总体水平估计和平均比率估计。估计或推断的方法有两种：点估计和区间估计。为了说明抽样估计的准确度，还可以进行必要的抽样误差分析和抽样估计的精度分析。

2.4.2　随机抽样技术及其应用

（一）简单随机抽样技术及其应用

1）简单随机抽样的含义

简单随机抽样又称纯随机抽样，它对调查总体一般不进行任何的分类或排队，按随机的原则直接从总体中抽取样本。这样对每一个总体单位来说，被抽中的机会完全是均等的。简单随机抽样必须满足以下两项要求：①代表性，即要求样本分布与总体分布相同；②独立性，即要求样本各单位相互独立。

简单随机抽样是随机抽样中最单纯、最简易的抽样方式，它适用于分布比较均匀、变异程度比较小的调查总体。

2）简单随机抽样的方法

从总体中按简单随机抽样方式组成样本有许多种方法，最基本的方法是抽签法和随机数表法。

（1）抽签法。它适用于总体单位数较少的总体。首先对总体单位进行编号，通常对总体中的每个单位按自然数的顺序编为 1，2，3，…，N，另制 N 个与总体各单位对应的号签。然后将全部号签充分摇匀，根据需要按重复抽样或不重复抽样方法，从中随机抽取 n 个号签与之对应的总体单位，即为抽中的样本单位组成的样本。

（2）随机数表法。在大规模的调查中，由于总体单位的数目较大，使用抽签法的工作量相当大，因此常用随机数表法不确定样本单位。随机数表是用计算机、随机数字机等方法编制的，根据不同的需要，可以灵活地确定随机数的起始位置，按行、列或画某一随机线取得随机数字，利用取得的随机数字对应编号的单位组成样本。

市场调查与预测

【案例】

某家庭厨房用品代理商要进行一次市场调查,以了解该公司产品长期用户的每月平均购买支出额。根据本公司已建立的顾客档案资料,该代理商决定从所掌握的约 5000 户消费该公司产品的长期用户名单中随机抽取 30 个样本进行调查,以此对总体每户月平均购买支出额和总体月支出总额做出估计。

首先,市场调查人员需要对 5000 户长期用户进行编号:0001~5000。其次,从随机数字表中的任意行和列开始取样,抽取 30 个样本。再次,对这 30 个样本分别进行调查。最后,将调查结果进行整理,如表 2-4 所示。

表 2-4　30 个样本指标的数据计算表

家　庭	月　支　出	离　差	备　注
1	450		
2	200		
3	500		
…	…	…	…
30	700		
合计	18200	—	

简单随机样本是概率抽样的理想类型,它从随机样本的抽取到对总体进行推断,有一套健全的规则。但是,当总体所含个体的数目太多时,采取这种抽样方法不仅费时,而且费用太高。

(二)分层抽样技术及其应用

1)分层抽样的含义

分层抽样又称类型抽样,是在抽样前先按某一种特征对调查总体进行分类或分组,然后按随机的原则从各组中抽取样本。分层抽样把总体中具有某种特征,或特征比较接近的单位归为一组,从而使各组中个体之间的某种特征差异缩小,而组与组之间的特征差别更明显,以此来增加样本对总体的代表性,计算出来的抽样误差也就比较小。

分层抽样的主要原则是:分组时应使组内差异尽可能小,使组间差异尽可能大。分层抽样一般适用于总体分布的情况不均匀,各总体单位之间标志差异程度比较大的总体。

2)分层抽样的方法

按样本单位在各组分配中的分配状况,分层抽样可分为等比例抽样和不等比例抽样。等比例抽样就是按同样的抽样比 n/N,确定各组中应抽的样本单位数,如各组单位数为 N,则从中抽取的样本单位数为 n(其中 n/N 相等),各组样本单位数确定后,按随机原则从各组中抽取各类单位组成样本。不等比例抽样多指某类单位在总体中占的比例过小时,对其按比例抽不到或只能抽到很少数量的单位,为了保证样本中各类单位的代表性而采取不等比例抽样的方法。

【案例】

某公司从已掌握的 8000 户该公司产品潜在用户数据库资料中抽选 200 户进行调查,了解该产品潜在用户平均每年的支出额。

项目 2
市场调查方案的方式和方法

首先,将潜在用户总体按使用产品的程度分为 3 个层次:多用、中等使用和少用。其次,按各层次在总体中所占的比例分配样本数目,如表 2-5 所示。

表 2-5 分层抽样计算表

层	用户总体	用户样本	样本平均数	样本标准差
多用	2000	50		
中等使用	4000	100	…	…
少用	2000	50		
合计	8000	200	—	—

每层样本数目的确定方法如下:
$N_1 = 2000 \div 8000 \times 200 = 50$(户)
$N_2 = 4000 \div 8000 \times 200 = 100$(户)
$N_3 = 2000 \div 8000 \times 200 = 50$(户)

分层抽样的优点如下。
(1)当一个总体内部分层明显时,分层抽样能够克服简单随机抽样和等距抽样的缺点。
(2)分层抽样可以提高总体参数估计的精确度。
(3)有些研究不仅要了解总体的情况,还要了解某些类别的情况。
(4)便于行政管理。同一层可看作一个总体,因此每层可由专人进行管理。

(三)整群抽样技术及其应用

1)整群抽样的含义

整群抽样也称分群抽样,是将总体划分为若干群,然后以群为单位从中随机抽取部分群,最后对中选群中的所有单位进行全面调查的抽样组织方式。在大规模的抽样调查中,如果总体单位多,分布区域广,缺少进行抽样的抽样框,或群体内各单位间的误差较大,而各群之间的差异较小,或按经济效益原则不宜编制抽样框,则宜采用这种形式。整群抽样的优点是组织工作比较方便,确定一组就可以抽出许多单位进行观察。但是,正因为以群体为单位进行抽选,抽选单位比较集中,明显地影响了样本分布的均衡性,因此,整群抽样与其他抽样比较,在抽样单位数目相同的条件下抽样误差较大,代表性较低,在抽样调查实践中,采用整群抽样技术一般都要比其他抽样技术抽选更多的单位,以降低抽样误差,提高抽样结果的准确程度。当然,整群抽样的可靠程度主要还是取决于群与群之间的差异的大小,当各群间的差异越小时,整群抽样的调查结果就越准确。

2)整群抽样的方法

第一,将调查总体划分为 R 群,每群有 N 个单位;第二,从 R 群中随机抽取 r 群;第三,对 r 群中所有的 n 个单位进行全面调查;第四,用样本群 r 的调查资料去估计总体群 R 的基本特征。

【案例】

对某市居民的家庭购买能力进行调查,采用整群抽样,可以按行政区域分为不同街道,然后随机抽取一些街道,对这些街道进行全面调查。

（四）等距抽样技术及其应用

1）等距抽样的含义

等距抽样又称机械抽样，就是先将总体各单位按一定标志排列起来，然后按照固定的顺序和一定的间隔来抽取样本单位。等距离抽样与简单随机抽样比较，可使中选单位比较均匀地分布在总体中，尤其当被研究现象的标志值的变异程度较大，而在实际工作中又不可能抽选更多的样本单位时，这种方法更为有效，因此，等距抽样是市场调查中应用最广的一种抽样方式。等距抽样也有一定的局限性，表现在以下几个方面。

（1）运用等距抽样的前提是要有全部总体每个单位的有关资料，特别是按有关标志排队时，往往要有较为详细具体的资料，这是一项十分复杂和细致的工作。

（2）当抽选间隔和被调查对象本身的节奏性相重合时，就会影响调查的精度。例如，对某商场每周的商品销售量情况进行抽样调查，若抽取的第一个样本是周末，抽样间隔为7天，那么抽取的样本单位都是周末，而往往周末商品的销售量最大，这样就会发生系统性偏差，从而影响等距抽样的代表性。

2）等距抽样的方法

运用等距抽样时：①将调查总体按一定的标志排队；②将总体 N 划分为 n 个相等的部分，每部分都有 k 个单位；③在第一部分中随机抽取一个样本单位，然后每隔 k 个单位抽取一个样本，直至取足 n 个单位组成一个样本。

排列所依据的标准有以下两种。

（1）按与调查项目无关的标志排队。例如，在进行居民家庭购买支出调查时，选择住户可以按住户所在街区的门牌号码排队，然后每隔若干个号码抽选一户进行调查。

（2）按与调查项目有关的标志排队。例如，进行居民家庭购买支出调查时，可按住户平均月收入排队，再进行抽选。

在排队的基础上，还要计算抽选距离（间隔），计算公式为：抽选距离 $=N/n$，其中，N 为总体单位数，n 为样本单位数。

确定抽选距离之后，可以采用简单随机抽样方式，从第一段距离中抽取第一个单位，为简化工作并防止出现某种系统性偏差，也可以从距离的 1/2 处抽取第一个单位，并按抽选距离继续抽选剩余单位，直到抽完为止。

【案例】

从600名大学生中抽选50名大学生进行消费情况调查，可以利用学校现有的名册顺序按编号排队，从1号编至600号。

抽选距离 $=N/n=600/50=12$（人）

从第一个12人中用简单随机抽样方式抽取第一个样本单位，如抽到的是8号，则依次抽出的是20号、32号、44号……

2.4.3 抽样误差及其样本容量的确定

（一）抽样误差

抽样调查结果和真实值之间存在的差异称为误差。抽样调查理论的中心任务之一，便是研

项目 2
市场调查方案的方式和方法

究抽样调查中的误差。在抽样调查误差理论中将全部误差分解为随机误差和系统误差两部分。随机误差是由于样本与总体之间的随机差异导致的,它存在于所有取样过程中,是无法避免的,这种类型的误差不会影响估计参数的均值,通常所计算的抽样误差就是这部分随机误差。对随机误差的研究,由于有强有力的概率论与数理统计理论和方法的支持,其理论已非常成熟,只要能设计出样本估计量,就能给出相应估计量的随机误差公式。但是对于抽样调查中的系统误差,由于导致系统误差的原因很多,而且多属非随机性因素,主要受主观因素的影响,因此系统误差的出现是无规律的。

构成系统误差的因素有多种,大致可归纳为 4 种类型。

(1) 设计误差。是指因在抽样调查方案设计过程中的错误而导致产生的系统误差。在抽样方案的设计中,涉及抽样框的编制、目标量和估计量的设计、样本容量的确定和抽样方式的选择等,抽样方案的设计还直接关系到在样本的抽取过程是否严格地遵循随机性原则,若破坏了随机性原则,必然会产生系统误差。

(2) 估计量的偏误。是指所选择的估计量(实则是估计方法)破坏了估计的优良标准之一——无偏性,致使产生统计性误差。

(3) 调查误差。是指在取得样本数据资料过程中产生的误差。这部分误差通常与调查者、回答者、资料收集方式和问卷等因素有关,它们会形成在调查过程中出现无回答和回答出现偏差等情况,进而形成系统误差。

(4) 编辑误差。是指在取得样本资料之后,在整理、汇总、归类、计算、录入等过程中形成的误差。

因此,为了提高调查精度,一方面可以采取完善抽样调查方案、合理选择抽样方法、提高抽样调查数据的准确性、减少编辑误差和调查误差等手段,即减少系统误差;另一方面要合理确定样本量的大小,即减少随机误差。

通过对误差的分析可知,如果要提高调查的精度,一个重要方面就是确定合理的样本量。样本量大小的确定是一个平衡问题,如果在数据收集和分析过程采用大的样本容量,达到给定研究目标和精度要求的费用就很高。小的样本容量则使结果受变异性的影响。

(二) 样本容量的确定

1) 确定样本容量的必要性

样本容量就是抽样数目。在市场调查过程中,抽样数目的确定是一个非常重要的问题。根据大数定律,在抽样调查中样本容量越大,样本对总体的代表性越大,抽样误差越小;样本容量减少,抽样误差就要增大。但同时,抽样数目越多,抽样调查的费用也越高,而且会影响抽样调查的时效性。因此,确定样本容量时,应在保证满足抽样调查对数据的估计精确度和置信度(概率把握度)下,尽量减少抽样数目,即确定必要抽样数目。

2) 影响样本容量的因素

样本容量的确定有相应的计算公式,此公式将在后面的项目 4 中学习,影响样本容量的因素包括以下几个。

(1) 总体被研究标志的变异程度(离散程度)。如果总体被研究标志的变异程度大,则应抽取较多的样本单位;如果总体被研究标志的变异程度小,则可抽取较少的样本单位。

(2) 允许的误差范围。如果允许的误差范围小,即要求的精确度高,应抽取较多的样本单位;反之,应抽取较少的样本单位。

(3) 抽样推断的可靠程度。抽样推断要求的可靠程度越高,则应抽取的样本单位越多;要求的可靠程度越低，则应抽取的样本单位数越少。

（4）抽样方法与抽样方式。重复抽样误差大，可以多抽一些样本，不重复抽样可以少抽取一些样本。非随机抽样、简单随机抽样和整群抽样的误差较大，要多抽取一些样本。采用类型抽样、等距抽样和分段抽样时，可以少抽取一些样本。

（5）市场调查的预算抽样数目的多少还要受到市场调查预算的限制。市场调查人员还应该考虑调查预算的可能来尽量科学地测算抽样调查的样本数目。

2.4.4 非随机抽样技术

非随机抽样是指抽样时不遵循随机原则，而是按照调查人员主观设立的某个标准抽选样本。非随机抽样的应用范围小于随机抽样的应用范围，但它可以作为随机抽样的补充，介入随机抽样所不能及的调查领域。在市场调查中，采用非随机抽样通常是出于以下几个原因。

（1）客观条件的限制，无法进行随机抽样。

（2）为了快速获得调查结果，提高调查的时效性。

（3）在调查对象不确定，或无法确定的情况下采用。例如，对某一突发（偶然）事件进行现场调查等。

（4）总体各单位间的离散程度不大，且调查人员具有丰富的调查经验时。

非随机抽样有多种方式，常见的包括方便抽样、判断抽样、配额抽样、滚雪球抽样。

（一）方便抽样技术及其应用

1）方便抽样的含义

方便抽样是指研究者将其在一定时间内、一定环境里所能遇见或接触到的人均选入样本的方法。方便抽样的优点是方便省力，但样本的代表性差，有很大的偶然性。

常见的未经许可的街头随访或拦截式访问、邮寄式调查、杂志内问卷调查等都属于方便抽样的方式。它是所有抽样技术中花费最小的（包括经费和时间），抽样单元是可以接近的、容易测量的，并且是合作的。但尽管有许多优点，这种形式的抽样还是有严重的局限性。许多可能的选择偏差都会存在，如被调查者的自我选择、抽样的主观性偏差等。这种抽样不能代表总体和推断总体。因此，当我们在进行街头访问或邮寄调查时，一定要谨慎对待调查结果。

2）方便抽样的方式

拦截式调查、邮寄式调查、杂志内问卷调查等都属于方便抽样的方式。下面主要介绍拦截式调查和邮寄式调查。

（1）拦截式调查。

① 有访问员在事先选定的若干地点，按一定程序和要求（如每隔几分钟拦截一位，或每隔几个行人拦截一位）选取访问对象，征得对方同意后，在现场按问卷进行简短的调查。

② 中心地调查或厅堂测试，是在事先选定的若干场所内，租借好访问专用的房间或厅堂，根据研究要求，可能还摆放若干供被访者观看或试用的产品，按照一定程序和要求，拦截访问对象，征得其同意后，带到专用的房间和厅堂进行面访调查，常用于需进行实物显示的或特别要求有现场控制的探索性研究，或需进行实验的因果关系研究，如广告效果测试、新品入市研究等。

（2）邮寄式调查。

① 留置问卷调查。由调查员按面访方式找到被访者，说明调查目的和填写要求后，将问

项目2
市场调查方案的方式和方法

卷留置于被访者处，约定日期登门取回填好的问卷，或附上回邮信封，要求被访者直接寄回。

② 固定样本邮寄调查。事先抽取一个地区性或全国性的样本，征得样本中家庭或个人同意后，由调查机构向该固定样本中的成员定期邮寄调查问卷，样本中的成员将问卷按要求填好后，及时寄送回调查机构，为防止样本老化，应定期调整更新样本。邮寄式调查主要适用于对时效性要求不高、样本框较齐全、调查内容较多、调查问题较敏感的项目。

（二）判断抽样技术及其应用

判断抽样的"判断"有两种含义：①主观判断，即研究者依据主观判断选取可以代表总体的个体作为样本；②"有目的地"选择样本，如在问卷设计阶段，为检验问题设计得是否得当，常有意地选择一些观点差异悬殊的人作为调查对象。在无法确定总体的边界或因研究者的时间、设备有限而无法进行抽样调查的时候，可以采用判断抽样。

1）判断抽样的含义

判断抽样又称目的抽样或立意抽样，是调查人员根据调查目标，凭借其主观意愿、经验和知识，从总体中选择具有代表性的样本作为调查对象以推测总体特征的一种抽样方法。

根据判断抽样所选择的样本，其代表性可以表现为数量方面的特征，也可以表现为品质方面的特征。例如，某调查者欲对公司产品的销售渠道进行调查，他根据自己的判断选择了几家在经营方式和销售数量上均具有一定代表性的零售商店作为调查对象，并根据调查结果来推测其产品销售渠道的基本问题。

2）判断抽样样本单位的选择

在判断抽样中，选择调查对象的关键是调查对象对调查总体要具有代表性。即选择最能代表普遍情况的调查对象，常以"平均型"或"多数型"为标准，应尽量避免选择"极端型"。市场调查人员一般应当在对调查总体的相关特征有一定了解的基础上，选择中等的、平均水平的、出现频率较高的总体单位作为样本，避免选择极端性的单位作为样本。例如，在编制价格指数时对代表规格品的选择，应该注意选择质量中等、价格中等、地域中等、销售数量较多的商品，只有这样，才能通过对样本的调查研究达到了解总体特征的目的。

3）判断抽样的适用范围

判断抽样通常适用于总体的构成单位差异较大且样本数量不多的情况。例如，要对某县国有零售商店的经营情况进行调查，可以把全县所有的国有零售商店作为一个总体，在这个总体中，各商店的经营情况的差异是很大的，这时要在数量有限的样本中选取具有代表性的样本，就可采用判断抽样法，由对这方面情况有一定了解的调查人员进行。

4）判断抽样的优缺点

判断抽样的优点比较明显，由于根据调查者的调查目的要求而主观地选择样本，因此比较适合特殊调查目的的要求。如果选样科学，调查结果的准确性也比较高。同时，判断抽样也存在一定的缺陷。由于是主观判断抽样，因此当主观判断不能够准确地反映客观情况时，样本则极易产生代表性偏差。

（三）配额抽样技术及其应用

1）配额抽样的含义

配额抽样是指按照一定的标准确定地区或职业等不同群体的样本定额，再由调查人员主观地抽取定额内样本的方法。它是非随机抽样中比较流行的一种方法。

配额抽样的具体做法是：首先，以社会经济各种特征为标志对研究总体进行分组，这些分组特征最后也形成了选择样本的控制特征，如年龄、性别、社会阶层、收入、职业等；然后，根据总体分布特征和一定比例分配样本的配额；最后，由调查人员根据一定的样本控制特征和样本配额，自行选择调查对象。

例如，对某区域内的居民按收入情况分为5层，然后按比例配额出每层中应抽取的调查样本数，某调查员分配到40户收入为500元的每户3口人的家庭进行走访，具体调查哪一户则由调查员根据约束条件自行决定。

配额抽样假定每一组内的调查对象具有相似的特征，即他们的市场观念、行为态度、兴趣爱好等基本相同，因而组内的抽样误差很小，只要问卷设计良好，分析方法正确，所得的调查结果就会有较高的可信度。而这种假设性是否得以成立，在很大程度上取决于调查者的知识、水平和经验。

2）配额抽样的基本步骤

（1）选择分组标志或控制特征。调查设计者首先应根据市场调查目标的要求，选择一个或几个控制样本定额的特征，如收入、地域、年龄、性别、社会阶层、职业等，将它们作为划分调查对象的基础。

（2）确定调查对象各种特征的分布比例。调查对象特征的分布比例是配额抽样设计中最为重要的要素。调查人员可以对各地政府或社会有关部门公布的统计调查的二手资料进行加工取得。

（3）确定样本配额。例如，计划从该地选出500个家庭主妇进行调查，则根据要素分布比例资料所进行的样本分配情况如表2-6所示。

（4）配额指派。配额指派即将已经分配好的各组样本配额分派给调查人员，如某市场调查人员被指派对25位家庭主妇的基本资料进行调查，调查对象的约束条件是：30岁以下，家庭年收入在30000元以下，至于具体调查哪一位家庭主妇，则由调查人员自己选定。

表2-6 500个家庭主妇的样本分配

家庭年收入/元	家庭主妇年龄		合计/人
	30岁以下/人	30岁以上/人	
30000以下	25	75	100
30000~50000	50	150	200
50001~100000	50	100	150
100001以上	25	25	50
合计	150	350	500

3）配额抽样的设计方法

（1）独立控制抽样设计。独立控制抽样设计是指只按一种限制或控制特征对调查样本数目进行分配。这种抽样设计简单易行，节省费用，可直接依据有关的二手资料定额出样本数目。但是，由于独立控制的标准只有一个，从而给了调查人员更多地选择样本的方便，这样会影响样本对调查总体的代表性。

（2）交叉控制抽样设计。交叉控制抽样设计是指按两个或两个以上标志对调查样本数目的分配加以约束或控制。在样本的选择上，交叉控制抽样设计的优点是可以给调查者以更多的控制条件，以避免由于调查者主观的因素使样本偏重某一方面而产生代表性误差；这种设计方法的缺点是，它要求调查组织者具有较为齐备的总体或样本分布比例资料，以便进行交叉控制的设计。

项目 2
市场调查方案的方式和方法

4）配额抽样的优缺点

配额抽样的优点主要表现在以下几个方面。

（1）简单。即不需要复杂的随机抽样技术，操作起来方便易行。

（2）节约。配额抽样不仅能节约费用，节省人力和物力，而且能节省时间，提高工作效率。

（3）设计比较科学。在非随机抽样中，它能够根据总体分布比例，通过对样本特征进行独立控制和交叉控制，使样本特征对总体特征有一个比较可信的代表性。

配额抽样也有其局限性，主要表现在以下几个方面。

（1）作为样本定额依据的总体分布比例资料的获得具有一定的难度，尤其是交叉控制分配样本的比例资料，对各种特征分布的比例资料的要求较高，在现实的市场调查中很难掌握。

（2）尽管存在样本控制特征，但是调查者在具体选择样本时仍然存在较大的随意性和主观性，很难避免样本偏差，进而影响调查的最终结果。

（3）由于配额抽样不是随机抽样，因而不宜计算和控制抽样误差。

（四）滚雪球抽样技术及其应用

滚雪球抽样又称推荐抽样，是指先随机选择一些被访者并对其实施访问，再请他们提供另外一些属于所研究目标总体的调查对象，根据所形成的线索选择此后的调查对象。

【案例】

对劳务市场中的保姆进行调查，因为总体总处于不断流动之中，难以建立抽样框，研究者因为一开始缺乏总体信息而无法抽样，这时可通过各种方法，如街坊邻居或熟人介绍、家政服务公司、街道居委会等，找到几个保姆进行调查，并让她们提供所认识的其他保姆的资料，再去调查这些保姆，并请后者也引荐自己所认识的保姆。以此类推，可供调查的对象越来越多，直到完成所需样本的调查，如图 2-3 所示。

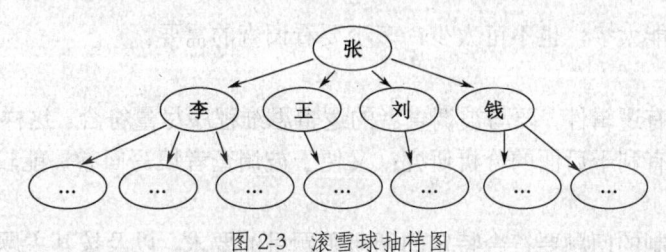

图 2-3 滚雪球抽样图

任务 2.5 问卷调查法

走在街头，我们经常会被一些调查人员拦住并问及若干问题，如"你使用某某产品吗？""某产品怎么样"等；买了一些书，书后面会附有一些邮票都事先贴好的"读者调查表"或"读者反馈卡"……这就是我们最常见的问卷调查。

问卷调查是目前国际上市场营销管理活动中常用的一种调查方法，也是近年来我国发展最快、应用最广的一种调查方式。有效地设计并实施问卷调查，是获取市场信息的重要手段。

市场调查与预测

2.5.1 问卷设计的原则与程序

问卷调查是目前调查业中广泛采用的调查方法，是调查机构根据调查目的设计各类调查问卷，通过调查员对样本的访问，完成事先设计的调查项目，并经统计分析后得出调查结果的一种方式。

【案例】

问卷调查源于中国古代和古埃及以课税和征兵为目的所进行的调查活动。现代意义上的问卷调查始于20世纪30年代美国新闻学博士乔治·盖洛普的美国总统选举预测调查。这一事件之后，问卷调查开始迅猛发展，被运用于多个领域。我国自20世纪80年代引入问卷调查，目前已有了长足的发展。

问卷是指调查者事先根据调查的目的和要求所设计的，由一系列问题、说明及备选答案组成的调查项目表格，所以又称调查表。

（一）问卷设计的原则

1）客观性

编制的问题不能带主观趋向性，不提暗示性、倾向性的问题。带有暗示性、倾向性的问题容易诱导被调查者未经思索地随着提问者的观点回答，或顺着问题的倾向回答。

2）明确性

编制的问题及回答方式的指导语，在语言上要清楚明白、通顺流畅，不能含糊不清，不能拖泥带水、重复啰唆。总之，不要让被调查者看了产生不明其义、不得要领、出现歧义等现象。

3）适量性

编制的问题不能太多，也不可太少，多少要看调查的需要。

4）逻辑性

编排的顺序要有逻辑性，要与被调查者的逻辑思维程序尽量符合。这样才能使收集的资料有逻辑顺序，从而有利于后面的分析研究；又便于被调查者填写问卷，能较好地合作。

5）合理性

合理性是指编制的问题要符合特定的调研主题目的要求，以及按其主题做的理论准备。为了保证编制的问题有合理性，必须在编制问题前按照"课题→概念→假设→构架→变项→指标"的顺序进行理论准备，并按其理论准备编排与组合问题。此外，在最后确定问题表时，也要按每一问题能收集什么资料、用何方法做分析进行检查，看该问题是否是多余的或盲目的，发现有多余或盲目的就删去。

6）适应性

合理性是指编制的问题尽可能地适合被调查者对问题如实做出回答。为了使编制的问题有适应性，既要从整个被调查者的文化程度、认识能力、知识水平考虑全部问题是否对整个被调查者适应，又要考虑调查者的需求。编制时要考虑如何使得被调查者愿意答、能够答、如实答等问题。这就需要不提及涉及社会禁忌和个人隐私方面的问题，也不要提使被调查者感到困窘的敏感性问题。

项目 2
市场调查方案的方式和方法

（二）问卷设计的程序

1）准备阶段

问卷设计准备阶段的主要工作有以下几页。

（1）明确调查的目的和内容。

问卷设计的第一步就是要明确调查的目的和内容，为此需要认真讨论调查的目的、主题和理论假设，将问题具体化、条理化和操作化，即将问题变成一系列可以测量的变量或指标。

（2）收集有关研究课题的资料。

收集有关资料的目的主要有3个：其一是帮助研究者加深对所调查研究问题的认识；其二是为问题设计提供丰富的素材；其三是形成对目标总体的清楚概念。在收集资料时对个别调查对象进行访问，可以帮助调查者了解受访者的经历、习惯、文化水平以及对问卷问题知识的丰富程度等。我们很清楚地知道，适用于大学生的问题不一定适合家庭主妇。调查对象的群体差异越大，就越难设计一个适合整个群体的问卷。

（3）确定调查方法的类型。

按调查方式分，问卷可分为自填问卷和访问问卷。自填问卷是由被访者自己填答的问卷。访问问卷是访问员通过访问被采访者，由访问员填答的问卷。自填问卷由于发送的方式不同而又分为发送问卷和邮寄问卷两类。发送问卷是由调查员直接将问卷送到被访问者手中，并由调查员直接回收的调查形式。而邮寄问卷是由调查单位直接邮寄给被访者，被访者自己填答后，再邮寄回调查单位的调查形式。

2）主体设计阶段

（1）确定每个问题的内容。

一旦决定了访问方法的类型，下一步就是确定每个问题的内容：每个问题应包括什么，以及由此组成的问卷应该问什么，是否全面与切中要害。在这个阶段，调查者首先应将调查项目细分，即把调查的项目转化成具体的细目，并根据调查细目来确定问题的具体内容。

（2）确定问答题的结构。

问卷问题的内容决定了所需资料的提问方式，在一定程度上也决定了问题的结构。问题的结构一般指封闭性问题与开放性的问题，大多数问卷以封闭式问题为主，辅以少量开放式问题。

开放性问题又称无结构的问题，是指被调查者用他们自己的语言自由回答，不具体提供选择答案的问题。开放性问题可以让被调查者充分地表达自己的看法和理由，并且比较深入，有时还可获得研究者始料未及的答案。但它也有一些缺点：收集到的资料中无用信息较多，难以统计分析，面访时调查员的记录直接影响到调查结果，并且由于回答费事，可能遭到拒答。因此，开放性问题在探索性调查中是很有帮助的，但在大规模的抽样调查中，它就弊大于利了。

封闭性问题又称有结构的问题，它规定了一组可供选择的答案和固定的回答格式。封闭性问题的优点：答案是标准化的，对答案进行编码和分析都比较容易；回答者易于作答，有利于提高问卷的回收率等。

（3）确定问题的编排。

问卷中问题的顺序一般按下列规则编排。

① 要注意问题的逻辑顺序，按时间顺序、类别顺序等合理排列。

② 容易回答的问题放前面，较难回答的问题放稍后，困窘性问题放后面。

③ 封闭式问题放前面，开放式问题放后面。由于开放式问题往往需要时间来考虑答案和组织语言，放在前面会引起应答者的厌烦情绪。

(4) 确定格式和排版。

问卷可分为结构式、开放式、半结构式3种基本类型。

① 结构式。通常也称封闭式或闭口式。这种问卷的答案是研究者在问卷上早已确定的，由回卷者认真选择一个答案划上圈或打上勾就可以了。

② 开放式。也称开口式。这种问卷不设置固定的答案，让回卷者自由发挥。

③ 半结构式。这种问卷介于结构式和开放式两者之间，问题的答案既有固定的、标准的，也有让回卷者自由发挥的，吸取了两者的长处。这类问卷在实际调查中运用还是比较广泛的。

3）验证复核阶段

一般来说，在问卷的初稿完成后，调查者应该在小范围内进行试验性调查，了解问卷初稿中存在哪些问题，以便对内容、问题和答案、问题的次序进行检测和修正。

(1) 问题必要性复核。调查人员应该根据调查目标确定问卷中所列的问题是否都是必需的，能否满足管理者决策的信息要求。每个调查目标都应该有相应的提问，不能有遗漏。

(2) 问卷长度验证。调查人员应该通过实验来确定问卷的长度。一般情况下，对于拦截式调查，问卷的长度应控制在 10 分钟之内，否则应考虑适当删减；对于电话式调查，应控制在 20 分钟之内；对于入户访问，如果超过 20 分钟，也应当给应答者提供一些有吸引力的刺激物，如小赠品等。

(3) 问卷外观复核。针对邮寄问卷等自填式问卷，外表要求质量精美，非常专业化；正规的格式和装订、高质量的印刷、精心设计的版面是很有必要的。

(4) 问卷定稿与印刷。对问卷进行了修订以后，就可以定稿并准备印刷了。在问卷定稿阶段，要注意检查要素是否齐全，内容是否完备。问卷印刷精良，设计大方，才能引起被调查者的重视，才能充分实现调查问卷的功能和作用。

2.5.2 问卷的结构

通常一份完整的问卷包括标题、前言、指导语、个人基本资料问题与选择答案、编码、结束语。

1）标题

标题是调查内容高度的概括，它既要与调查研究内容一致，又要注意对被调查者的影响。

2）前言

前言是问卷最前面的一个开头，有人称之为封面信。前言一般包括以下内容。

(1) 调查的内容、目的与意义。

(2) 关于匿名的保证，消除被调查者的顾虑。

(3) 对被调查者回答问题的要求。

(4) 调查者的个人身份或组织名称。

(5) 如是邮寄的问卷，写明最迟寄回问卷的时间。

(6) 对被调查者的合作与支持表示感谢。

【案例】

亲爱的家长：

近来，幼儿外语学习成为社会各界普遍关注的热门问题，为了使幼儿外语学习能够更加科

项目 2
市场调查方案的方式和方法

学和规范,我们特进行此次调查,本问卷旨在了解您对幼儿外语学习的态度和您孩子外语学习的状况,您的回答对我们至关重要,调查数据将作为科学研究的依据。本问卷不用填写姓名,答案也没有对错之分,请您根据自己的情况如实填写,我们将对调查内容严格保密。

衷心地感谢您对我们工作的支持!

华东师范大学教育学系
"幼儿外语学习研究"课题组成员
2015 年 10 月

3) 指导语

指导语主要是用来指导被调查者填写问卷的一组说明或注意事项,如果需要,还可以附有样例。指导语要简明易懂,使人一看就明白如何填写。如果设计的问卷题型比较单一,这部分的内容可以与前言部分合在一起。

通常来说,指导语主要有以下几种类型。

(1) 选出答案做记号的说明。

【案例】问卷的指导语

一般用圆括号"(　　)"或方框"□"来限定答案前或后的空间,并要求回答者在他要选择的答案前或后的圆括号或方框内做记号。

请在您所选答案前的(　　)内打上√:
您孩子的性别:(1) 男　　(2) 女
请在您所选答案前的 □ 内打上√:
您的家庭居住地:□城市　□集镇　□农村

(2) 选择答案数目的说明。

如果问卷的题型有多种,指导语一般在填写须知中说明;如果问卷的题型不多,也可以直接写在问题的后面,如"选择一项""有几项选几项""可以多选"等。

(3) 填写答案要求的说明。

【案例】选择或填写答案要求的说明

凡在回答中需选择"其他"一项作为答案的,请在后面的"＿＿＿＿"中用简短的文字注明实际情况。

填写须知:

1. 如果遇文字提示"可以多选",则可选择多于一个的选项,只要你认为合适的都要选上。如果您选择"其他"这一选项,请务必在＿＿＿＿上或空格内写明相关内容。

(4) 答案适用于哪些被调查者的说明。

问卷中有的问题可能只是适用于某一类人,当这类问题出现时,可说明由特定的一类人填写,其他的人则跳过这些问题。

4) 个人基本资料

个人基本资料中要求填写的项目,一般都是在研究中考虑到的变量。例如,要比较男女生的兴趣差异,性别就是一个变量;要了解父母亲文化程度对子女的学业成就是否有影响,父母亲的文化程度就是一个变量。研究中不涉及的项目,就不一定在个人基本情况中出现,以保持问卷的简洁。

如前所述，个人基本资料涉及被调查者的个人基本问题，是基本的自变量，也是开展研究的基础，只有了解这些最基本的事实问题，研究工作才可能进行，分析问题才能有说服力。但是尽管这部分内容是事实问题，每个人都很容易填，但是有些人对这类问题存有戒备心理，特别是涉及一些人的弱项或隐私的问题，如年龄问题、经济收入问题。因此，在填写之前的说明语中应当明确告诉被调查者是匿名填写，同时让被调查者了解本问卷对研究的意义。也有一些研究者认为，可以把这部分问题放到最后，以便减少拒答的人数。

【案例】个人基本资料

1. 您的性别：（1）男　（2）女
2. 您的教龄_____年
3. 您的学历（含在读）：（1）高中或中专　（2）大专　（3）本科　（4）硕士　（5）博士
4. 您所在的单位：_____学校
5. 您所在的学校的性质：（1）民办　（2）公办　（3）公办转制　（4）其他_____
6. 您的职务（可多选）（1）校长　（2）教导主任　（3）教研组长　（4）一线教师　（5）其他_____
7. 您所教的年级：（1）初一　（2）初二　（3）初三

5）问题与选择答案

问题与选择答案是问卷的主体部分。问题是问卷的核心内容，编制的问题要简洁明了，要适应被调查者的程度，符合研究的目的和要求。至于用开放式答案还是封闭式答案，则应根据实际情况而定。采用封闭式答案要按标准化测验的要求设计题目和答案，答案要准确，符合实际，便于选择。

6）编码

对于样本数量较大的调查问卷，为了便于计算机的汇总、分类和统计，一般要设立编码栏。编码就是给每个问题及其答案编上数码。一般编码放在问题的右边，编码的序号与问题的序号相一致（见样例）。如果样本数量较小的调查，或采用手工汇总的调查，可不设编码栏。

【案例】

请您根据自己的情况，在下列合适的数字上用"○"表示，除特殊说明外，均为唯一选择。编码栏中的"□"处请勿填写。（编码栏）

1. 性别　（1）男　　　　　　　　（2）女　　　　　　　　　　　　　　　　　1□
2. 年龄　（1）31岁～35岁　　　（2）36岁～40岁　（3）41岁～45岁　　　2□
　　　　（4）46～50岁　　　　　（5）51岁以上
3. 职业　（1）科技人员　　　　　（2）企事业单位行政/管理人员　　　　　　3□
　　　　（3）职员/商务人员　　　（4）私人企业业主　　　　（5）工人
　　　　（6）家庭主妇（夫）　　　（7）教师　　　（8）军人　（9）农民
　　　　（10）医务人员　　　　　（11）失业人员　（12）自由职业者
　　　　（13）其他_____
4. 文化程度（1）小学及以下　　　（2）初中、技校　　　　　　　　　　　　4□

(3) 高中、中专　(4) 大专　(5) 大学及以上

7) 结束语

一般采用以下的表达方式：结束语要对被调查者的合作再次表示感谢，以及提醒被调查者不要漏填与复核的请求。这一表达方式的目的，在于显示调查者的礼貌，督促被调查者消除无回答问题、差错的答案。

【案例】结束语

问卷到此结束，请您再从头到尾检查一次是否有漏答与错答的问题。最后，衷心地感谢您对我们调查的热情支持！

2.5.3 问卷的设计技术

问卷的语句由若干个问题构成，问题是问卷的核心，在进行问卷设计时，必须对问题的类别和提问方法进行仔细考虑，否则会使整个问卷产生很大的偏差，导致市场调查的失败。因此，在设计问卷时，应对问题有较清楚的了解，并善于根据调查目的和具体情况选择适当的询问方式。

（一）问题的主要类型及询问方式

1) 直接性问题、间接性问题和假设性问题

（1）直接性问题是指在问卷中能够通过直接提问方式得到答案的问题。直接性问题通常给回答者一个明确的范围，所问的是个人基本情况或意见，如"您的年龄""您的职业""您最喜欢的洗发水是什么牌子的"等，这些都可获得明确的答案。这种提问对统计分析比较方便，但遇到一些窘迫性问题时，采用这种提问方式，可能无法得到所需要的答案。

（2）间接性问题是指那些不宜于直接回答，而采用间接的提问方式得到所需答案的问题。通常是指那些被调查者因对所需回答的问题产生顾虑，不敢或不愿真实地表达意见的问题。调查者不应为得到直接的结果而强迫被调查者，使他们感到不愉快或难堪。这时，如果采用间接回答方式，使被调查者认为很多意见已被其他调查者提出来了，他所要做的只不过是对这些意见加以评价，这样就能排除调查者和被调查者之间的某些障碍，使被调查者有可能对已得到的结论提出自己不带掩饰的意见。

【案例】

"您认为妇女的权力是否应该得到保障？"大多数人都会回答"是"或"不是"。而实际情况则表明许多人对妇女权力有着不同的看法。如果改问：

"A．有人认为妇女权力应该得到保障的问题应该得到重视。"

"B．另一部分人认为妇女权力问题并不一定需要特别提出。"

您认为哪些看法更为正确？

对 A 种看法的意见：

①完全同意；②有保留的同意；③不同意。

对 B 种看法的意见：

①完全同意；②有保留的同意；③不同意。

采用这种提问方式会比直接提问方式收集到更多的信息。

（3）假设性问题是通过假设某一情景或现象存在而向被调查者提出的问题，如"有人认为目前的电视广告过多，您的看法如何？""如果在购买汽车和住宅中您只能选择一种，您可能会选择哪种？"这些语句都属于假设性提问。

2）开放性问题和封闭性问题

开放性问题是指所提出问题并不列出所有可能的答案，而是由被调查者自由作答的问题。开放性问题一般提问比较简单，回答比较真实，但结果难以做定量分析，在对其做定量分析时，通常是将回答进行分类。

封闭性问题是指已事先设计了各种可能的答案的问题，被调查者只要或只能从中选定一个或几个现成答案的提问方式。封闭性问题由于答案标准化，不仅回答方便，而且易于进行各种统计处理和分析。但缺点是回答者只能在规定的范围内被迫回答，无法反映其他各种有目的的、真实的想法。

3）事实性问题、行为性问题、动机性问题、态度性问题

（1）事实性问题是要求被调查者回答一些有关事实性的问题，如"您通常什么时候看电视？"这类问题的主要目的是获得有关事实性资料。因此，问题的意见必须清楚，使被调查者容易理解并回答。

通常在一份问卷的开头和结尾都要求回答者填写其个人资料，如职业、年龄、收入、家庭状况、教育程度、居住条件等，这些问题均为事实性问题，对此类问题进行调查，可为分类统计和分析提供资料。

（2）行为性问题是对回答者的行为特征进行调查的问题，如"您是否拥有××物？""您是否做过某事？"

（3）动机性问题是为了解被调查者行为的原因或动机的问题，如"为什么购买某物？""为什么做某事？"等。在提动机性问题时，应注意人们的行为可以是有意识动机，也可以是半意识动机或无意识动机产生的。对于前者，有时会因种种原因不愿真实回答；对于后两者，因回答者对自己的动机不十分清楚，也会造成回答的困难。

（4）态度性问题是关于对回答者的态度、评价、意见等的问题，如"您是否喜欢××牌子的自行车？"

以上是从不同的角度对各种问题所做的分类。应该注意的是，在实际调查中，几种类型的问题往往是结合使用的。在同一个问卷中，既有开放性问题，也有封闭性问题。甚至同一个问题中，也可将开放性问题与封闭性问题结合起来，组成结构式问题。例如，"您家里目前有空调吗？有_____，无_____；若有，是什么牌子的？"同样，事实性问题可采取直接提问方式，对于回答者不愿直接回答的问题，也可以采取间接提问方式，问卷设计者可以根据具体情况选择不同的提问方式。

（二）答案设计

在市场调查中，无论是何种类型的问题，都需要事先对问句答案进行设计。在设计答案时，可以根据具体情况采用不同的设计形式。

1）二项选择法

二项选择法也称真伪法或二分法，是指提出的问题仅有两种答案可以选择，如"是"或"否"，"有"或"无"等。这两种答案是对立的、排斥的，被调查者的回答非此即彼，不能有更多的选择。

项目 2
市场调查方案的方式和方法

【案例】

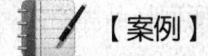

1. 您家里现在有吸尘器吗?
有□ 无□
2. 您是否打算在近 5 年内购买住房?"
是□ 否□

二项选择法的优点是易于理解和可迅速得到明确的答案,便于统计处理,分析也比较容易。但回答者没有进一步阐明理由的机会,难以反映被调查者意见与程度的差别,了解的情况也不够深入。这种方法适用于互相排斥的两项择一式问题,以及询问较为简单的事实性问题。

2)多项选择法

多项选择法是指所提出的问题事先预备好两个以上的答案,回答者可任选其中的 1 项或几项。

【案例】

您喜欢下列哪一种牌号的牙膏?(在您认为合适的□内打√)
中华□ 芳草□ 洁银□ 康齿灵□ 美加净□ 黑妹□

由于所设答案不一定能表达出填表人所有的看法,所以在问题的最后通常可设"其他"项目,以便使被调查者表达自己的看法。

多项选择法的优点是比二项选择法的强制选择有所缓和,答案有一定的范围,也比较便于统计处理。但采用这种方法时,设计者要考虑以下两种情况。

(1)要考虑到全部可能出现的结果,以及答案可能出现的重复和遗漏。

(2)是要注意答案的排列顺序。有些回答者常常喜欢选择第一个答案,从而使调查结果发生偏差。此外,答案较多也会使回答者无从选择,或产生厌烦。一般这种多项选择题的答案应控制在 8 个以内,当样本量有限时,多项选择易使结果分散,缺乏说服力。

3)顺位法

顺位法是指列出若干项目,由回答者按重要性决定先后顺序。顺位方法主要有两种:一种是对全部答案排序;另一种是只对其中的某些答案排序。究竟采用何种方法,应由调查者来决定。具体排列顺序则由回答者根据自己所喜欢的事物和认识事物的程度等进行排序。

【案例】

选购空调的主要条件是(请将所给答案按重要顺序 1,2,3……填写在□中)
价格便宜□ 外形美观□ 维修方便□ 牌子有名□ 经久耐用□ 噪声低□
制冷效果□ 其他□

顺位法便于被调查者对其意见、动机、感觉等做衡量和比较性的表达,也便于对调查结果加以统计。但调查项目不宜过多,过多则容易分散,很难顺位,同时所询问的排列顺序也可能对被调查者产生某种暗示影响。

顺位法适用于对要求答案有先后顺序的问题。

4)回忆法

回忆法是指通过回忆,了解被调查者对不同商品质量、牌子等方面印象的强弱。例如,"请您举出最近在电视广告中出现的电冰箱有哪些品牌。"调查时可根据被调查者所回忆品牌的先后和快慢以及各种品牌被回忆出的频率进行分析研究。

5）比较法

比较法是采用对比提问方式，要求被调查者做出肯定回答的方法。

【案例】

请比较下列不同品牌的可乐饮料，您认为哪种更好喝？（在各项您认为好喝的品牌□中打√）

百事□　　可口□
天府□　　百事□

比较法适用于对质量和效用等问题做出评价。应用比较法要考虑被调查者对所要回答问题中的商品品牌等项目是否相当熟悉，否则将会导致空项发生。

6）自由回答法

自由回答法是指提问时可自由提出问题，回答者可以自由发表意见，并无已经拟定好的答案。例如，"您觉得软包装饮料有哪些优、缺点？""您认为应该如何改进电视广告？"

自由回答法的优点是涉及面广，灵活性大，回答者可充分发表意见，可为调查者收集到某种意料之外的资料，缩短问者和答者之间的距离，迅速营造一个调查气氛，缺点是由于回答者提供答案的想法和角度不同，因此在答案分类时往往会出现困难，资料较难整理，还可能因回答者表达能力的差异形成调查偏差。同时，由于时间关系或缺乏心理准备，被调查者往往放弃回答或答非所问，因此，此种问题不宜过多。这种方法适用于那些不能预期答案或不能限定答案范围的问题。

7）过滤法

过滤法又称"漏斗法"，是指最初提出离调查主题较远的广泛性问题，再根据被调查者回答的情况逐渐缩小提问范围，最后有目的地引向要调查的某个专题性问题。过滤法的询问及回答比较自然、灵活，使被调查者能够在活跃的气氛中回答问题，从而增强双方的合作，获得回答者较为真实的想法。但要求调查人员善于把握对方的心理，善于引导并有较高的询问技巧。过滤法的不足是不易控制调查时间。这种方法适合被调查者在回答问题时有所顾虑，或者一时不便于直接表达对某个问题的具体意见时所采用。例如，对那些涉及被调查者自尊或隐私等的问题，如收入、文化程度、妇女年龄等，可采取这种提问方式。

（三）问卷设计应注意的几个问题

对问卷设计总的要求是问卷中的问句表达要简明、生动，注意概念的准确性，避免提似是而非的问题。具体应注意以下几点。

1）避免提一般性的问题

一般性问题对实际调查工作并无指导意义。

例如，"您对某百货商场的印象如何？"这样的问题过于笼统，很难达到预期效果，可具体提问："您认为某百货商场的商品品种是否齐全？营业时间是否恰当？服务态度怎样？"等。

2）避免用不确切的词

"普通""经常""一些"等，以及一些形容词，如"美丽"等，对于这些词语，各人的理解往往不同，在问卷设计中应避免或减少使用。例如若提问"你是否经常购买洗发液？"回答

项目 2
市场调查方案的方式和方法

者不知经常是指一周、一个月还是一年，可以改问："你上个月共购买了几瓶洗发液？"

3）避免使用含糊不清的句子

例如，"你最近是出门旅游还是休息？"出门旅游也是休息的一种形式，它和休息并不存在选择关系，正确的问法是："你最近是出门旅游，还是在家休息？"

4）避免引导性提问

如果提出的问题不是"执中"的，而是暗示出调查者的观点和见解，力求使回答者跟着这种倾向回答，这种提问就是引导性提问。例如，"消费者普遍认为××牌子的冰箱好，你的印象如何？"引导性提问会导致两个不良后果：一是被调查者不加思考就同意所引导问题中暗示的结论；二是由于引导性提问大多是引用权威或大多数人的态度，被调查者考虑到这个结论既然已经是普遍的结论，就会产生心理上的顺向反应。此外，对于一些敏感性问题，在引导性提问下，被调查者不敢表达其他想法等。因此，这种提问是调查的大忌，常常会引出和事实相反的结论。

5）避免提断定性的问题

例如，"你一天抽多少支烟？"这种问题即为断定性问题，被调查者如果不抽烟，就会造成无法回答。正确的处理办法是在此问题前加一条"过滤"性问题，即"你抽烟吗？"如果回答者回答"是"，可继续提问，否则就可终止提问。

6）避免提令被调查者难堪的问题

如果有些问题一定要问，也不能只顾自己的需要，穷追不舍，应考虑回答者的自尊心。

例如，"您是否离过婚？离过几次？谁的责任？"等。又如，直接询问女士的年龄也是不太礼貌的，可列出年龄段：20岁以下，20～30岁，30～40岁，40岁以上，由被调查者挑选。

7）问句要考虑到时间性

时间过久的问题易使人遗忘，如"您去年家庭的生活费支出是多少？用于食品、衣服的分别为多少？"除非被调查者连续记账，否则很难回答出来。一般可问："您家上个月的生活费支出是多少？"显然，这样缩小时间范围可使问题回忆起来较容易，答案也比较准确。

8）拟定问句要有明确的界限

对于年龄、家庭人口、经济收入等调查项目，通常会产生歧义的理解，如年龄有虚岁、实岁，家庭人口有常住人口和生活费开支在一起的人口，收入是仅指工资，还是包括奖金、补贴、其他收入、实物发放折款收入在内，如果调查者对此没有很明确的界定，调查结果也很难达到预期的要求。

9）问句要具体

一个问句最好只问一个要点，一个问句中如果包含过多询问内容，会使回答者无从答起，也给统计处理带来困难。

例如，"您为何不看电影而看电视？"这个问题包含了"您为何不看电影？""您为何要看电视？"和"什么原因使您改看电视？"防止出现此类问题的办法是分离语句中的提问部分，使得一个语句只问一个要点。

10）要避免问题与答案不一致

例如，您经常看哪个栏目的电视？①经济生活；②电视红娘；③电视商场；④经常看；⑤偶尔看；⑥根本不看。这其中的④、⑤、⑥就与问题不一致。

2.5.4 问卷中的态度量表

态度量表法又称态度"自我报告测量法"（Self-report Measures），是以态度问卷中的一些事件陈述作为刺激，引起受测者的态度反应，然后据其回答，给予分数或等级评定，以确定其态度状况。

（一）李克特量表

李克特量表（Likert Scale）是美国社会心理学家利克特于 1932 年提出的一种最典型的总加量表，是测量态度最常用的方法之一，目前也广泛应用于情意领域其他因素的评价。这种量表通常提供若干个有关陈述，要求学生根据自己的真实情况和感受，表示其同意程度，如非常同意、同意、没意见、不同意、非常不同意。在李克特量表中，假定的是每一个项目或态度语都有同等的量值，项目与项目之间没有量值差别，而且受测者的反应也不相同，受测者是依据对每一项目的态度强弱按五级或六级进行反应的。至于对评价结果的估计，此表采用的是受测者所有项目中评定分数的总和。

相对来说，李克特量表在测量学生对学科、学习、自我、自我作为学习者的责任感、相关教学因素的态度方面都是非常有效的。而且它的编制、实施和解释都比较简单，教师只需注意根据评价对象的年龄适当调整陈述的措辞方式（如是否使用反向的陈述）、陈述的数量以及回答选项的个数等，从已经开发出来的李克特量表中选择一个或多个，用于自己所教学生的情意评价，可以说是一种明智而便捷的做法。为了让读者能够更清楚地了解李克特量表的编制过程，我们从以下几个简单的步骤加以说明。

（1）选择想要评价的态度变量。先决定你要评价什么态度（如对学习的态度），然后尽量弄清楚这一态度变量的内涵是什么。

（2）编写一系列与所选态度变量相关的正向和反向陈述。例如，如果你对学生的阅读态度感兴趣，你可以提出一些积极的陈述，如"当我有空时，我喜欢自己阅读"；还要提出一些消极的陈述，如"为了乐趣而阅读的人很愚蠢"。所提出的陈述要稍多于最终使用的数量。对于中学生来说，一般要求 10 个以上的项目，而对低年级学生来说，五六个项目即可。在一份量表中，积极陈述和消极陈述的数量要基本相等。

（3）确定每一陈述是积极的还是消极的。找几个你的同事或家庭成员帮忙，判断你所编写的每一个陈述是积极的还是消极的，把没有取得一致意见的陈述剔除。

（4）确定每一陈述的反应选项有几个及如何措辞。最初的李克特量表有 5 个选项，分别是非常不同意、不同意、不确定、同意、非常同意。如前文所述，年幼儿童要使用比较简单且数量较少的选项。

（5）准备好自陈量表，给学生出示指导语，告诉学生如何回答，并规定学生以无记名方式答题。对从未完成过类似量表的学生举一两个例子进行说明，所举例子尽量使用众所周知的话题，这样效果会更好。

（6）对量表进行修订和完善。争取其他教师的同意，找与你所教学生相似的其他班学生进行预测，并依据其反应情况进一步完善量表，最后才将量表用于本班学生。

（7）对量表进行评分。依据指导语对学生在每一项目上的反应进行评分。如果所使用的是一个五点量表，你需要给选择"非常同意"或"非常不同意"的反应记 5 分，这样，在一个由 10 个项目构成的量表中，你可以给 10~50 分的总分。而且所得分数越高，学生的情感状态表现得越合适。

项目 2
市场调查方案的方式和方法

（8）找出并剔除在功能上与其他陈述不一致的陈述。如果你会计算相关系数，可计算每一项目的得分与全量表总分的相关系数。如果相关在统计上不显著，则可以把相应的项目剔除。如果你不知道如何计算相关系数，则可通过肉眼观察学生在哪个项目上的反应与其他项目有明显不同，然后剔除。随后还需要对量表进行重新评分。

具体可参见下列两个量表。

【案例】

指导语：在适当的字母上画圈，以表明你在多大程度上同意或者不同意下列陈述。
其中：SA——非常同意，A——同意，U——不确定，D——不同意，SD——非常不同意。

SA　A　U　D　SD　　（1）科学课是非常具有挑战性的。
SA　A　U　D　SD　　（2）科学实验是枯燥而又令人厌烦的。
SA　A　U　D　SD　　（3）探讨科学问题非常有趣。
SA　A　U　D　SD　　（4）课堂活动安排得比较好。
SA　A　U　D　SD　　（5）阅读教科书是浪费时间的。
SA　A　U　D　SD　　（6）实验室实验比较有困难。
SA　A　U　D　SD　　（7）绝大多数课堂作业单调无味。
SA　A　U　D　SD　　（8）我喜欢阅读教科书。
SA　A　U　D　SD　　（9）我们学习的东西并不重要。
SA　A　U　D　SD　　（10）我不太愿意去上科学课。

【案例】

学生自我学习态度评价表

班级_____　科目_____　姓名_____　日期_____
评价标准

很　好	不　错	普　通	加　油

编　号	评　量	内　容
1		我认真收集上课所需要的资料
2		我认真上课，仔细看书、听老师所做的说明
3		我认真参与讨论
4		我乐意发表自己的意见
5		意见不同时，我乐意和同学沟通
6		我尊重小组最后的决定
7		对于分配给我的任务，我能在时限之内完成
8		我会发表对其他组报告的看法
9		我会安静地听他人发表意见
10		我会学习他人的长处，改正自己的缺点

市场调查与预测

李克特量表的优点是制作过程比较简单,而且能够广泛地接受与态度主题有关的项目,还可通过增加项目来提高评价效率,并允许受测者充分表达态度的强烈程度。不足之处在于,相同态度得分的人可能持有不同的态度模式,根据总分只能看出一个人的赞成程度,无法对态度差异做进一步解释。

(二)奥斯古德语义分析法

语义分析法(the Semantic Differential)又称双极形容词分析法,目的在于分析人们对特定对象赋予何种意义及该对象在心目中所具有的形象,以测定人们的相应态度[①]。态度的语义分析测量最初是由奥斯古德在 1957 年发明的,他力图通过采用多维度和更间接的方法去了解人们对事物所持有的态度。其依据为态度是由人们对所给概念的含义(语义)组成的,这一含义可通过对关联词的反应加以确定。例如,要测查一个人对母亲的态度,不需受测者直接回答对母亲的感受,而是提出"母亲"一词,要求被试者按语义分析量表中的规定画圈,即可推断出个体对其母亲的态度。

语义分析法最一般的形式是在一些直线两端确定两个表示情感的反义形容词(如善—恶、好—坏、美—丑等),中间以 1~5 或 1~7 几个等级的尺度来进行评定。进行测量时,先给受测者一个关键词,即态度对象,然后要求受测者按照自己的想法在反义形容词之间的 7 个数字上选定一个数字,各个系列的分值总和即是他对有关对象的态度总分。

【案例】

有关历史课程态度的语义分析评价

喜欢	7	6	5	4	3	2	1	讨厌
重要	7	6	5	4	3	2	1	无用
有趣	7	6	5	4	3	2	1	枯燥

【案例】

有关自我态度的语义分析评价

聪明	7	6	5	4	3	2	1	愚蠢
谦虚	7	6	5	4	3	2	1	骄傲
幽默	7	6	5	4	3	2	1	呆板
能干	7	6	5	4	3	2	1	无用
努力	7	6	5	4	3	2	1	松懈

对学生在特定概念或事件上语义选择的相应等级,可以认为:选择量表的正中心,表明他的情感不偏不倚;离量表的一端越近,有关这一概念的情感就越强烈。语义分析法简单易行,只是确定被评事件容易,选编相应形容词却不简单,而且 7 个等级的意义也是难以认定的,需谨慎行事。

[①] 马立骥. 心理评估学, 合肥: 安徽大学出版社, 2004: 211.

任务 2.6 询问调查法

2.6.1 面谈调查法

面谈调查法是指访问者通过面对面地询问和观察被访问者而获取市场信息的方法。它是市场调查中最通用和最灵活的一种调查方法。访问中要事先设计好问卷或调查提纲，调查者可以依问题顺序提问，也可以围绕调查问题自由交谈。在谈话中要注意做好记录，以便事后整理分析。面谈调查法的交谈方式，可以采用个人面谈、小组面谈和集体面谈等多种形式。

（一）面谈调查法的优缺点

1）面谈调查法的优点

（1）富于伸缩性。面谈调查法具有高度伸缩性，可采用任何一种问卷询问。如果被调查者同意，还可以利用录音机进行访问，一旦发现被调查者不符合样本条件，可立即终止访问。

（2）具有激励效果。面谈调查法还具有高度的激励效果，可以给被调查者充分发表意见的机会，以达到个人情绪上的满足，或是与他人议论问题获得知识上的满足。有些被调查者如果知道是有关某类产品的调查，他们极有可能愿意与调查者面对面地讨论该类产品，以便自己有发表意见的机会，这样，被调查者的合作可能性自然也就提高了，回答率也就相应提高。

（3）可获得较多资料。面谈调查法的调查方式时间长，可做深入询问，有些问题，被调查者可能并不了解，需要调查者的解释才能明白，这样可减少不完整答案或欠缺答案，只有面谈调查法才能做到这一点，使答复误差减少到最低程度。

（4）能控制问题的次序。问题的次序往往会影响被调查者的答案。面谈调查法能控制问题的次序，使被调查者的答案不会发生偏差。当被调查者因某种原因不愿意回答或回答困难时，可以解释、启发、激励被调查者合作，完成调查任务。

（5）有观察机会。采用面谈调查法进行调查时，可观察被调查者所回答的问题是否正确，如年龄、社会阶层、种族等问题可通过观察来核对。

2）面谈调查法的缺点

（1）费用高，时间长。调查的人力、经费消耗较多，对于大规模、复杂的市场调查更是如此。所以，这种方法比较适用于在小范围内使用。

（2）询问偏见。面对面地交谈时，调查员的态度、语气等有时难免对被调查者产生影响，以致产生询问偏见现象。因此，面谈调查法对调查人员素质的要求较高，调查质量易受访问者工作态度、提问技巧和心理情绪等因素的影响。

（3）对调查人员的管理比较困难。有的调查人员出于便利或急于完成调查任务的目的，随意破坏对样本的随机性要求和其他质量要求；有的调查人员在取得一些资料后便擅自终止调查做出结论，甚至还有人根本不进行调查，自己编造调查结果。这些问题都是错误的，但并非这种调查方法所特有的，只是采用这种方法对调查人员较难控制。

（4）面谈调查法通常要求调查人员亲自到被调查单位或家庭中调查，对于规章制度较严的单位和对被访问者有戒心的家庭，采用此法有时会遇到不少困难。

市场调查与预测

【案例】市场调查研究经典案例——迪康药业

迪康药业曾新研制出了一个产品——小儿感冒颗粒，面对市场上众多的儿童药品，迪康必须要有自己独特的营销视角和卖点，才可能在竞争激烈的市场上存活下来。迪康通过一系列的市场调查研究，发现了儿童药品的服用决策者是医生而不是父母。因此，就将医生作为其目标群体。但医生一般情况下，不容易轻易相信一个陌生的药品，他们只相信科学，相信权威所说的、有一定体系的言论。弄清楚这些情况后，迪康就先聘请了著名的医学专家创造出一些有利于该药品的理论，如服药空间论、药品颜色理论、药品搭配论等。对于服药空间论，迪康强调其小儿感冒颗粒的药性不大，属于中成药，副作用小，不会影响到孩子以后的服药空间。对于药品颜色理论，迪康强调其小儿感冒颗粒为绿色药品，成分天然，几乎无副作用。对于药品搭配理论，迪康强调其他的感冒药品在小儿感冒颗粒的搭配服用下疗效会更好。在一系列理论的包装下，医生就比较相信小儿感冒颗粒的疗效，向家长推荐为家庭小儿常备用药。而家长最相信医生的言论，一定会遵照执行，孩子有了小毛病就会考虑到小儿感冒颗粒。经过这些调查和策划后，该产品一上市就获得了极大的市场份额。

迪康的这一产品之所以能获得成功，就是因为其对于客户的了解，明确了购买者不一定是决策者，再针对决策者的特征制定了一系列的营销策划，影响决策者的决策。任何一个产品和服务都应该对客户做充分的了解，在了解的基础上制定营销战略，才能在同类产品众多的市场上生存下来。可以看出客户认知对于一个企业的重要性，一个企业越是了解其目标客户，其就越能满足目标客户的需求，越能成功地销售自己的产品和服务。目前，越来越多的企业认识到客户了解的重要性，并且通过很多手段和方式来达到了解的目的，如市场调查、客户档案、呼叫中心等。从某种程度上讲，谁更了解客户，谁就更有机会成为竞争的获胜者。

（二）访问方式的选择

欲取得良好的访问效果，访问方式的选择是非常重要的。一般来讲，面谈调查法有3种方式。

1）自由问答

自由问答是指调查者与被调查者之间自由交谈，获取所需的市场资料。一般在调查开始时采取这种方式。自由问答方式，可以不受时间、地点、场合的限制，被调查者能不受限制地回答问题，调查者则可以根据调查内容、时机和调查进程灵活地采取讨论、质疑等形式进行调查，对于不清楚的问题，可采取讨论方式解决。例如，调查者可以问："您认为××商品的质量如何？""您想购买哪种牌子的××商品？""您觉得××商品的市场前景如何？"等。实践证明，这种询问方式有利于消除隔阂，创造良好的交谈气氛，但调查者要注意把握引导谈话中心和主题，避免走题和延误调查时间。

2）发问式调查

发问式调查又称倾向性调查，是指调查人员事先拟定好调查提纲，面谈时按提纲进行询问。例如，调查洗衣粉市场，可以这样排列调查问题：您选用什么品牌？为什么？这种品牌的优点有哪些？通过询问，可以判断消费者对商品的偏爱程度及偏爱理由，判断市场占有率，弄清企业开拓市场和改进商品的努力方向。这种方式的谈话简明，节省时间，便于统计归总数据。可以采用一问一答的形式进行，但要注意调节气氛，使被调查者不致有被"审问"的感觉，注意消除被调查者的误会和隔阂，避免产生调查误差。这种方式对于较熟悉的调查对象效果较好。

3）限定选择调查

限定选择调查称强制性选择调查，是指采用面谈调查法调查时，同时列出说明商品特征的几个句子，让被调查者从中选择接近或赞同的句子进行回答的询问方式。例如，询问购买××的牌的洗衣粉时，可以有这样几个句子供被调查者选择：① ××洗衣粉是名牌产品吗？② ××洗衣粉质优价廉吗？③ ××洗衣粉有独特效果吗？

被调查者可以从问句中按自己对××洗衣粉的认识、喜好、偏爱程度进行选择，调查者则可从中进行汇总分析。在大量数据汇总中，如果选择①的比例大，则初步说明更多的人看中的是这种洗衣粉的名牌形象，其购买受品牌影响较大；如选择②的比例大，则说明较多的人看重商品的质价比；而选择③的人多，则表明人们看重于这种商品的实用性。这样，企业就可以依据这些信息，改进产品，开拓有吸引力的市场，制定有效的促销策略。

2.6.2 电话调查法

电话调查法是指通过电话向被调查者询问有关调查内容和征询市场反映的一种调查方法。这是为解决带有普遍性的急需问题时，而采用的一种调查方法。

（一）电话调查法的优点

（1）经济。3种调查方式中电话调查的费用最低。

（2）快速、节省时间。对于一些急于收集到的资料而言，采用电话调查法最快。例如，调查观众有无收看某一电视节目，以打电话方式来调查最为快速。

（3）适用于访问不易接触到的被调查者。有些被调查者不容易接触到，如工作繁忙，或个别面访方式不易得到接纳，则短暂的电话访问可能接受。

（4）统一性。用电话调查，多按已拟定好的标准问卷询问，因此，有利于资料的统一性。

（5）坦白。有些诸如私人方面的问题，在面对面的情况下，被访者多会感到有些不自然，尤其是女性，而在电话访问中，则能获得较中肯的回答，如教育水平及分期付款等问题。

（6）控制容易。电话访问员的声调、语气及用字等是否正确，可由研究员予以纠正。

（二）电话调查法的缺点

（1）总体欠完整。电话调查法是以电话用户名单为抽样基础的，但并非所有的消费者或家庭皆有电话。有的消费者在电话簿上仍用公司的名称，如果做消费者调查，则显然总体名单中会遗漏这些人。因此，总体欠完整。

（2）问题不能深入。电话调查法的询问时间不能太长，故通常问卷较短。因此，有些问题不如个别面访法那样深入，较复杂的态度测量表不能用。当要求被调查者对某种问题发表意见时，只能做简短说明。

电话调查主要是在企业之间，如信息中心、调研咨询公司等借助电话向企业了解商品供求及价格信息等。现在也可通过电话向消费者家庭进行咨询调查。采用电话调查时，提高电话访问效率最有效的方法是提前寄一封信、发一个信息或一个卡片来提醒应答者将要进行的电话访问及访问的目的。在询问时，多采用二项选择法进行询问，即要求从两个选项中选择其一，以便于资料的汇总。

2.6.3 邮寄调查法

邮寄调查法是指调查人员将事先设计并印制好的调查问卷或调查表格,通过邮政系统寄给已选定的被调查者,由被调查者按要求填写后再寄回来,调查者根据对调查问卷或调查表格的整理分析,得到市场信息的调查方法。此法在国内外市场调查中广泛应用。

（一）邮寄调查法的优点

（1）调查区域较广。此法可以扩大调查区域,增加更多的调查样本数目,只要通邮的地方,都可以进行邮寄调查。此外,提问内容也可增加,信息含量大。

（2）调查费用较低。调查成本低,只需花费少量邮资和印刷费用。

（3）被调查者有较充分的时间填写问卷,如果需要,还可以查阅有关资料,以便准确回答问题。被调查者无时间上的压力,回答质量较高。

（4）调查者偏见较少。邮寄调查可以避免被调查者受调查者态度、情绪等因素的影响,资料更客观。

（5）通过让被调查者采取匿名方式,可对某些敏感和隐私情况进行调查。

（6）无须对调查人员进行专门的培训和管理。

（二）邮寄调查法的缺点

（1）回收率低。征询回收率一般偏低,原因多种,或是被调查者对问题不感兴趣,或是问卷过长或复杂,使被调查者没有时间或没有能力填写调查问卷或调查表。

（2）时间花费较多,信息反馈时间长,影响资料的时效性。

（3）容易产生差错。无法判定被调查者的性格特征,也无法评价其回答的可靠程度,如被调查者可能误解问题的意思、填写问卷的可能不是被调查者本人等,从而破坏了样本的代表性。

（4）对被调查者的要求较高。要求被调查者要有一定的文字理解能力和表达能力,对文化程度较低者不适用。

由于邮寄调查存在一定的缺陷,因此为了使调查顺利进行,提高回收率和准确性,就需要依靠一定的方法和技巧,主要体现在调查问卷或调查表格的设计上。较适宜的方法有以下几种。

（1）跟踪提醒。采用跟踪信来提醒应答者回答问卷,是提高回收率的有效办法之一。显然这种方法要有雄厚的资金支持并能坚持不懈。

（2）物质上的激励。随问卷附上有某种价值的东西,如优惠购物券、小礼物等,有利于提高回收率,但这种方法一方面要衡量成本的支出效用;另一方面虽能增加回收率,却不一定能保证答案的正确性。

（3）提前通知。利用电话或信件方式提前通知被调查者是有效地提高问卷回收率和加快回收速度的有效办法。

（4）附空白信封并贴上邮票。附上回寄信封并贴上足够的邮票,在信封上手写地址而非简单地贴上地址签等,会使被调查者感到亲切、真诚。调查课题由一个人们广泛知道且受人尊重的机构主办,可提高问卷回收率。

（5）设计问题时,所提出的问题要便于回答,便于汇总;问题要少,篇幅要短,以免占用被调查者过多时间而使其失去兴趣;要求回答的问题,最好采用画圈、打勾等选择形式,避免书写过多。

3 种询问调查法的对比如表 2-7 所示。

项目 2
市场调查方案的方式和方法

表 2-7　3 种询问调查法的对比

对 比 项 目	面谈调查法	电话调查法	邮寄调查法
调查范围	较窄	较窄	广
调查对象	可以控制和选择	可以控制和选择	难以控制和估计代表性
影响回答的因素	能了解控制和判断	无法了解控制判断	难以了解控制和判断
回收率	高	较低	低
答卷的质量	高	较高	较低
投入的人力	较多	较少	少
费用	高	低	较低
时间	长	较短	较长

任务 2.7　观察调查法

2.7.1　观察调查法的特点、类型记录技术和内容

（一）观察调查法的特点

观察调查法不直接向被调查者提问，而是从旁观察被调查者的行动、反应和感受。其主要特点有以下几个。

（1）观察调查法所观察的内容是经过周密考虑的，不同于人们日常生活中的出门看天气、到公园观赏风景等个人的兴趣行为，而是观察者根据某种需要，有目的、有计划地收集市场资料、研究市场问题的过程。

（2）观察调查法要求对观察对象进行系统、全面的观察。在实地观察前，应根据调查目的对观察项目和观察方式设计出具体的方案，尽可能避免或减少观察误差，防止以偏概全，提高调查资料的可靠性。因此，观察调查法对观察人员有严格的要求。

（3）观察调查法要求观察人员在充分利用自己的感觉器官的同时，还要尽量运用科学的观察工具。人的感觉器官特别是眼睛，在实地观察中能获取大量的信息。而照相机、摄像机、望远镜、显微镜、探测器等观察工具，不仅能提高人的观察能力，还能将观察结果记载下来，增加了资料的翔实性。

（4）观察调查法的观察结果是当时正在发生的、处于自然状态下的市场现象。市场现象的自然状态是各种因素综合影响的结果，没有人为制造的假象。在这样的条件下取得的观察结果，可以客观真实地反映实际情况。

（二）观察调查法的类型

观察调查法有直接观察和测量观察两种基本类型。

直接观察就是观察人员直接到商店、家庭、街道等处进行实地观察。一般是只看不问，不使被调查者感觉到在接受调查。这样的调查比较自然，容易得到真实情况。这种方法可观察顾客选购商品时的表现，有助于研究购买者行为。

测量观察就是运用电子仪器或机械工具进行记录和测量。想了解电视广告的效果，通过装

在这些家庭的电视机的"机顶盒",自动记录所收看的节目,经过一定时间,就能了解到哪些节目收看的人最多,根据调查结果合理安排电视广告的播出时间,就能收到很好的效果。

(三) 观察调查法的记录技术

记录技术是指观察人员实施观察时所运用的一些技能手段,主要包括卡片、符号、速记、记忆和机械记录等。适当的记录技术对提高调查工作的质量有很大的帮助。

观察卡片是一种标准化的记录工具,其记录结果即形成观察的最终资料。制作卡片时,应先列出所有观察项目,经筛选后保留重要项目,再将项目根据可能出现的各种情况进行合理的编排。例如,某商场为观察购买者的行为而制作了顾客流量及购物调查卡片,使用时,在商场的进出口处由几名调查员配合进行记录,调查卡片每小时使用一张或每半小时使用一张,该时间内出入的顾客及其购买情况可详细记录下来。

符号和速记是为了提高记录工作的效率,用一套简便易写的线段、圈点等符号系统来代替文字,迅速地记录观察中遇到的各种情况。记忆则是采取事后追忆的方式进行记录的方法,通常用于调查时间紧迫或不宜现场记录的情况。机械记录是指在观察调查中运用录音、录像、照相、各种专用仪器等手段进行的记录。

(四) 观察调查法的内容

1) 观察顾客的行为

了解顾客的行为,可促使企业有针对性地采取恰当的促销方式。

调查者要经常观察或者摄像顾客在商场、销售大厅内的活动情况,如顾客在购买商品之前,主要观察什么,是商品价格、商品质量,还是商品款式等;顾客对商场的服务态度有何议论等。

2) 观察顾客流量

观察顾客流量对商场改善经营、提高服务质量大有益处。

观察一天内各个时间进出商店的顾客数量,可以合理地安排营业员工作的时间,更好地为顾客服务。为新商店选择地址或研究市区商业网点的布局,也需要对客流量进行观察。

3) 观察产品使用现场

调查人员到产品用户使用地观察调查,了解产品质量、性能及用户反映等情况,实地了解使用产品的条件和技术要求,从中发现产品更新换代的前景和趋势。

4) 观察商店柜台及橱窗布置

为了提高服务质量,调查人员要观察商店内柜台的布局是否合理,顾客选购、付款是否方便,柜台商品是否丰富,顾客到台率与成交率以及营业员的服务态度如何等。

2.7.2 观察调查法的原则和程序

1) 观察调查法的原则

观察调查法的运用是观察人员的主观活动过程。为使观察结果符合客观实际,要求观察人员必须遵循以下原则。

(1) 客观性原则。即观察者必须持客观的态度对市场现象进行记录,切不可按其主观倾向或个人好恶,歪曲事实或编造情况。

(2) 全面性原则。即必须从不同层次、不同角度进行全面观察,避免出现对市场片面或错误的认识。

(3) 持久性原则。市场现象极为复杂,且随着时间、地点、条件的变化而不断地变化。市场现象的规律性必须在较长时间的观察中才能被发现。

另外，还要注意遵守社会公德，不得侵害公民的各种权利，不得强迫被调查者做不愿做的事，不得违背其意愿观察被调查者的某些市场活动，并且还应为其保密。

2）观察调查法的程序

观察法的一般程序：第一步，选择那些符合调查目的并便于观察的单位作为观察对象；第二步，根据观察对象的具体情况，确定最佳的观察时间和地点；第三步，正确和灵活地安排观察顺序；第四步，尽可能减少观察活动对被观察者的干扰；第五步，认真做好观察记录。

任务 2.8　实验调查法

实验调查法是指市场调查者有目的、有意识地改变一个或几个影响因素，来观察市场现象在这些因素影响下的变动情况，以认识市场现象的本质特征和发展规律。实验调查既是一种实践过程，又是一种认识过程，并将实践与认识统一为调查研究过程。企业的经营活动中经常运用这种方法，如开展一些小规模的包装实验、价格实验、广告实验、新产品销售实验等，来测验这些措施在市场上的反映，以实现对市场总体的推断。

实验调查法按照实验的场所可分为实验室实验和现场实验。实验室实验是指在人造的环境中进行实验，研究人员可以进行严格的实验控制，比较容易操作，时间短，费用低。现场实验是指在实际的环境中进行实验，其实验结果一般具有较大的实用意义。

实验调查法通过实验活动提供市场发展变化的资料，不是等待某种市场现象发生了再去调查，而是积极主动地改变某种条件，来揭示或确立市场现象之间的相关关系。它不但可以说明是什么，而且可以说明为什么，还具有可重复性，因此其结论的说服力较强。实验调查法对检验宏观管理的方针政策与微观管理的措施办法的正确性来说，都是一种有效的方法。

实验调查法在进行市场实验时，由于不可控因素较多，很难选择到有充分代表性的实验对象和实验环境。因此，实验结论往往带有一定的特殊性，实验结果的推广会受到一定的影响。实验调查法还有花费时间较多、费用较高、实验过程不易控制、实验情况不易保密、竞争对手可能会有意干扰现场实验的结果等缺点。这些缺点使实验调查法的应用有一些局限性，市场调查人员对此应给予充分的注意。

应用实验调查法的一般步骤：根据市场调查的课题提出研究假设；进行实验设计，确定实验方法；选择实验对象；进行实验；分析整理实验资料并做实验检测；得出实验结论。实验调查只有按这种科学的步骤来开展，才能迅速取得满意的实验效果。

根据是否设置对照组或对照组的多少，可以设计出多种实验方案。基本的、常用的实验方案有无控制组的事前事后对比实验、有控制组的事后实验、有控制组的事前事后对比实验。

2.8.1　无控制组的事前事后对比实验

选择若干实验对象作为实验组，将实验对象在实验活动前后的情况进行对比，得出实验结论。在市场调查中，经常采用这种简便的实验调查。

市场调查与预测

【案例】

某食品厂为了提高糖果的销售量,认为应改变原有的陈旧包装,并为此设计了新的包装图案。为了检验新包装的效果,以决定是否在未来推广新包装,厂家取 A、B、C、D、E 五种糖果作为实验对象,对这 5 种糖果在改变包装的前一个月和后一个月的销售量进行了检测,得到的实验结果如 2-8 表。

表 2-8　无控制组的事前事后对比实验　　　　　　　单位:千克

糖果品种	实验前的销售量 Y_0	实验后的销售量 Y_n	实验结果 $Y_n - Y$
A	300	340	40
B	280	300	20
C	380	410	30
D	440	490	50
E	340	380	40
合计	1740	1920	180

讨论:表 2-8 说明了什么?

改变包装比不改变包装的销售量大,说明顾客不仅注意糖果的质量,也对其包装有所要求。因此断定,改变糖果包装,以促进其销售量增加的研究假设是合理的,厂家可以推广新包装。但应注意,市场现象可能受许多因素的影响,180 千克的销售增加量,不一定只是改变包装引起的。

2.8.2　有控制组的事后实验

选择若干实验对象为实验组,同时选择若干与实验对象相同或相似的调查对象为对照组,并使实验组与对照组处于相同的实验环境之中。

【案例】

某食品厂为了解面包的配方改变后消费者的反应,选择了 A、B、C 三个商店为实验组,再选择与之条件相似的 D、E、F 三个商店为对照组进行观察。观察一周后,将两组对调再观察一周,其检测结果如表 2-9 所示。

从表 2-9 中可知,两周内原配方面包共销售了 12000+13000=25000(袋),新配方面包共销售了 15000+14000=29000(袋)。这说明改变配方后增加了 4000 袋的销售量,对企业很有利。

表 2-9　有控制组的事后实验对比表

商店	原配方的销售量		新配方的销售量	
	第一周	第二周	第一周	第二周
A		3700	4300	
B		4400	5100	
C		4900	5600	
D	3500			4100
E	4000			4700
F	4500			5200
合计	12000	13000	15000	14000

项目 2
市场调查方案的方式和方法

实验组与对照组对比实验，必须注意二者具有可比性，即二者的规模、类型、地理位置、管理水平、营销渠道等各种条件应大致相同。只有这样，实验结果才具有较高的准确性。但是，这种方法对实验组和对照组都是采取实验后检测，无法反映实验前后非实验变量对实验对象的影响。为弥补这一点，可将上述两种实验进行综合设计。

2.8.3 有控制组的事前事后对比实验

有控制组的事前事后对比试验是对实验组和对照组都进行实验前后对比，再将实验组与对照组进行对比的一种双重对比的实验法。它吸收了前两种方法的优点，也弥补了前两种方法的不足。

【案例】

某公司在调整商品配方前进行实验调查，分别选择了3个企业组成实验组和对照组，对其月销售额进行实验前后对比，并综合检测出了实际效果（表3-10）。

表3-10 有控制组的事前事后对比实验对比表   单位：元

实验单位	前检测	后检测	前后对比	实验效果
实验组	$Y_0=200000$	$Yn=300000$	$Yn-Y_0=100000$	$(Yn-Y_0)-(Xn-X_0)$
对照组	$X_0=200000$	$Xn=240000$	$Xn-X_0=40000$	$=100000-40000$

表3-10中的检测结果，实验组的变动量100000元，包含实验变量即调整配方的影响，也包含其他非实验变量的影响；对照组的变动量40000元，不包含实验变量的影响，只有非实验变量的影响，因为对照组的商品配方未改变。实验效果是从实验变量和非实验变量共同影响的销售额变动量中，减去由非实验变量影响的销售额变动量，反映调整配方这种实验变量对销售额的影响作用。由此可见，实验组与对照组前后对比实验是一种更为先进的实验调查方法。

任务2.9 网络调查法

随着互联网的普及与发展，作为一种适应信息传播媒体变革的崭新的调查方式，网络调查将会被更广泛地应用，并最终取代入户调查和街头拦截式访问等传统调查方式。在欧美等互联网发达的国家，关于市场及民意的网络调查已相当普遍，数千个站点、几十万个英文 Web 上含有调查栏目。国外已经开发出了针对网络调查的调查软件，并已经有国外组织探讨用 Internet 实施常规的统计调查。国内的网络调查也已起步，如 CNNIC 等机构已举行了数次关于互联网在我国发展情况的调查。尽管目前网络调查只是一股新生力量，但随着互联网成为大众化的信息传播媒体，网络调查将会成为调查的一种主流形式。

2.9.1 网络调查法的含义、特点与存在的问题

（一）网络调查法的含义

网络调查也称网上调查，是指企业利用互联网了解和掌握市场信息的方式。与传统的调查方法相比，在组织实施、信息采集、调查效果方面具有明显的优势。网络调查借助联机网络、计算机通信和数字交互式媒体实现研究人员的研究目标。

与传统调查方法类似，网络调查也有对原始资料的调查和对二手资料的调查两种方式。

（二）网络调查法的特点

Internet 作为一种信息沟通渠道，它的特点在于开放性、自由性、平等性、广泛性和直接性等。由于这些特点，网络调查具有传统调查所不可比拟的优势。

1）调查成本低廉

调查对象的范围相对广泛，样本容量大。网络调查不需要派调查人员，不需要印刷问卷，无须耗用大量的人力进行问卷的发送与回收，繁重的信息采集和录入工作分布到众多网络用户的终端完成，省去了调查实施过程中访问员的费用等人工介入成本。在经济上，能节约大量资金，具有很好的规模效益。

2）不受空间和时间限制

由于网络有着分布广泛的特点，被调查者可以分布在天南地北，同时从互联网的本身特点来考虑，它能在最快最短的时间里传送资料到达各个角落，网站均可以全天接受调查填表，成本低，易于操作。

3）时效性高、样本大

由于网络调查能 24 小时不停地自动运行，来自全国各地各行各业的互联网用户都能成为调查对象，并能很快得到反馈，能在短时间内得到足够多的样本进行数据分析。

4）调查问卷图文并茂

利用互联网的功能能提供文字、图像、视频等来更好地说明调查背景与指标，增强问卷的美观性和趣味性，吸引更多的参与者。还可以运用动态解释的方法，当被调查者对某一概念不够理解时，只要将鼠标置于相关概念上，就会出现一个提示窗口进行解释，有效地降低理解误差。

5）调查回答的客观性与民主性

由于网络的匿名性，被调查者可以毫无顾虑地回答一些敏感性问题，从而使调查结果更加客观、真实、可靠。同时在网络调查的过程中，被调查者在完成问卷的过程中不存在调查人员的监视行为，不存在调查人员的引导作用，不需要直接面对面询问，可以留有充分时间让被调查者考虑，是近乎完全自愿地选择接受调查，这也使调查过程更为民主化。

6）精确选择调查对象，控制问卷质量

网络调查由于计算机技术的介入可以采用传统调查无法实施的方式，即调查问卷分层设计。有些特定问题只限于一部分调查者，通过这种方式，借助层次过滤就能寻找适合的回答者。通过利用计算机软件编程，检查被调查者所回答问题相互之间的逻辑验证关系，可以很好地控制问卷质量。

7）避免人为误差

与其他方式相比，网络调查在调查过程由计算机全程负责，可以减少因访问工作疏忽造成的误差和登记、汇总、计算等过程中产生的误差。

项目 2
市场调查方案的方式和方法

8）动态调整调查方案

传统的统计调查方案一经实施，便不能再更改，在网络条件下，统计调查方案在实施过程中，根据方案的实施情况、调查时点、调查期限，视需要可做多种选择调整，即时修改方案以及设计的各种问卷，统计指标由静态显示变为动态显示，统计调查将更加及时、准确、全面。

9）调查分析效率大为提高

网络可以处理不同时期、不同种类的统计调查资料，可以对调查数据自动地进行多元的整理、集中、计算和分析，可以即时自动生成各类网络统计报表，大大提高统计分析的效率。

（三）网络调查法存在的问题

1）网络调查中的误差问题

使用网络的人群大部分为中青年群体，如果使用网络调查，只反映了网络用户的意见，势必会造成大部分的老年人存在接收不到信息或不会使用网络工具，从而导致这个年龄段的样本不能与抽样框相连接的后果，如无法从样本或抽样框中发现他们，对丢失的总体元素不能发现并及时改正会造成调查中的偏差。

2）网络调查中的安全性问题

目前计算机网络系统安全在技术上包括访问控制、防火墙、审记、防病毒、加密和入侵检测系统等。调查网站要防止黑客的恶意攻击窃取和破坏调查结果，就必须采取一定的安全防范措施。但随着网络技术应用的发展及攻击者技术的日益提高，单纯的防火墙已不能满足安全需求，因为它无法处理合法用户的非法行为问题，便需要从多方位采用多手段来保证网络安全。

3）网络调查信息服务的问题

一般调查部门利用网站进行网络调查获得的调查信息应遵循何种原则对外公布，并对其所公布的信息真伪或质量的好坏负有怎样的责任，还有对其所公布信息的所有权、使用权、解释权的归属问题，仍是比较模糊的。就目前的情况而言，调查部门的调查信息一部分是无偿对外公布的，特别是对社会、政治经济的热点问题，由于网民感兴趣，态度也比较合作，调查部门在这一方面的投入相对较少，大都采取无偿公布的方式。但一些专业研究机构进行专业性很强的调查时，其调查获得的信息一般只对该机构公布，对外界进行限制或保密。至于在调查网站之间进行调查信息的交换与合作，两者之间的数据资源共享等，在目前的调查网站中涉及的较少，这些问题都有待于在将来的实际应用中加以解决。

网络调查法与传统调查法的比较如表 2-11 所示。

表 2-11 网络调查法与传统调查法的比较

比较项目	网络调查	传统调查
调研费用	较低，主要是设计费和数据处理费。每份问卷所要支付的费用几乎是零	昂贵，要支付问卷设计、印刷、发放、回收、聘请和培训访问员、录入调查结果，由专业市场研究公司对问卷进行统计分析等多方面的费用
调查范围	全国乃至全世界，样本数量庞大	受成本限制，调查地区和样本均有限制
运作速度	很快，只需搭建平台，数据库可自动生成，几天就可能得出有意义的结论	慢，通常需要 2～6 个月才能得出结论
调查的时效性	全天候进行	不同的被访问者对其可进行访问的时间不同
被访问者的便利性	非常便利，被访问者可自行决定时间和地点回答问卷	不方便，要跨越空间障碍，到达访问地点
调查结果的可信性	相对真实可信	一般有督导对问卷进行审核，措施严格，可信性高
实用性	适合长期的大样本调查；适合要迅速得出结论的情况	适合面对面地深度访谈；食品类等需要对访问者进行感观测试

2.9.2 网络调查法的常用方法

目前，有以下几种常见的网络调查开展方法。

1）网站或网页调查法

网站或网页调查法是一种使用率比较高的调查方法。调查者根据所要调查的专项内容设计相关的网页，再与一些高访问率、高知名度的网站（如网易、搜狐等）相链接，或直接在这些网站上设计调查专项内容。当访问者访问这些网站时，访问者可根据个人观点或意见，选择相应的答案，或访问者有意识地访问这些网站完成相应的调查内容，从而完成调查的任务。

这种调查方法简单、直接，调查者只需设计相关的网页并发布，就可以随时随地到网上浏览调查结果，节约了大量的人力和物力。而且速度快捷，调查者可随时掌握调查结果，便于调查者了解情况从而做出正确有效的分析。这种调查方法能吸引多少人参加，取决于网站的知名度与被点击次数。

2）E-mail 抽样调查法

随着计算机技术和互联网技术的发展，E-mail 已经得到了广泛的应用。据调查，96%以上的网民拥有邮箱账号，且电子邮箱的使用频率比较高，使用 E-mail 的主要是为了联系朋友等或是工作，也用来传送大容量文件和存贮信息。这表明 E-mail 在 Internet 中已经得到了广泛的应用，已成为网民最经常的活动组成部分和较为重要的交流工具之一。可见，采用 E-mail 进行调查问卷传送是切实可行的。

E-mail 抽样调查时，一般以较为完整的 E-mail 地址清单为总体，按随机原则在总体中抽取部分 E-mail 地址作为样本框，发放 E-mail 调查表，E-mail 调查表将由计算机自动生成并通过 Internet 发送到被调查者的电子邮箱中，被调查者将在他们适当的时间通过电子邮件填报调查表中的内容。

与传统调查方法相比，E-mail 调查法充分利用了计算机技术，从调查表的发放到统计资料的整理汇总全部由计算机完成，既节约了人力、物力，又避免了人为差错的影响，大大提高了统计调查的效率。

3）交互式 CATI 系统

CATI 即计算机辅助电话访问（Computer Assisted Telephone Interview），是将现代高速发展的通信技术及计算机信息处理技术应用于传统的电话访问所得到的产物，问世以来得到越来越广泛的应用。目前已经广泛应用于统计局社情民意调查、品牌知名度研究、市场研究等。

电话调查系统是利用现代化计算机程控通信设备进行的随机电话访问方式。在进行电话访问时，须事先输入受访人的电话号码，由计算机按程序自动拨号，电话访问员在接通电话后不知道对方的身份，只负责按规定访问内容进行访问对话。访问过程和内容可以实时录音，以确保调查访问内容的真实可靠。采用这种访问调查方式，具有调查内容客观真实、保密性强、访问效率高等特点。

4）定向弹出窗口调查法

采用流量分析等软件，对访问者做出一定的限制，或采用一定的抽样方法加以限定，对于符合条件的访问者弹出调查窗口。也可考虑随机 IP 法，即以随机抽取的一批 IP 地址作为样本，采用 IP 自动拨叫技术，向这些 IP 发出呼叫，传递邀请用户参与调查的信息。

项目 2
市场调查方案的方式和方法

5）网络调研系统

网络调研系统也叫在线问卷调查系统，是一种在网站上设置一个调查问卷，由用户在线投票的统计结果直接显示的调查工具。调查活动的发起者只要在网站上设置一个调查问卷，并将问卷链接发送到社交平台，就可以在全国乃至全世界范围得到访问者的反馈信息，通过统计分析可以得出有用信息并提供决策支持。问卷星、乐调查、爱调研等均为网络调研系统。

6）网上座谈调查法

随着现代网络通信技术的发展，各式各样的多方视频、音频聊天工具如微信、QQ、视频会议等相继产生。统计调查者不再需要采用个别访问、蹲点调查等传统的调查方式，而可以根据调查目的，运用一些视音频聊天工具直接在网民中征集有代表性的被调查者，在约定时间举行网上座谈，通过座谈了解被调查者的观点和看法，达到统计调查的目的。由于调查者是直接征集有代表性的被调查者，因此调查者可以根据调查目的选择相应的调查群体，就调查内容进行深入浅出的调查分析研究。这种方法较适用于对某项专题进行深入具体的研究。

知识归纳

项目 2 市场调查方案的方式和方法		
市场调查方案概述	市场调查方案设计的程序和类型	市场调查方案：根据调查研究的目的，恰当地确定调查客体、调查内容，选择合适的调查方式和方法，确定调查时间，进行经费预算，并制订具体的调查组织计划，制定出合理的工作程序，以指导调查实践的顺利进行。 市场调查方案设计的任务 市场调查方案设计的程序 市场调查方案的类型：探索性调查，描述性调查设计，因果关系调查设计
	市场调查方案的主要内容	前言、调查目的和意义、调查内容与项目、调查对象与范围、调查方式方法、资料分析方法、调查进度安排、经费预算、附录
	市场调查方案的评价	1. 方案设计是否体现调查目的和要求。 2. 方案设计是否具有科学性、完整性和操作性。 3. 方案设计能否使调查质量有所提高
市场调查的基本方式	普查	普查是专门组织的一次性的全面调查，对调查对象的全部单元，无一例外地逐个加以调查，用来调查属于一定时间点或时期内的社会经济现象的总量
	重点调查	重点调查是指在全体调查对象中选择一部分重点单位进行调查，以取得统计数据的一种非全面调查方法
	典型调查	典型调查是根据调查目的和要求，在对调查对象进行初步分析的基础上，有意识地选取少数具有代表性的典型单位进行深入细致的调查研究，借以认识同类事物的发展变化规律及本质的一种非全面调查
文案调查法	文案调查法的含义、特点、功能与原则	含义：文案调查法又称资料查阅寻找法、二手资料调查法，它是利用企业内部和外部现有的各种信息、情报，对调查内容进行分析研究的一种调查方法。 特点：不受时空限制、收集成本低、可靠性和准确性较强。 功能：①文案调查可以发现问题并为市场研究提供重要参考依据；②文案调查可为实地调查创造条件；③文案调查可用于有关部门和企业进行经常性的市场调查。 原则：相关性原则，系统性原则，时效性原则，经济效益性原则

续表

项目2 市场调查方案的方式和方法		
文案调查法	文案调查途径	内部资料的收集，外部资料的收集，互联网资料的收集
	文案调查的方法	参考文献查找法，检索工具查找法
	市场信息的分类	1. 按市场信息负载形式分类：文献性信息，物质性信息，思维型信息 2. 按市场信息的产生过程分类：原始信息，加工信息 3. 按市场信息的范围分类：宏观市场信息，微观市场信息 4. 按市场信息的时间分类：动态市场信息，静态市场信息
抽样调查法	抽样调查的基本理论	含义：抽样调查是一种专门组织的非全面调查。它是按照一定方式，从调查总体中抽取部分样本进行调查，用所得的结果说明总体情况的调查方法。 特点：①节省人力、费用和时间，比较灵活；②有时比全面调查要准确；③遵循随机原则；④抽样误差可以计算，可以控制。 基本概念：样本，样本容量，重复抽样，不重复抽样。 程序：定义调查总体，选择样本框，确定抽样数目，选择抽样方法，制订抽样计划与实施计划，推断调查总体特征
	随机抽样技术及其应用	1. 简单随机抽样：又称纯随机抽样，它对调查总体一般不进行任何的分类或排队，按随机的原则直接从总体中抽取样本。 方法：抽签法，随机数表法。 2. 分层抽样：又称类型抽样，是在抽样前先按某一种特征对调查总体进行分类或分组，然后按随机的原则从各组中抽取样本。 方法：分为等比例抽样和不等比例抽样。等比例抽样就是按同样的抽样比 n/N，确定各组中应抽的样本单位数。不等比例抽样多指某类单位在总体中占的比例过小时，对其按比例抽不到或只能抽到很少数量的单位，为了保证样本中各类单位的代表性而采取不等比例抽样的方法。 3. 整群抽样：也称分群抽样，是将总体划分为若干群，然后以群为单位从中随机抽取部分群，最后对中选群中的所有单位进行全面调查的抽样组织方式。 方法：第一，将调查总体划分为 R 群，每群有 N 个单位；第二，从 R 群中随机抽取 r 群；第三，对 r 群中所有的 n 个单位进行全面调查；第四，用样本群 r 的调查资料去估计总体群 R 的基本特征。 4. 等距抽样：又称机械抽样，就是先将总体各单位按一定标志排列起来，然后按照固定的顺序和一定的间隔来抽取样本单位。 方法：①将调查总体按一定的标志排队；②将总体 N 划分为 n 个相等的部分，每部分都有 k 个单位；③在第一部分中随机抽取一个样本单位，然后每隔 k 个单位抽取一个样本，直至取足 n 个单位组成一个样本
	抽样误差及其样本容量的确定	抽样调查结果和真实值之间存在的差异称为误差，全部误差分解为随机误差和系统误差两部分。 构成系统误差的因素：设计误差，估计量的偏误，调查误差，编辑误差。 影响样本容量的因素：①总体被研究标志的变异程度（离散程度）；②允许的误差范围；③抽样推断的可靠程度；④抽样方法与抽样方式；⑤市场调查的预算抽样数目的多少还要受到市场调查预算的限制

项目 2
市场调查方案的方式和方法

续表

		项目 2　市场调查方案的方式和方法
抽样调查法	非随机抽样技术	非随机抽样：是指抽样时不遵循随机原则，而是按照调查人员主观设立的某个标准抽选样本。 方便抽样，判断抽样，滚雪球抽样。 配额抽样：是指按照一定的标准确定地区或职业等不同群体的样本定额，再由调查人员主观地抽取定额内样本的方法。 配额抽样的步骤：①选择分组标志或控制特征；②确定调查对象各种特征的分布比例；③确定样本配额；④配额指派。 配额抽样的设计方法：①独立控制抽样设计，是指只按一种限制或控制特征对调查样本数目进行分配；②交叉控制抽样设计，是指按两个或两个以上标志对调查样本数目的分配加以约束或控制
问卷调查法	问卷设计的原则与程序	问卷设计的原则：客观性，明确性，适量性，逻辑性，合理性，适应性。 问卷设计的程序：①准备阶段（明确调查的目的和内容，收集有关研究课题的资料，确定调查方法的类型）；②主体设计阶段（确定每个问答题的内容，确定问答题的结构，确定问题的编排，确定格式和排版）；③验证复核阶段（问题必要性复核，问卷长度验证，问卷外观复核，问卷定稿与印刷）
	问卷的结构	标题，前言，指导语，个人基本资料，问题与选择答案，编码，结束语
	问卷的设计技术	问题的类型：直接性问题、间接性问题和假设性问题；开放性问题和封闭性问题；事实性问题、行为性问题、动机性问题和态度性问题。 答案设计：二项选择法，多项选择法，顺位法，回忆法，比较法，自由回答法，过滤法。 问卷设计应注意的问题：6 个避免（提一般性的问题、用不确切的词、使用含糊不清的句子、引导性提问、提断定性的问题、提令被调查者难堪的问题），问句要考虑时间性，问句要有明确的界限，问句要具体
	问卷中的态度量表	李克特量表，奥斯古德语义分析法
询问调查法	面谈调查法	优点：富于伸缩性，具有激励效果，可获得较多资料，能控制问题的次序，有观察机会。 缺点：费用高，时间长，询问偏见，对调查人员的管理比较困难，要求调查人员亲自到调查现场。 访问方式的选择：自由问答，发问式调查，限定选择调查
	电话调查法	优点：经济，快速省时，适用于不易接触到的被调查者，统一性，坦白，控制容易。 缺点：总体欠完整，问题不能深入
	邮寄调查法	优点：调查区域较广，调查费用较低，被调查者有较充分的时间填写问卷，调查者偏见较少，匿名方式，无须对调查人员进行专门的培训和管理。 缺点：回收率低，时间花费较多，容易产生差错，对被调查者的要求较高。 提高问卷回收率的方法：跟踪提醒，物质上的激励，提前通知，附空白信封和贴上邮票，提出的问题要便于回答
观察调查法	观察调查法的特、类型和记录技术和内容	类型：直接观察，测量观察。 记录技术：卡片、符号、速记、记忆、机械记录。 内容：顾客的行为、顾客流量、产品使用现场、商店柜台及橱窗布置
	观察调查法的原则和程序	观察的原则：客观性原则，全面性原则，持久性原则 观察的程序：①选择符合调查目的并便于观察的单位作为观察对象；②确定观察时间和地点；③安排观察顺序；④减少观察活动对被观察者的干扰；⑤做好观察记录

073

市场调查与预测

续表

项目2 市场调查方案的方式和方法		
实验调查法	无控制组的事前事后对比实验	选择若干实验对象作为实验组,将实验对象在实验活动前后的情况进行对比,得出实验结论
	有控制组的事后实验	选择若干实验对象为实验组,同时选择若干与实验对象相同或相似的调查对象为对照组,并使实验组与对照组处于相同的实验环境之中
	有控制组的事前事后对比实验	对实验组和对照组都进行实验前后对比,再将实验组与对照组进行对比的一种双重对比的实验法。它吸收了前两种方法的优点,也弥补了前两种方法的不足
网络调查法	网络调查法的含义、特点与存在的问题	特点:调查成本低廉;不受空间和时间限制;时效性高、样本大;调查问卷图文并茂;回答的客观性与民主性;精确选择调查对象,控制问卷质量;避免人为误差;动态调整调查方案;调查分析效率高。 存在的问题:误差问题,安全性问题,信息服务的问题
	网络调查法的常用方法	网站或网页调查法,E-mail 抽样调查法,交互式 CATI 系统,定向弹出窗口调查法,网络调研系统,网上座谈调查法

情景2

练习题

一、解释下列重要概念

普查　抽查　文案调查法　抽样调查法　抽样框　随机抽样　问卷调查法　询问调查法　网络调查法

二、课后自测

(一)单选题

1. 市场营销调查策划是在调查项目实施(　　)进行的。
   A. 之前　　　　B. 过程中　　　C. 之后　　　　D. 同时
2. 市场调查策划的首要步骤是(　　)。
   A. 确定调查内容　　　　　　　B. 确定调查对象
   C. 确定调查项目　　　　　　　D. 需求分析
3. 采用什么方式、方法进行调查主要取决于(　　)
   A. 消费者的需求和市场的特点　B. 市场趋势和销售情况
   C. 调查对象和调查任务　　　　D. 调查内容和调查项目
4. 进行市场调研策划时(　　)。
   A. 包括的项目越多越好　　　　B. 应包含尽可能多的项目

项目 2
市场调查方案的方式和方法

　　C. 避免将研究问题定义得太宽或太窄　　D. 主要应考虑预测的需要

5. （　　）不属于调查问卷的基本结构内容。
   A. 卷首语　　　　　　　　　　　B. 被调查者的基本情况
   C. 调查事项的问题和答案　　　　D. 封面

6. （　　）是指调查者运用统一设计的问卷，由被调查者填答，向被调查者了解有关情况的收集资料方法。
   A. 文案调查法　　B. 问卷调查法　　C. 访问调查法　　D. 抽样调查法

7. （　　）是指调查者按统一设计的问卷向被调查者当面提问，再由调查者根据被调查者的口头回答来填写问卷。
   A. 自填问卷　　B. 调查问卷　　C. 访问问卷　　D. 书面问卷

8. （　　）是调查问卷的主体，是问卷最核心的组成部分。
   A. 卷首语　　B. 答案　　C. 问候语　　D. 问题和答案

9. （　　）是指来自企业经营管理系统以外的市场环境系统的信息。
   A. 企业信息　　B. 市场信息　　C. 外部信息　　D. 一级信息

10. （　　）是利用企业内部和外部现有的各种信息、情报资料，对调查内容进行分析研究的一种调查方法。
    A. 市场调研　　B. 直接调查　　C. 文案调查　　D. 抽样调查

11. （　　）要求文案调查对现有资料的收集必须周详，要通过各种信息渠道，利用各种机会，采取各种方式大量收集各方面有价值的资料。
    A. 广泛性原则　　B. 针对性原则　　C. 迅速性原则　　D. 连续性原则

12. （　　）是利用有关著作正文后列举的参考文献目录，或者是文中所提到的某些文献资料为线索，追逐、查找有关文献资料的方法。
    A. 检索工具查找法　　　　　　　B. 收集法
    C. 参考文献查找法　　　　　　　D. 查阅目录法

13. 所谓（　　），是指利用已知信息作为源头，进行追根求源，顺藤摸瓜，扩大信息收集范围，以获取更为直接和实用信息的一种文案调查资料的利用方法。
    A. 追踪法　　B. 查找法　　C. 推理法　　D. 调研法

14. 询问调查中比较通用的一种形式是（　　）
    A. 面谈调查　　B. 邮寄调查　　C. 电话调查　　D. 留置调查

15. 市场调查方法的首选是（　　）。
    A. 实验法　　B. 观察法　　C. 询问法　　D. 文案调查

16. 在调查问题不多，并且不太复杂，但须深入了解时，一般采用（　　）。
    A. 观察法　　B. 实验法　　C. 询问法　　D. 态度测量表法

17. 比较清楚地分析现象间因果关系的方法是（　　）。
    A. 访问法　　B. 实验法　　C. 观察法　　D. 文案法

18. 实验调查形式中最简单的一种是（　　）。
    A. 配对比较法　　　　　　　　B. 事前事后对比实验
    C. 图解评价量变法　　　　　　D. 项目核对法

19. 有利于消除实验期间外来因素的影响，大大提高实验变量的准确性的实验法是（　　）。
    A. 事前事后对比实验　　　　　B. 控制组同实验组对比实验
    C. 有控制组的事前事后对比实验　　D. 随机对比实验

市场调查与预测

20. 当实验单位很多，市场情况十分复杂，按主观的判断分析选定实验单位比较困难时可采用（　　）。
    A．随机对比实验　　　　　　　　B．事前事后对比实验
    C．控制组同实验组对比实验　　　D．有控制组的事前事后对比实验

21. 抽样调查的目的在于（　　）。
    A．了解总体的基本情况　　　　　B．用样本指标推断总体指标
    C．对样本进行全面调查　　　　　D．了解样本的基本情况

22. 有一批灯泡共 1000 箱，每箱 200 个，现随机抽取 20 箱并检查这些箱中的全部灯泡，此种检验属于（　　）。
    A．纯随机抽样　　　　　　　　　B．类型抽样
    C．整群抽样　　　　　　　　　　D．等距抽样

23. 当总体各单位间差异较小时宜采用（　　）。
    A．类型抽样　　　　　　　　　　B．纯随机抽样
    C．整群抽样　　　　　　　　　　D．两阶段抽样

（二）辨析题

1. 为了更有效地进行针对性的市场调查活动，需要根据市场调查目标的要求进行调查方案的策划。　　　　　　　　　　　　　　　　　　　　　　　　　　　　（　　）
2. 市场调研活动的策划需要考虑调查项目、调查方式、信息来源、经费估算及调查进度表等方面。　　　　　　　　　　　　　　　　　　　　　　　　　　　　（　　）
3. 按资料来源不同，具体的市场调查方法是实地调查法。　　　　　　（　　）
4. 问卷调查法是根据统一设计好的问卷，向被调查者调查收集关于市场需求方面的事实、意见、动机、行为等情况的一种间接的、书面的、标准化的调查方法。（　　）
5. 市场调查问卷的主要内容是关于调查事项的若干问题和答案。　　（　　）
6. 调查问卷中设计良好的卷首语能够引起被调查者足够的重视和兴趣，并争取到他们的支持与合作，因此，卷首语是调查问卷最重要的部分。　　　　　　　　（　　）
7. 问卷初稿在试用时可以选择全部调查单位进行试填来收集建议。　（　　）
8. 二手资料的调查也被称为案卷调查。此外，由于案卷调查主要是在室内的桌面上开展查询和分析的，因此二手资料的调查也经常被称为案头调查。　　　　（　　）
9. 原始信息是指在市场经济活动中直接产生或获取的，且未经加工的各种信息。
　　　　　　　　　　　　　　　　　　　　　　　　　　　　　　　　（　　）
10. 调查内容较少、项目简单可采用面谈访问或留置问卷方式来调查。（　　）
11. 留置调查法是介于面谈调查法和邮寄调查法之间的一种折中法。
　　　　　　　　　　　　　　　　　　　　　　　　　　　　　　　　（　　）
12. 在商品销售场所，商品展销会上，附有留言簿，请用户提出意见，这是顾客流量观察。
　　　　　　　　　　　　　　　　　　　　　　　　　　　　　　　　（　　）
13. 观察法是指通过观察被调查者的活动取得第一手资料的调查方法。（　　）
14. 实验法是指在市场调查中通过实验对比来取得市场情况第一手资料的调查方法。
　　　　　　　　　　　　　　　　　　　　　　　　　　　　　　　　（　　）
15. 消费者在市场上选购什么商品，不选什么商品，不是随意决定的，而是在内心里有一定尺度，这种尺度在心理学中称为量表。　　　　　　　　　　　　　（　　）

项目 2
市场调查方案的方式和方法

16．根据市场调查的实践经验，市场调查方法的首选是观察调查法。（   ）
17．抽样误差的产生是由于破坏了抽样的随机原则。（   ）
18．抽样平均误差越大，样本的代表性越大。（   ）
19．重复简单随机抽样的抽样平均误差小于不重复简单随机抽样的抽样平均误差。
（   ）
20．扩大抽样误差范围，就会降低抽样调查的精确度。（   ）

（三）案例分析

大生金店的文案调查

大生金店是某市第三大珠宝店，也是世界黄金协会当地黄金协会分会的重要成员之一。近日来，不断有传闻说，随着人民生活水平的不断提高，对黄金的消费热情将下降，金店的总经理老李还不以为然，但这段时间老李忽然发现金店的黄金月销售额在不断大幅下降，而面积仅占全店柜台面积 1/10 的钻石柜台的销售额却不断上升，而且从半年前占总销售额的 20% 上升到了 45%。是否应该调整产品的品种呢？老李有些拿不定主意。苦思冥想了一段时间后，老李决定到大学去找他的一位正在从事市场调研学习的侄子小李，希望小李能用一周的时间帮他开展一项文案调查研究工作，帮助他分析黄金饰品和钻石饰品的发展趋势，如果可能，他还希望小李帮他做一些有关消费者购买行为的因素分析。

问题：
1．你会从哪些地方收集你所需要的文案调查资料？
2．你认为哪些资料的可信程度较高？并描述你评价文案调查的方法。
3．假定调查结果表明，期望购买钻石饰品的消费者和购买黄金饰品的消费者的比例为 7∶3，你会向老李提供哪些改善建议呢？

实训

实训 1：市场调查方案设计

实训目的：能进行市场调查方案设计与实施。

实训内容：设定主题，如设计大学生兼职情况、计算机需求情况、手机市场需求、就业意向、课余时间安排、电动汽车市场需求状况等主题，设计市场调查方案并实施。

实训组织：学生分成小组，根据教师设定的主题，进行市场调查方案设计并实施。

实训总结：学生小组间交流不同的观察结果，教师根据调查方案、PPT 演示、调查情况，分别给每个小组进行评价打分。

实训 2：市场调查问卷设计

实训目的：认识市场调查问卷的结构、问题的设计方法及问题的编排技巧。

实训内容：设定主题，如设计大学生兼职情况、计算机需求情况、手机市场需求、就业意向、课余时间安排、电动汽车市场需求状况等主题，设计市场调查问卷并实施。

实训组织：学生分成小组，根据教师设定的主题，进行市场调查问卷设计并实施。

实训总结：学生小组间交流不同的观察结果，教师根据调查方案、PPT 演示、调查情况，分别给每个小组进行评价打分。

分析篇

项目 3

数据整理和描述分析

学习目标

1. 学会对原始数据进行整理并用图表对数据进行展示;
2. 学会对数据的集中趋势进行度量;
3. 学会对数据的离散趋势进行度量。

项目 3
数据整理和描述分析

引入案例

2005 年中国公众总体幸福感提高

背景与情境：中国社会调查所近日发布的 2005 年常规民意调查报告显示，被调查公众的总体幸福感较 2004 年有所提高，但对家庭生活的综合满意度降低。

中国社会调查所 2005 年的常规民意调查，是根据 6 项综合指标考察公众对现状的感受程度。调查数据显示：2005 年，有 47.6%的被访者在"幸福感"综合指标中感到"非常满意"或者"满意"，较 2004 年提升了 8.7 个百分点。

在幸福感指标下，大多数指数的满意度均有不同程度的提高。其中公众对国家在国际地位上的满意度由 2004 年的 66.7%上升至 74.4%，为所有指数满意度之最。

公众对幸福感指标下的"健康状况"、"物质生活水平"、"精神生活水平"和"受教育程度"的满意度分别为 48.5%、44.8%、39%和 39%，均高于相应的不满意度。满意度较 2004 年分别上升了 3.1、12.8、7.4 和 8.8 个百分点。

2005 年常规民调的组织者在幸福感指标下特别增加了"社会和谐度"指数。结果显示，公众的满意度为 39.9%，不满意度为 24%，其余的 36.1%选择了"一般"。

然而，公众对"家庭生活"指标的综合满意度由 2004 年的 40.6%下降为 33.7%。家庭生活指标下的各项指数，除"消费水平"的满意度与 2004 年持平以外，其他指数的满意度较 2004 年均有所下降，不满意度均有所上升。

其中，公众对"住房状况"指数的满意度为 20.5%，较 2004 年下降 12.1 个百分点，为降幅最大。公众对"传统道德"指数的不满意度为 38.2%，比 2004 年上升了 24 个百分点，升幅最大。

中国社会调查所在其报告中认为，2005 年中央做了大量营造和谐社会的工作，但由于各种原因，中国社会和谐度仍然较低。

中国社会调查所从 1995 年开始，每年进行一次常规民意调查，旨在了解公众对现状的满意程度和幸福程度。其调查指标包括 6 项综合指标：职业声望、幸福感、家庭生活、安全感、社会保障和社会参与。2005 年常规民意调查从 11 月开始，范围覆盖内地 17 个省市区的 2000 名公众。

本案例中，通过调查获得许多看似杂乱的数据，对这些数据整理、统计和分析，得出了一些有价值的结论性数据，这些结论应该用简明、形象、直观的方式展示出来，反映出事物的本质特征。

任务 3.1 数据的整理与图表显示

3.1.1 数据的类型

日常生活中对事物的描述都可能采用不同的度量尺度，根据描述事物采用的度量尺度不同，数据可分为分类型数据、数量型数据、日期和时间型数据。

1）分类型数据

分类型数据描述的是数据的品质特征，如人的性别、民族、职业等都是分类型数据。在统计中为了操作方便，可能将不同的类别赋予不同的数值，但分类型数据的本质表现是文字形式（如在统计性别中，可能采用数值"0"代表男性，数值"1"代表女性）。分类型数据的分类必须是唯一的（如描述产品的质量特征，必须是"合格"或"不合格"，不可能既是"合格"又是"不合格"）。

2）数量型数据

数量型数据描述的是事物的数量特征，用数据形式表示。此类型的数据是日常生活中惯常的数据，如人的年龄、企业年度产值、市场占有率、股票的价格、国民生产总值、国家的总人口数等。

3）日期和时间型数据

按照被描述的对象与时间的关系分类，可分为以下几种数据。

（1）截面数据：事物在某一时刻的变化情况，即横向数据。

（2）时间序列数据：事物在一定的时间范围内的变化情况，即纵向数据。

（3）平行数据：截面数据与时间序列数据的组合。

3.1.2 数据的分组

数据的分组是数据统计的初步工作，是指根据统计分析工作的实际需要，将数据按照其本身的某种特征与标准分成不同的组别。数据分组的依据为数据本身的某种特征，在数据分组的实际工作过程中，分类型数据和数量型数据所采用的分组方法不同。

1）分类型数据

分类型数据需按数据的某种特征对数据进行分组，然后计算出各组中数据出现的次数。全部数据在各组内的分配状况称为数据的频数分布，分配到各组内的数据个数为频数，频数与全体数据个数之比为频率。

用于描述分类型数据的组段及频数或频率的统计表称为频数或频率分布表。

下面举例说明如何制作分类型数据的频数和频率分布表。

【例1】某车间有25名工人，加工某种零件，表3-1记录的是他们某月的平均日产量。车间规定平均日产量超过120件的工人当月奖金为一等，平均日产量在110~120件的工人奖金为二等，平均日产量低于110件的工人没有奖金。试统计该车间的25名工人中，获得一等奖、二等奖及没获奖的人数。

表3-1 某车间25名工人某月的平均日产量统计表 单位：件

工人编号	平均日产量	工人编号	平均日产量	工人编号	平均日产量	工人编号	平均日产量	工人编号	平均日产量
1	115	6	103	11	121	16	107	21	111
2	109	7	108	12	116	17	119	22	116
3	113	8	112	33	125	18	113	23	123
4	124	9	117	14	105	19	128	24	126
5	99	10	120	15	92	20	114	25	106

项目 3
数据整理和描述分析

以上数据集并非分类型数据集，但是其数据可以按照奖金等级标准分类。

可以看出该车间该月共有 6 名工人的平均日产量高于 120 件，有 11 名工人的平均日产量在 110~120 件，平均日产量低于 110 件的工人有 8 名；分别占全体工人的数的 24%、44% 和 32%。

将结果归纳为频数和频率分布表（同时计算出累积频率），如表 3-2 所示。

表 3-2 某车间 25 名工人某月的平均日产量频数和频率分布表

按奖金等级分组	频数/人	频率/%	累积频率/%
>120 件	6	24	24
110~120 件	11	44	68
<110 件	8	32	100
合计	25	100	

从表 3-24 可以看出获得不同奖金等级的人数及其占全体工人数的百分比，并容易看出：68% 的工人能够获奖。

分类型数据按类分组时的注意事项：第一，进行频数统计时既不能重数也不能漏数；第二：进行频数统计时必须要求数据有明显的边界界定。

2）数量型数据

数量型数据，一般采用单变量值分组法和组距分组法。当变量值较少且分布比较集中时，可采用单变量值分组法；对于变量值比较多且较为分散时，可采用组距分组法。

单变量值分组法就是把每一个变量值作为一个组，以下通过实例进行说明。

【例 2】某单位有职工 20 人，下面是某月该单位职工请假天数的记录：

0, 0, 1, 0, 2, 1, 0, 0, 0, 1, 2, 0, 5, 1, 1, 0, 0, 0, 10, 0

通过观察发现，所有不同请假天数只有 5 个，即：0, 1, 2, 5, 10，因此采用单变量值分组法，应该分成 5 个组，如表 3-3 所示。

表 3-3 某单位某月请假天数频数和频率分布表

请假天数	频数/人	频率/%	累积频率/%
0	11	55	55
1	5	25	80
2	2	10	90
5	1	5	95
10	1	5	100
合计	20	100	

从表 3-3 中可以看出，该单位某月有 55% 的全勤职工，有 90% 的职工请假天数不超过 2 天等。

组距分组法针对的分变量值较大的情况，以下通过实例进行说明。

【例 3】我国各地区某年的人口死亡率如表 3-4 所示。

市场调查与预测

表3-4 我国各地区某年的人口死亡率   单位：‰

地 区	死 亡 率	地 区	死 亡 率	地 区	死 亡 率
北京	5.12	浙江	6.75	海南	5.61
天津	6.23	安徽	6.41	四川	7.21
河北	6.32	福建	5.90	贵州	7.60
山西	6.12	江西	7.28	云南	8.03
内蒙古	6.70	山东	6.47	西藏	8.80
辽宁	6.15	河南	6.28	陕西	6.57
吉林	6.09	湖北	6.91	甘肃	6.49
黑龙江	5.33	湖南	7.15	青海	6.89
上海	7.05	广东	5.70	宁夏	5.49
江苏	6.56	广西	6.53	新疆	6.45

用组距分组法对上述数据进行分组的具体步骤如下。

第一步：将全部数据进行升序排列，找出最大值 max 和最小值 min。

$$\max = 8.80 \qquad \min = 5.12$$

第二步：确定组数，计算组距。

确定组数的一般原则如表 3-5 所示。

表3-5 确定组数的一般原则

数据个数 n	分组数 m
50 以下	5～6
50～100	6～10
100～250	7～12
250 以上	10～20

表 3-4 中共有 $n=30$ 个数据，可以取分组数 $m=6$。

定义组距 $c = \dfrac{b-a}{m}$，其中，$a \leqslant \min$，$b \geqslant \max$。以表 3-4 为例，可以取 $a=4.9$，$b=9.1$，则组距为 $c=0.7$。

第三步：计算每组的分组界限、组中值及数据落入各组的频数 v_i（个数）和频率 f_i（频数/n），形成频率分布表。

注意：各组边界的定义一定需要明确，不能遗漏与重复。

第一组的下限为 a，上限为 $a+c$；

第二组的下限为 $a+c$，上限为 $a+2c$；

第三组的下限为 $a+2c$，上限为 $a+3c$；

……

第 i 组的下限为 $a+(i-1)c$，上限为 $a+ic$。

每一组的组中值为（上限＋下限）/2。

表 3-4 中的数据的频率分布表如表 3-6 所示。

项目 3
数据整理和描述分析

表 3-6 我国各地区某年人口死亡率频率分布表

组 号	分组界限	频数 v_i	频率 f_i（%）	组 中 值
1	[4.9，5.6）	3	10.00	5.25
2	[5.6，6.3）	8	26.67	5.95
3	[6.3，7.0）	12	40.00	6.65
4	[7.0，7.7）	5	16.67	7.35
5	[7.7，8.4）	1	3.33	8.05
6	[8.4，9.1]	1	3.33	8.75

根据表 3-6，可以画出频率直方图，如图 3-1 所示。

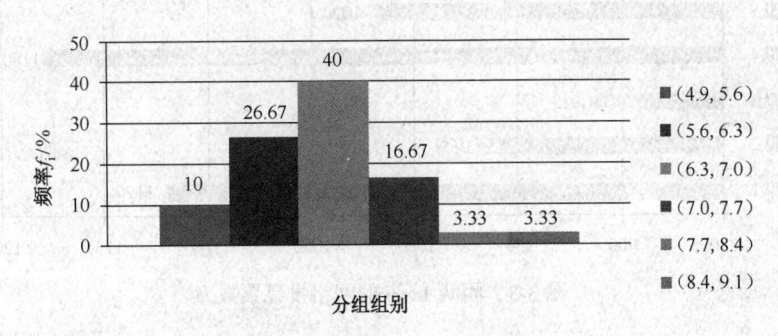

图 3-1 我国各地区某年死亡率频率直方图

3.1.3 数据的图形显示

除了以上频率直方图外，还有许多数据图形的显示方法，在此主要介绍饼形图、条形图、柱形图、散点图与折线图。

1）饼形图

饼形图一般用来描述和表现各成分或某一成分占全部的百分比，其中，饼形图用一个圆代表全体，用其中的扇形区域代表各成分，扇形区域的大小与该成分的大小成正比（相同的百分比）。

【例 4】某高职学院商务管理专业共有学生 110 名，其中女生 77 名（占比 70%），男生 33 名（占比 30%），用饼形图表示如图 3-2 所示。

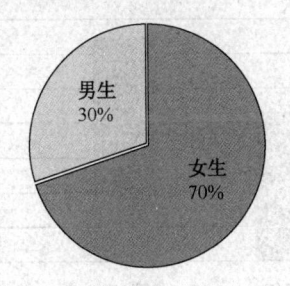

图 3-2 某高职学院商务管理专业男女生比例饼形图

2）条形图和柱形图

条形图是用来对各项信息进行比较的，条形图的纵坐标没有尺度，只用来标注各项信息的名称，如公司、团队、行业等信息。

市场调查与预测

【例5】假设某学校的一项创新创业大赛采取网络投票,团队1～6的网络投票票数如表3-7所示。

表3-7 团队1～6的网络投票票数

团 队	团队1	团队2	团队3	团队4	团队5	团队6
投 票 数	1120	965	913	1180	1020	1098

用条形图显示上述数据结果,如图3-3所示。

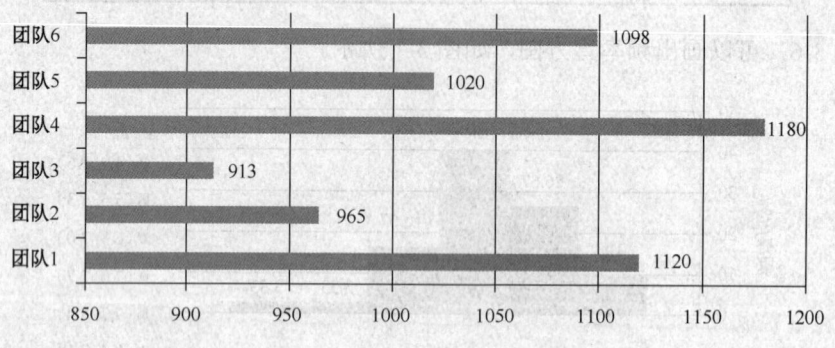

图3-3 团队1～6的网络投票票数

柱形图一般用来对同一事物在若干不同时间点或段上的度量(即时间序列数据)进行图形描述,此时一般是横坐标表示时间,纵坐标表示数据的大小。

柱形图可以直观地看出事物随时间的变化情况。

【例6】某高职院校毕业生A同学自主创业,创业第1～5年A同学的年收入如表3-8所示。

表3-8 创业第1～5年A同学的年收入　　　　　　　　　　单位:万元

年 度	第1年	第2年	第3年	第4年	第5年
年 收 入	4	7.3	9.5	11.1	11.8

创业第1～5年A同学的年收入柱形图如图3-4所示。

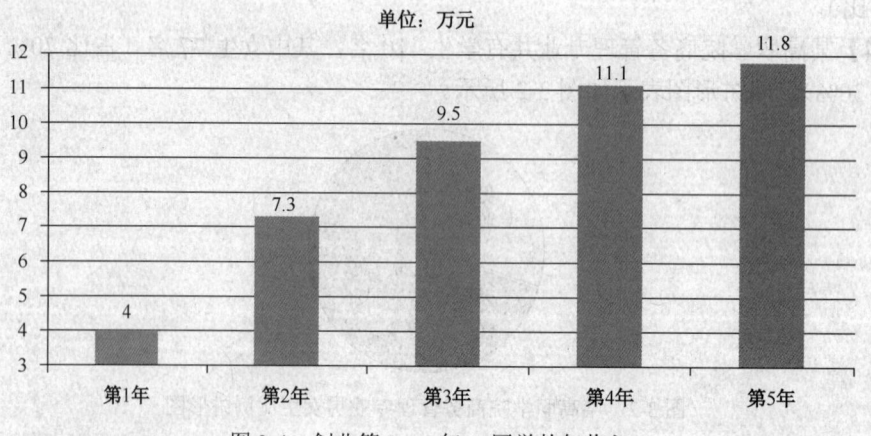

图3-4 创业第1～5年A同学的年收入

从图3-4中可以很直观地看出:在自主创业的第1～5年,A同学的年收入呈逐年上升趋势,但增长率不断放缓。

项目 3
数据整理和描述分析

3）折线图

从图3-4的柱形图中可以大致看出纵坐标因变量随横坐标自变量变化的趋势，但要想一个更明显地表示趋势的图示方法就是折线图法。

同样采用例5的数据，通过折线图展现，如图3-5所示。

单位：万元

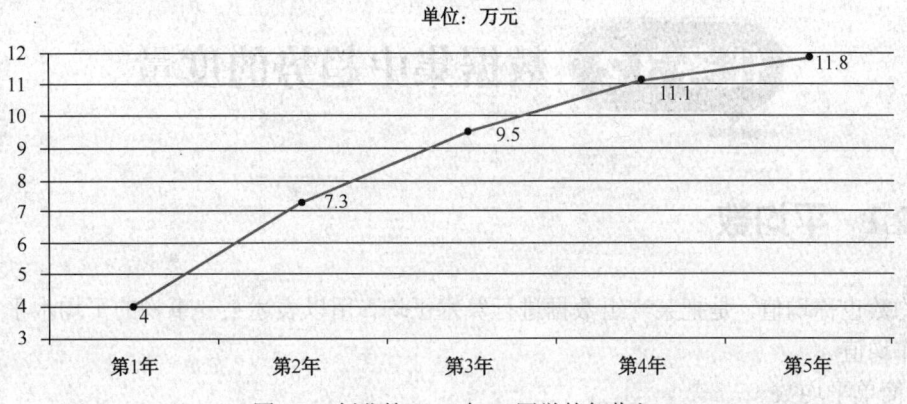

图 3-5 创业第 1～5 年 A 同学的年收入

图3-5中的实心点表示该年度A同学实际的年收入，实心点之间以直线段相连接，形成一条折线，表述出了A同学自主创业第1～5年随时间变化年收入上涨的大体趋势：年总收入逐年上升，第1～3年上升速度很快，第4～5年上升速度放缓。

折线图的优点：简单，容易理解；且对于同一组数据，折线图具有唯一性（两点之间有且只有一条直线）。

4）散点图

散点图又称散点分布图，是因变量随自变量而变化的大致趋势图。散点图是在直角坐标系平面上，以一个变量为横坐标，另一变量为纵坐标，利用散点（坐标点）的分布形态反映变量统计关系的一种图形。它的特点是能直观地表现出影响因素和预测对象之间的总体关系趋势；能通过直观醒目的图形方式，反映变量间的形态变化关系情况，以便于来模拟变量之间的关系。

统计时间与股票和基金的投资关系如图3-6所示，从图中可以直观地看出投资时间越长，股票和基金的回报率也越大。

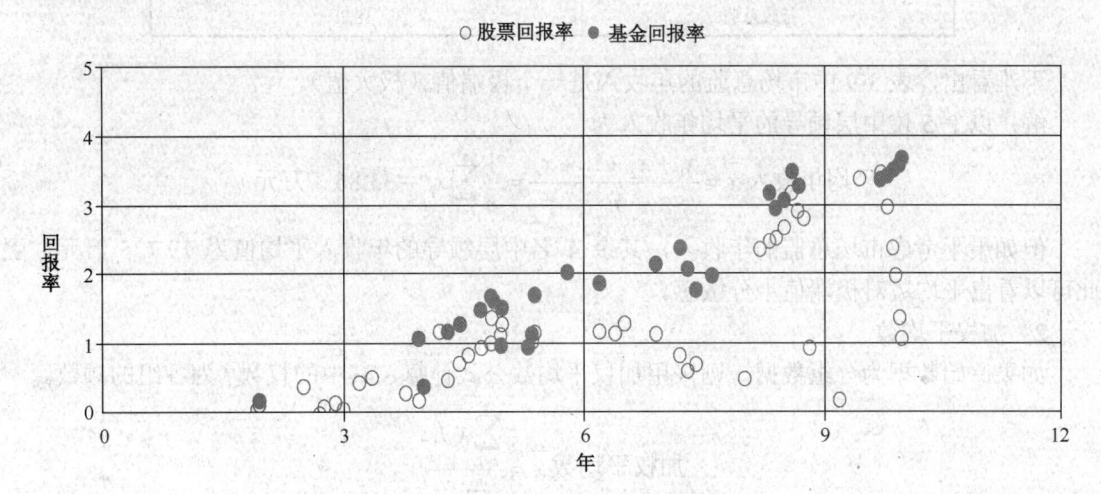

图 3-6 股票与基金投资分析散点图

散点图通常用于显示和比较数值，所以散点图的分类轴与值轴都是数值，如科学数据、统计数据和工程数据。当在不考虑时间的情况下,比较大量数据点时,请使用散点图。散点图中包含的数据越多,比较的效果就越好。如果数据集中包含非常多的点(如几千个点),那么散点图便是最佳图表类型。且默认情况下,散点图以圆圈显示数据点。

任务 3.2 数据集中趋势的度量

3.2.1 平均数

平均数也称均值,是把某一组数据进行算术平均,用以表述某一事物的平均水平,它在统计中叫作均值。

1) 简单平均数

简单平均数是把一个变量的所有观测值相加再除以观测值的数目。

若数据为 $x_1, x_2, \cdots, x_n$,则这组数据的平均数记为 $\bar{x}$

$$\bar{x} = \frac{x_1 + x_2 + \ldots + x_n}{n} = \frac{1}{n}\sum_{i=1}^{n} x_i$$

【例7】表 3-9 列示的是某公司中层领导 2015 年的年收入,求该公司中层领导 2015 年平均年收入。

表 3-9 某公司中层领导 2015 年的年收入　　单位:万元

职　位	实际年收入
市场总监	90.2
财务总监	20.4
人力资源总监	21.2
生产总监	19.3
行政总监	18.2

不难看出,表 3-9 中市场总监的年收入是一个极端值(极大值)。

解:以上 5 位中层领导的平均年收入为

$$\text{平均年收入} \bar{x} = \frac{x_1 + x_2 + \ldots + x_n}{n} = \frac{1}{n}\sum_{i=1}^{n} x_i = 33.86（万元）$$

但如果不考虑市场总监的年收入,其余 4 名中层领导的年收入平均值为 19.775 万元,因此可以看出平均数对极端值十分敏感。

2) 加权平均数

如果原始数据为分组数据,则采用加权平均数公式计算,其中的权数 f 为各组的频数。

$$\text{加权平均数}\ \bar{x} = \frac{\sum_{i=1}^{n} x_i f_i}{\sum_{i=1}^{n} f_i}$$

【例8】某调查小组随机抽查了某小区20户家庭的生活消费情况,抽查结果如表3-10所示。

表3-10 某小区20户家庭的生活消费情况

月消费/元	500	600	700	1000	1200
户　　数	4	4	7	3	2

问:家庭的平均生活消费额是多少?

解:根据加权平均数算法,则可得整个小区居民每月的平均生活消费情况为

$$\bar{x} = \frac{\sum_{i=1}^{n} x_i f_i}{\sum_{i=1}^{n} f_i} = \frac{500 \times 4 + 600 \times 4 + 700 \times 7 + 1000 \times 3 + 1200 \times 2}{20} = 735(\text{元})$$

平均数的优点:容易理解,易于计算;不偏不倚地对待数据集中的每一个数据;平均数是数据集的"重心",即如果在数据轴上各数据点处放置一个单位的重量,则平均数所处的位置正好是平衡点。

平均数的缺点:对极端值十分敏感。所谓极端值,是指和数据集中的大部分数据相比,特别大或特别小的那些个别数据。

3.2.2 中位数

将数据集按上升顺序排列,位于数列正中间的数值称为该数据集的中位数,具体计算过程如下。

从小到大排序为

$$X_{(1)}, \cdots, X_{(N)},$$

则 N 为奇数时,

$$m_{0.5} = X_{[(N+1)/2]};$$

N 为偶数时,

$$m_{0.5} = \frac{X_{(N/2)} + X_{(N/2+1)}}{2};$$

【例9】求下列两组数据的中位数。

(1) 2,3,14,16,7,8,10,11,13。

(2) 16,17,14,10,14,19,17,16,14,12。

解:先将所给的数据按从小到大的顺序排列,再根据数据个数确定中位数。

(1) 由于数据有9个,且最中间一个是10,所以中位数是10。

(2) 由于数据有10个,且最中间的两个数据分别为14、16,它们的平均数为15,所以中位数是15。

中位数将整个数据集一分为二,正好有一半的数据比中位数小,也正好有一半的数据比中位数大,从数据个数而言,中位数正好位于数据集的中间。

用中位数描述数据的集中趋势的优点是中位数对极端值不像平均数那么敏感,因此对于包含极端值的数据集来说,用中位数来描述集中趋势比用平均数更为恰当。

3.2.3 众数

众数是指数据集中出现次数最多的数值。其中,"众"具有流行时尚的意思,也就是普及和常见的意思。

【例10】某大学商务管理教研室有10位教师,他们接受高等教育的年限如下:

4 7 7 7 7 12 7 7 7 7

求他们接受高等教育年数的众数。

解:因为年数7在数据集中出现的次数为8次,其他的数值最多出现1次,因此众数为7。

众数的主要缺点:一个数据集可能没有众数,或众数可能不唯一,而数据集的平均数和中位数都是存在且唯一的。

如果一个数据集中每一个数值都只出现一次,则该数据集没有众数。

如果一个数据集中只有一个数值出现次数最多,则该数据集有唯一众数。

如果一个数据集中有两个数值出现次数最多,则该数据集有双重众数。

如果一个数据集中有两个以上数值出现次数最多,则该数据集有多重众数。

众数的优点在于反映了数据集中最常见的数值,即最普遍的数值;另外一个优点在于众数不仅对数量型数据集(数据都是数值)有意义,对分类型数据集也有意义。举例如下。

【例11】某地产销售公司在2015年售出的商品房情况统计数据如表3-11所示。

表3-11 某地区销售公司在2015年售出的商品户情况　　　　　单位:套

户型	两房一厅一卫	三房两厅两卫	四房两厅两卫	五房两厅两卫
套数	96	152	46	5

求该组数据集的众数。

解:以上数据集并非数量型的,而是分类型的,且已按类型分组。通过统计数据可知,共销售出152套三房两厅两卫的商品房,而其他户型的销售量均低于152套,因此,三房两厅两卫的户型是这组数据的众数。

众数的另外一个优点就是能凸显最普遍、最流行的款式、尺度、色彩等产品特征,从而为有效决策提供直观数据。

任务3.3 数据离散趋势的度量

3.3.1 极差

极差又称全距,指的是数据集中最大数值与最小数值的差,记为R。

$$极差 R = 最大值 - 最小值$$

极差越大,说明数据越分散;极差越小,说明数据越集中。

【例12】图3-7是我市2月某天24小时内的气温变化图,则该天的最大温差是_____℃。

项目 3
数据整理和描述分析

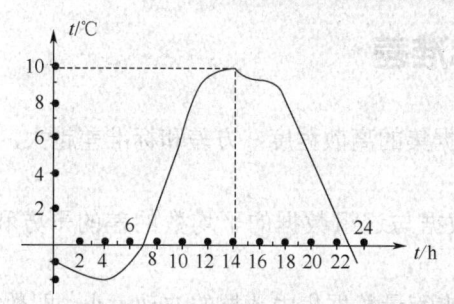

图 3-7 某天 24 小时的气温变化图

解析：根据极差的公式求解，用 10 减去-2 即可。

解：数据中最大的值为 10，最小值-2，该天的最大温差为 10-（-2）=12（℃）。

极差的优点：极差是最简单、最直观的度量数据离散程度的方法。

极差的缺点：极差容易受极端值的影响，如果数据集中存在极端值，极差就不能反映数据一般性的离散趋势。

3.3.2 四分位点和四分位极差

四分位点是把数据集分为四部分的数值，一个数据集中的四分位点共有 3 个，分别称为第一四分位点（记为 Q_1），第二四分位点（记为 Q_2），第三四分位点（记为 Q_3）。

注意：在计算四分位点前，应先将数据按升序进行排列。

第二四分位点 Q_2 即为整个数据集的中位数。

第一四分位点 Q_1 即为所有小于 Q_2 的数据所组成的数据集的中位数。

第三四分位点 Q_3 即为所有大于 Q_2 的数据所组成的数据集的中位数。

第三四分位点 Q_3 与第一四分位点 Q_1 的差 Q_3-Q_1 称为四分位极差；即 50%的数据散布在跨度为 Q_3-Q_1 的范围内。

【例 13】某医院投诉中心近 17 周内收到病人及家属的投诉次数如表 3-12 所示。

（1）求四分位点，投诉次数 15 次落在什么范围？

（2）求四分位极差。

表 3-12 某医院投诉中心近 17 周收到的投诉次数

周数	1	2	3	4	5	6	7	8	9	10	11	12	13	14	15	16	17
投诉次数	13	15	10	9	12	3	8	4	9	7	18	16	7	10	12	6	15

解：（1）首先将数据按升序排列，然后计算四分位点，升序排列后的数据为

3 4 6 7 7 8 9 9 10 10 12 12 13 15 15 16 18

$Q_1 = \dfrac{7+7}{2} = 7$；$Q_2 = 10$；$Q_3 = \dfrac{13+15}{2} = 14$

投诉次数 15 落在上 25%（大于 Q_3）的范围内。

（2）四分位极差 $Q_3-Q_1 = 7$。

四分位极差不像极差那样容易受极端值的影响，但仍然存在着没有充分地利用数据所有信息的缺点。

3.3.3 方差和标准差

方差和标准差都反映数据集的离散程度，方差和标准差越大，离散程度越大，否则反之。

1）方差

定义：一组数据中各数据与这组数据的平均数的差的平方和的平均数叫作这组数据的方差。

方差的意义：方差是用来衡量数据集中数据的波动大小（即数据集中数据偏离平均数的程度）的，在数据集中样本容量相同的情况下，方差越大，说明样本数据波动越大，越不稳定。

数据 $x_1, x_2, x_3, \cdots x_n$ 是样本数据集，该样本数据集的方差记为 σ^2（σ 为希腊语，读作西格玛，δ^2 读作西格玛平方），

$$\sigma^2 = \frac{1}{n}\left[(x_1-\bar{x})^2+(x_2-\bar{x})^2+\cdots+(z_n-\bar{x})^2\right] = \frac{1}{n}\sum_{i=1}^{n}(x_1-\bar{x})^2$$

2）标准差

标准差 δ 的计算公式为

$$\delta = \sqrt{\delta^2}$$

为了方便计算，方差还有以下等价的计算公式：

$$\sigma^2 = \frac{\sum x_i^2 - n\bar{x}^2}{n}$$

方差和标准差较为充分地利用了数据所提供的信息，同时因其具有理论上容易处理的优点，因此在统计学中常常被用来度量数据的离散趋势。

3.3.4 变异系数

变异系数就是标准差与平均数的比值，表示数据相对于其平均数的分散程度，即：

$$V = \frac{\delta}{\bar{x}} \times 100\%$$

【例14】某加工厂包装某种食品，一种是规定净重 50 克的小袋装，另一种是规定净重 500 克的大袋装，随机抽样测得的实际净重如表 3-13 所示，比较哪种包装食品净重的差异小。

表 3-13 某种食品的实际净重　　　　　　　　　　　　单位：克

小 袋 装	49	48	50	53	48	49	52	51	51	50
大 袋 装	510	498	496	493	505	508	515	490	510	502

解：小袋装平均净重 $\bar{x}_{小} = 50.1$ 克，标准差 $\delta_{小} = 1.5780$（克）。

大袋装平均净重 $\bar{x}_{大} = 502.7$ 克，标准差 $\delta_{大} = 7.8365$（克）。

小袋装变异系数 $V_{小} = \dfrac{1.5780}{50.1} = 3.15\%$。

大袋装变异系数 $V_{大} = \dfrac{7.8365}{502.7} = 1.56\%$。

相对而言，大袋装食品净重之间的差异比小袋装的要小一些。

项目 3
数据整理和描述分析

知识归纳

项目 3 数据整理和描述分析		
数据的整理与图表显示	数据类型	分类型数据，数量型数据，日期和时间型数据
	数据的分组	分类型数据：需按数据的某种特征对数据进行分组，然后计算出各组中数据出现的次数。全部数据在各组内的分配状况称为数据的频数分布，分配到各组内的数据个数为频数，频数与全体数据个数之比为频率。 用于描述分类型数据的组段及频数或频率的统计表称为频数或频率分布表。 数量型数据：一般采用单变量值分组法和组距分组法；当变量值较少且分布比较集中时，可采用单变量值分组法；对于变量值比较多且较为分散时，可采用组距分组法
	数据的图形显示	饼形图、条形图、柱形图、折线图、散点图
数据集中趋势的度量	平均数	简单算术平均数：$\bar{x} = \dfrac{x_1 + x_2 + \cdots + x_n}{n} = \dfrac{1}{n}\sum_{i=1}^{n} x_i$ 加权平均数：$\bar{x} = \dfrac{\sum_{i=1}^{n} x_i f_i}{\sum_{i=1}^{n} f_i}$
	中位数	数据从小到大排序为 $X_{(1)}, \cdots, X_{(N)}$，则 N 为奇数时，$m_{0.5} = X_{(N+1)/2}$；N 为偶数时，$m_{0.5} = \dfrac{X_{(N/2)} + X_{(N/2+1)}}{2}$
	众数	众数是指数据集中出现次数最多的数值
数据离散趋势的度量	极差	极差 $R=$ 最大值 - 最小值
	四分位点和四分位极差	第二四分位点 Q_2 即为整个数据集的中位数；第一四分位点 Q_1 即为所有小于 Q_2 的数据所组成的数据集的中位数；第三四分位点 Q_3 即为所有大于 Q_2 的数据所组成的数据集的中位数。第三四分位点 Q_3 与第一四分位点 Q_1 的差 Q_3-Q_1 称为四分位极差，即 50%的数据散布在跨度为 Q_3-Q_1 的范围内。
	方差和标准差	方差：一组数据中各数据与这组数据的平均数的差的平方和的平均数叫作这组数据的方差。 标准差：$\delta = \sqrt{\delta^2}$ $\quad \sigma^2 = \dfrac{1}{n}\sum_{i=1}^{n}(x_i - \bar{x})^2$
	变异系数	变异系数就是标准差与平均数的比值 $V = \dfrac{\delta}{\bar{x}} \times 100\%$

市场调查与预测

情景 3

练习题

一、单选题

1. 在某一特定类别中的数据个数称为（　　）。
   A．均值　　　　B．众数　　　　C．标准差　　　　D．频数
2. 条形图是利用宽度相同的条形的（　　）来表述数据多少的图形。
   A．面积　　　　B．高度或长度　　C．频数　　　　D．类别
3. 若需要比较不同变量之间的结构差异，可采用的图形为（　　）。
   A．频数分布图　B．条形图　　　C．饼图　　　　D．环形图
4. 饼图利用圆形及圆内扇形的（　　）来表示数值大小。
   A．面积　　　　B．弧线长度　　C．角度　　　　D．颜色
5. 生成定量数据的频数分布表时，首先要对数据（　　）。
   A．分类　　　　B．确定组距　　C．分组　　　　D．确定组频数
6. 在统计分组中，如果某一数值恰好等于某一组的组限时，则采取（　　）。
   A．下限不在内的原则　　　　　B．上限不在内的原则
   C．上下限都可以在内的原则　　D．上下限都不在内的原则
7. 某连续变量分为5组，第一组为40~50，第二组为50~60，第三组为60~70，第四组为70~80，第五组为80以上，依照规定（　　）。
   A．50在第一组，70在第四组　　B．60在第二组，80在第五组
   C．70在第四组，80在第五组　　D．80在第四组，50在第二组
8. 下列图形中不能在Excel当中实现的是（　　）。
   A．直方图　　　B．折线图　　　C．箱形图　　　D．散点图
9. 常用于表示定性数据的统计图是（　　）。
   A．直方图　　　B．散点图　　　C．条形图　　　D．折线图
10. 常用于表示定量数据的统计图是（　　）。
    A．直方图　　　B．条形图　　　C．饼图　　　　D．环形图
11. 某组数据的离散程度是指（　　）。
    A．该组数据的数值向其中心值的靠拢程度
    B．该组数据的数值远离其中心值的趋势和程度
    C．该组数据的数值向其中位数值的靠拢程度
    D．该组数据的数值远离其中位数值的趋势和程度
12. 对于一组数据：10、25、36、40、53、69，中位数为（　　）。
    A．36　　　　　B．40　　　　　C．38　　　　　D．44.5

项目 3
数据整理和描述分析

13. 对于一组数据：16、25、25、27、27、36、36、36、41、41、41、41，众数为（   ）。
    A. 16   B. 25   C. 36   D. 41

14. 下列关于平均数、中位数和众数的描述，错误的是（   ）。
    A. 三者都是用来反映数据的集中趋势的
    B. 平均数易被多数人理解和接受，实际中用得也较多
    C. 众数容易受到极端值的影响
    D. 当数据为偏态分布时，使用众数和中位数的代表性较好

15. 在反映数据集中趋势的水平度量中，最易受到极端数值影响的是（   ）。
    A. 平均数   B. 中位数   C. 众数   D. 分位数

16. 下列说法错误的是（   ）。
    A. 极差容易受数据中极端值的影响，不能准确地反映数据的分散程度
    B. 标准差的大小会受到数据本身数值大小的影响
    C. 一组数据的离散系数除以均值即为标准差
    D. 标准差相同的两组数据的差异程度可能不同

17. 已知一组数据的平均数为3，标准差为1.58，则其离散系数为（   ）。
    A. 1.90   B. 0.53   C. 4.58   D. 4.74

18. 已知第一组数据的平均数为5，标准差为1.58；第二组数据的平均数为125，标准差为2.58，则（   ）。
    A. 第一组数据的离散程度小于第二组数据
    B. 第一组数据的离散程度等于第二组数据
    C. 第一组数据的离散程度大于第二组数据
    D. 以上都不对

19. 两个总体的平均数不等，标准差相等，则（   ）。
    A. 平均数大的代表性大   B. 平均数小的代表性大
    C. 平均数大的代表性小   D. 两平均数的代表性相同

二、判断题

1. 能够对统计总体进行分组，是由统计总体中的各个单位所具有的同质性特点决定的。（   ）

2. 针对统计数据的分布特征的考查，主要是从该组数据的集中趋势和离散程度两方面来考查的。（   ）

3. 一个总体的差异程度不仅受标准差大小的影响，而且受数据本身数值大小的影响。（   ）

三、多选题

1. 确定组距时（   ）。
    A. 要考虑各组的划分是否能区分总体内部各个组成部分的性质差别
    B. 要能准确清晰地反映总体单位的分布特征
    C. 在研究的现象变动比较均匀时，可采用等距分组
    D. 在研究的现象变动不均匀时，可采用不等距分组
    E. 各组的下组限一般不包括在本组当中

2. 对于定性数据，反映其集中趋势的数字特征有（   ）。

A. 比例　　　B. 百分比　　　C. 平均数
D. 众数　　　E. 中位数

3. 对于定量数据，反映其集中趋势的数字特征有（　　）。
A. 平均数　　B. 中位数　　　C. 标准差
D. 方差　　　E. 众数

四、计算题

1. 某百货公司 6 月各天的销售额数据如下（单位：万元）：

257　276　297　252　238　310　240　236　265　278
271　292　261　281　301　274　267　280　291　258
272　284　268　303　273　263　322　249　269　295

（1）计算该公司日销售额的平均数、中位数。
（2）计算日销售额的标准差。

2. 对 10 名成年人和 10 名幼儿的身高进行抽样调查，结果如表 3-14 所示。

表 3-14　10 名成年人和 10 名幼儿园的身高　　　单位：厘米

成 年 组	166	169	172	177	180	170	172	174	168	173
幼 儿 组	68	69	68	70	71	73	72	73	74	75

要比较成年组和幼儿组的身高差异，你会采用什么样的指标测算值？为什么？
哪一组的身高差异大？

3. 某班学生共 50 人，分甲、乙两组，甲组学生 20 人，英语平均成绩为 78 分，标准差为 8 分，乙组学生 30 人，英语平均成绩为 72 分，标准差为 10 分，求全班 50 名学生英语平均成绩及标准差。

实训

实训 1：用 Excel 进行数据整理与统计作图

一、统计作图

这里我们以制作条形图为例，介绍用 Excel 软件进行统计作图的主要步骤。

【例 15】根据 2000 年我国人口普查数据得到的我国 6 周岁以上人口按受教育程度分组形成的频数分布表如表 3-15 所示。

表 3-15　频数分布表　　　单位：万人

受教育程度	文盲半文盲	小学	初中	高中及中专	大专及以上
人　　数	11093	45191	42989	14109	4571

（资料来源：国家统计局人口和社会科技统计局. 中国人口统计年鉴 2001. 北京：中国统计出版社，2001：46）

试利用表 3-15 中的数据建立 Excel 数据集，并制作相应的垂直条形图。
解：利用表数据制作条形图的主要步骤如下。

1. 在 Excel 中输入表 3-15 中的数据，建立如图 3-8 所示的数据集。
2. 选择"插入"→"图表"命令，如图 3-8 所示，打开图表向导。

项目 3
数据整理和描述分析

图 3-8 Excel 数据集

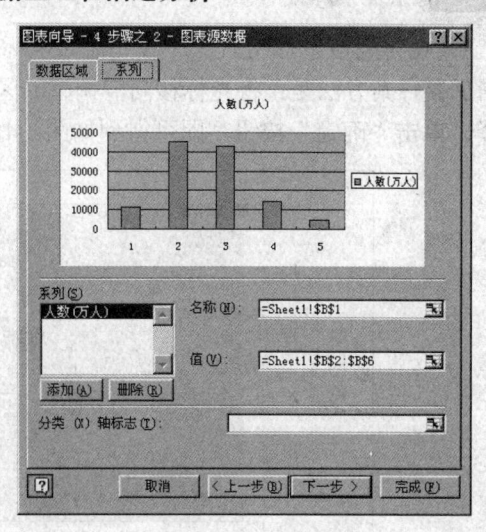

图 3-9 "系列"选项卡

3. 选择图表类型为"柱形图",再单击"下一步"按钮。

4. 进入图表源数据界面,确定用于制作图表的数据区,在"数据区域"中选定"人数"数据(B1:B6),选定"系列产生在"为"列"。

5. 选择"系列"选项卡(图 3-9),单击"分类(X)轴标志"右端的 按钮,回到数据集中用鼠标选定数据值(A2:A6),再单击右端的 按钮,即回到图表源数据界面。

6. 单击"下一步"按钮,就可对图表选项如标题、网格线、坐标轴等进行选择,如图 3-16 所示。

7. 单击"完成"按钮即可得到图 3-11 所示的结果。

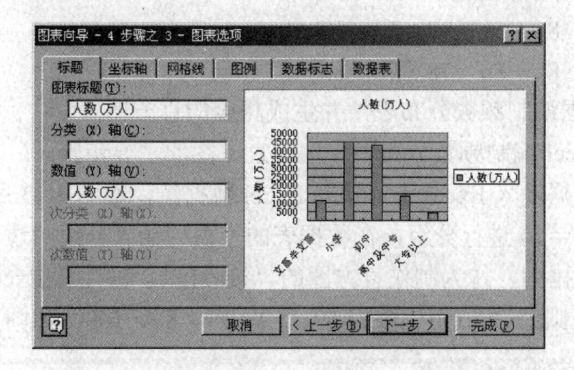

图 3-10 图表选项

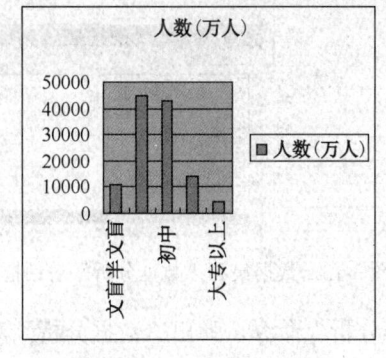

图 3-11 条形图

8. 在得到该条形图后，一般还需对坐标轴的字体大小、图例的取舍、图形的大小等进行编辑调整，其方法是：将光标移向需调整的区域，右击，进入编辑界面，对相关项目进行重新选择，单击"确定"按钮，即可得到如图3-12所示的条形图。

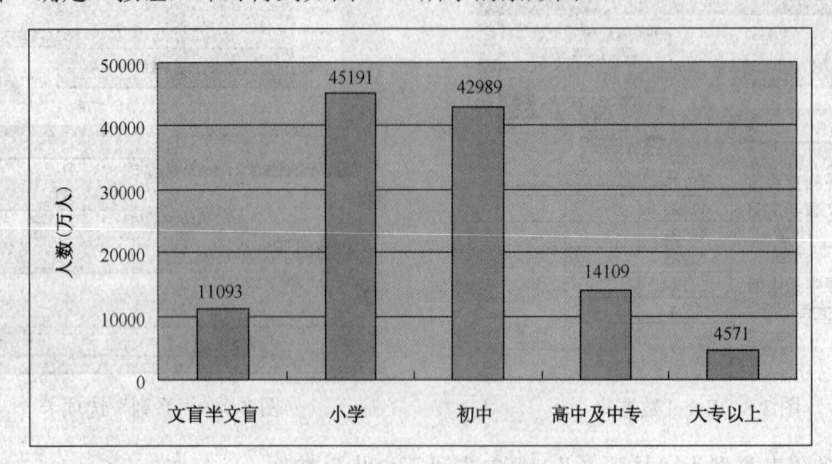

图 3-12　经过调整后的条形图

对于其他统计图形，如饼图（圆形图）、折线图、累积折线图、线图（XY散点图）等的制作步骤与上述条形图的制作基本类似。

二、定量数据的频数分布表与直方图的生成

这里我们介绍如何用 Excel 编制频数分布表并生成直方图。对于定性数据频数分布表的生成方法，与此类似。

【例16】现有20名学生的某门课的成绩：
74　93　62　88　86　51　97　73　77　81
85　67　92　60　84　80　78　90　85　81
试对这些成绩数据编制频数分布表，并生成相应的直方图。

解：现列出用 Excel 编制频数分布表并生成直方图的主要步骤。

1. 将上列成绩数据输入 Excel 中，建立 Excel 数据集，如图 3-13 所示。

2. 对成绩按组距=10 进行分组，在数据表的空白列输入分组的边界值（这里主要是各组的组上限），并按升序排列，作为制作直方图的"接收区域"。注意 Excel 编制频数分布表时各组计算频数将包含组上限，故取组上限为 59、69、79、89、100，如图 3-13 所示。

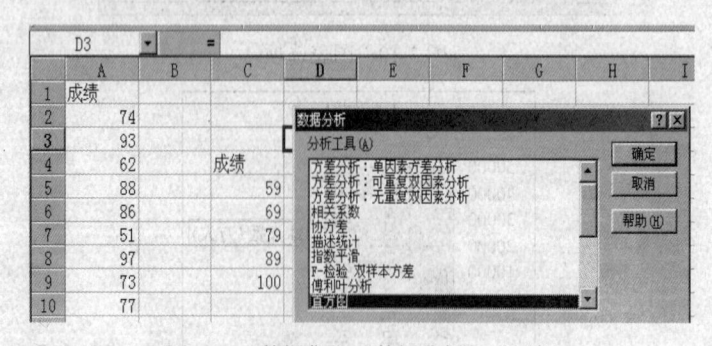

图 3-13　数据集和"数据分析"对话框

3. 选择"工具"→"数据分析"命令，弹出"数据分析"对话框，双击"直方图"选项，如图 3-13 所示。

项目 3
数据整理和描述分析

（注意：Excel 中必须已经先按"工具/加载宏"的命令，安装了"分析工具库"后，"工具"下拉菜单中才有"数据分析"子菜单。）

4．弹出"直方图"对话框，如图 3-14 所示。

（1）输入区域：选定要处理的数据区域，这里为成绩数据范围（A1：A21）。

（2）接收区域：选定作为分组边界值（主要是各组上限）的数据范围，这里是第二步建立的 C4：C9 单元格范围。

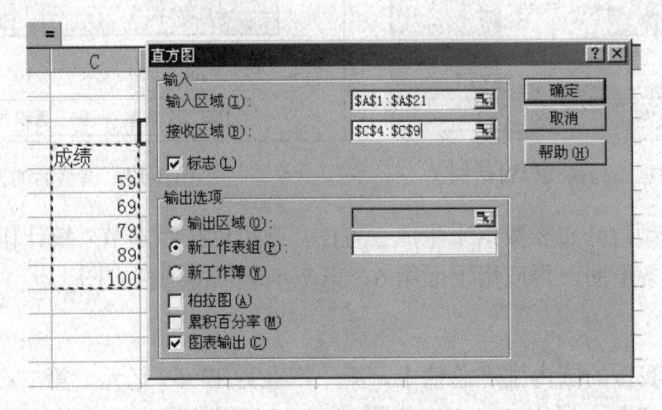

图 3-14 "直方图"对话框

（3）标志：因输入数据区域的第一行是标志项"成绩"，故选中该复选框。

（4）累积百分比：选中时频数分布表的结果中将有累积百分比数值，并在直方图中出现累积百分比折线图。

（5）图表输出：选中时将在输出频数分布表的同时生成直方图。

5．根据需要选择"直方图"对话框中的选项后，单击"确定"按钮即得初步结果，如图 3-15 所示。

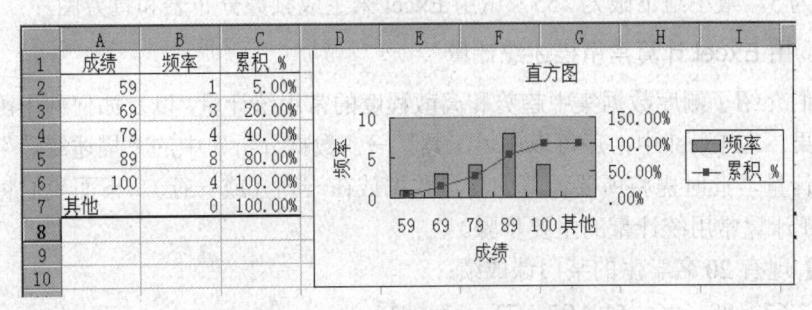

图 3-15 频数分布表和直方图的初步结果

6．在频数分布表的结果中删除"其他"所在行（第 7 行），则图中"其他"及对应部分也就消失。

7．在直方图中双击任一直条，即可弹出"数据系列格式"对话框，选择"选项"选项卡，将"间距宽度"的值 150 改为 0，如图 3-16 所示。还可以选择"数据标志"选项卡选中"显示值"，再单击"确定"按钮即可得到直条间无间隔的直方图。

8．对直方图的大小和字体大小等进行适当调整，就可得到图 3-17 所示的直方图。

市场调查与预测

图 3-16　"数据系列格式"对话框

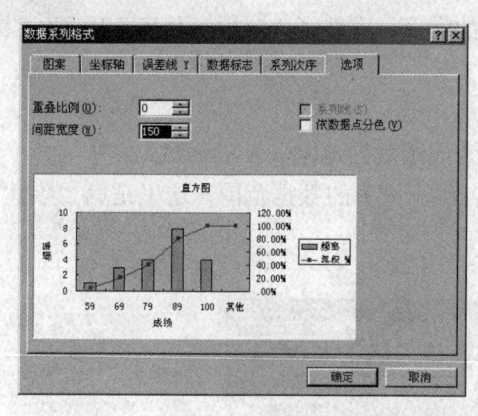

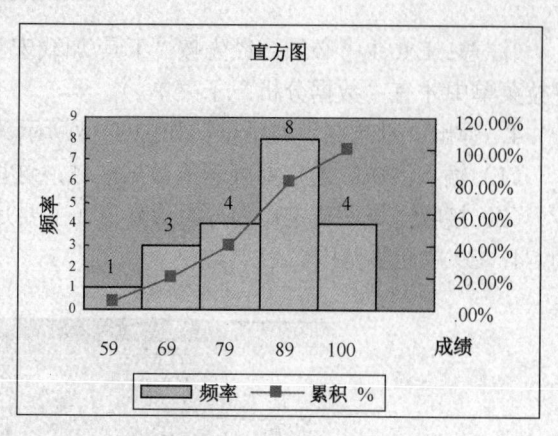

图 3-17　调整后的直方图

如果用已有的频数分布表数据来生成直方图，则可以按照本节"统计作图"中垂直条形图的制作步骤先生成条形图，再应用上面第 6、第 7 步即可得到直方图。

【实训操作】

1. 在 1997 年我国的国内生产总值中，第一产业为 13969 亿元，第二产业为 36770 亿元，第三产业为 24033 亿元，试用 Excel 来绘制 1997 年我国的国内生产总值各产业产值的条形图和饼图。

2. 现从某高校在校男大学生中随机抽取 40 人，测得其身高为（单位：厘米）

176　168　176　180　184　167　168　164　167　172
174　173　177　170　168　177　170　172　173　160
171　176　163　175　158　161　172　172　172　179
163　169　178　181　166　178　176　171　172　157

取组距为 5，最小组下限为 155，试用 Excel 来生成频数分布表和直方图。

实训 2　用 Excel 计算常用描述统计量

前面我们介绍了测度数据集中趋势和离散程度的常用统计量，以及如何利用函数公式来计算各自的结果。在 Excel 中，还可以由"工具"→"数据分析"中的"描述统计"一次性产生以上常用统计量，此时需将所要计算的变量数据放在一列（或一行）。下面我们将结合例题来给出用 Excel 计算常用统计量的主要步骤。

【例 17】现有 20 名学生的某门课成绩：

74　93　62　88　86　51　97　73　77　81
85　67　92　60　84　80　78　90　85　81

试对这些成绩数据用 Excel 来计算常用统计量。

Excel 求解：现给出用 Excel 由"工具"→"数据分析"中的"描述统计"来一次性计算这些成绩数据的常用统计量的主要步骤。

1. 在 Excel 中将 20 名学生的成绩数据集输入成一行，选择"工具"→"数据分析"命令，双击"数据分析"对话框中的"描述统计"选项，如图 3-18 所示。

2. 单击"确定"按钮，弹出"描述统计"对话框，如图 3-19 所示。

（1）输入区域：选中要处理的数据区域，这里为成绩数据范围（A1：T1）。

项目 3
数据整理和描述分析

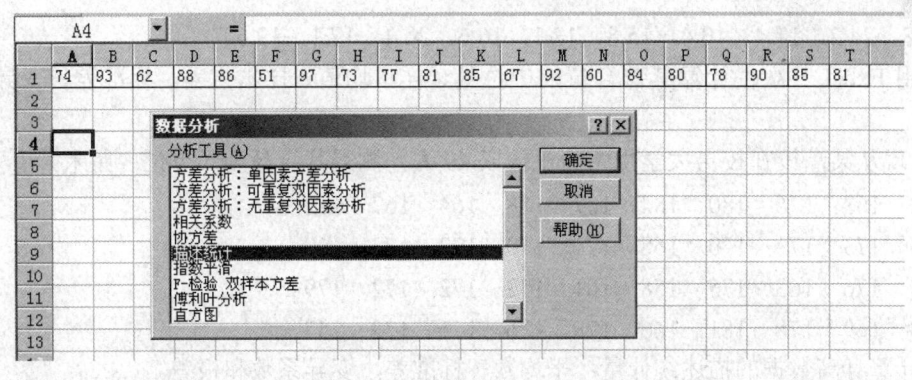

图 3-18 "数据分析"对话框

（2）分组方式：选中"逐行"单选按钮。
（3）标志位于第一行：因输入数据区域的第一列不是标志，故不选中该复选框。
（4）输出选项：选中"新工作表组"单选按钮。
（5）汇总统计：必须选定，该选项将给出全部描述性统计量。
（6）单击"确定"按钮。

由此即可得到 20 名学生成绩数据的描述性统计量计算结果，如图 3-20 所示。

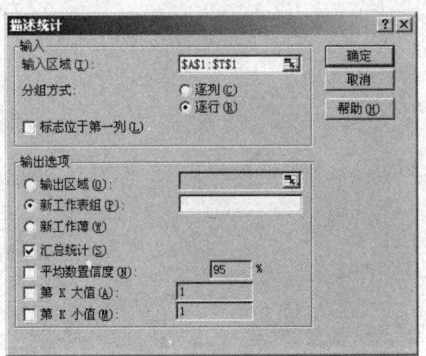

图 3-19 "描述统计"对话框　　图 3-20 描述统计的计算结果

其中前面介绍的常用统计量用加色显示，其对应结果由表 3-16 给出。

表 3-16　Excel 计算的常用统计量结果表

平均（样本均值）	79.2	偏斜度（偏度）	-0.8219
标准误差（标准误）	2.660233	区域（极差）	46
中值（中位数）	81	最小值	51
模式（众数）	81	最大值	97
标准偏差（标准差）	11.89693	求和（样本总和）	1584
样本方差	141.5368	计数（样本个数）	20
峰值（峰度）	0.313033	置信度（95.0%） （95%置信区间半径）	5.567934

【实训操作】

1. 现随机抽取 10 人，测得其血清中锌的含量为（单位：微摩尔/升）

市场调查与预测

16.8，24.2，17.4，10.4，15.8，12.1，16.6，20.4，17.1，19.6

试用 Excel 一次性计算其锌含量的中位数、样本均值、样本方差、标准差、变异系数和极差。

2．现从某高校在校男大学生中随机抽取 40 人，测得其身高为（单位：厘米）

177　168　176　180　184　167　168　164　167　172
175　173　177　170　168　177　170　172　173　160
171　176　163　175　158　161　172　172　172　179
163　169　178　181　166　178　176　171　172　157

试计算身高数据的描述统计量：平均数、标准差、变异系数和极差。

项目 4

调查参数估计（选修与提高项目）

学习目标

1. 了解总体分布和总体平均数（μ）、总体方差（σ^2）、总体比例（π）的概念；
2. 了解样本均值的抽样分布；
3. 了解样本比例的抽样分布；
4. 掌握统计量的标准误差及其计算；
5. 掌握求置信区间的方法；
6. 了解评价估计量的标准；
7. 掌握一个总体均值的大样本区间估计；
8. 掌握一个总体均值的小样本区间估计；
9. 掌握一个总体比例的区间估计；
10. 掌握估计总体均值时样本量的确定；
11. 掌握估计总体比例时样本量的确定。

任务 4.1 抽样分布

4.1.1 总体分布与总体参数

统计分析数据的方法包括描述统计和推断统计。

推断统计是研究如何利用样本数据来推断总体特征的统计学方法,包括参数估计和假设检验两大类。

总体分布是总体中所有观测值所形成的分布。

总体参数是对总体特征的某个概括性的度量。通常有

总体平均数(μ)、总体方差(σ^2)、总体比例(π)。

4.1.2 统计量和抽样分布

总体参数是未知的,但可以利用样本信息来推断。

统计量是根据样本数据计算的用于推断总体的某些量,是对样本特征的某个概括性度量。统计量是样本的函数,如样本均值($\bar{x}$)、样本方差(s^2)、样本比例(p)等。构成统计量的函数中不能包括未知因素。

由于样本是从总体中随机抽取的,样本具有随机性,由样本数据计算出的统计量也就是随机的。统计量的取值是依据样本而变化的,不同的样本可以计算出不同的统计量值。

1)样本均值的抽样分布

设总体共有 n 个元素,从中随机抽取一个容量为 n 的样本,在重复抽样时,共有 N^n 种抽法,即可以组成 N^n 不同的样本,在不重复抽样时,共有 $C_N^n = \dfrac{N!}{n!(N-n)!}$ 个可能的样本。每一个样本都可以计算出一个均值,这些所有可能的抽样均值形成的分布就是样本均值的分布。

但现实中不可能将所有的样本都抽取出来,因此,样本均值的概率分布实际上是一种理论分布。

数理统计学的相关定理已经证明:$\sum(\bar{x}) = \mu$,即样本均值的均值就是总体均值;在重复抽样时,样本均值的方差为总体方差 σ^2 的 $1/n$,即 $\dfrac{\sigma^2}{n}$。

当总体服从正态分布时,样本均值一定服从正态分布,即有 $x \sim n(\mu, \sigma^2)$ 时,$\bar{x} \sim n(\mu, \dfrac{\sigma^2}{n})$。

若总体为未知的非正态分布时,只要样本容量 n 足够大(通常要求 $n \geq 30$),样本均值仍会接近正态分布。样本分布的期望值为总体均值,样本方差 s^2 为总体方差 σ^2 的 $1/n$。这就是统

项目 4
调查参数估计（选修与提高项目）

计上著名的中心极限定理。

该定理可以表述为：从均值为 μ，方差为 σ^2 的总体中，抽取样本量为 n 的随机样本，当 n 充分大时（通常要求 $n \geq 30$），样本均值的分布近似服从均值为 μ，方差为 $\dfrac{\sigma^2}{n}$ 的正态分布。

如果总体不是正态分布，当 n 为小样本时（通常 $n<30$），样本均值的分布则不服从正态分布。

2) 样本比例的抽样分布

比例是指具有某种属性的单位占全部单位数的比重。

总体比例（通常用 π 表示）是总体中具有某种属性的单位数占全部总体单位数的比例，是一个参数，通常是未知的，也是我们想通过抽样得到的说明总体特征的数据。

样本比例（通常用 p 表示）是随机抽取的样本中具有某种属性的单位数占样本全部单位数的比例，是一个样本统计量，是随机变量，对于一个已经抽取出来的样本来讲，是可以观察到的。描述所有可能样本比例的概率分布就是样本比例的抽样分布。

当样本容量比较大时，样本比例 p 近似服从正态分布，且 p 的数学期望就是总体比率 π，即 $\sigma(p) = \pi$。

而 p 的方差与抽样方法有关，在重复抽样下为 $\dfrac{\pi(1-\pi)}{n}$，在不重复抽样下为 $\dfrac{\pi(1-\pi)}{n} * \dfrac{N-n}{N-1}$

即在重复抽样时，p 的分布为 $p \sim n(\pi, \dfrac{\pi(1-\pi)}{n})$。

在不重复抽样时，p 的分布为 $p \sim n(\pi, \dfrac{\pi(1-\pi)}{n} * \dfrac{N-n}{N-1})$。

一般来讲，当 $np \geq 5$，并 $n(1-p) \geq 5$ 时，就可以认为样本容量足够大。对于无限总体进行不重置抽样时，可以按照重复抽样计算，当总体为有限总体，当 n 比较大，而 $n/n \leq 5\%$ 时，修正系数 $\dfrac{N-n}{N-1}$ 会趋向 1，这时也可以按重复抽样计算方差。

从上述分析可以看出，随着样本容量的增大，样本比例的方差愈来愈小，说明样本比例随样本容量增大，围绕总体比例分布的峰度愈来愈高。

4.1.3 统计量的标准误差

统计量的标准误差也称标准误，是指样本统计量分布的标准差。可用于衡量样本统计量的离散程度。在参数估计中，它是用于衡量样本统计量与总体参数之间差距的一个重要尺度。

样本均值的标准误差的计算公式为 $\sigma_{\bar{x}} = \dfrac{\sigma}{\sqrt{n}}$。

当总体标准误差 σ 未知时，可用样本标准误差 s 代替计算，这时计算的标准误差称为估计标准误差。

相应地，样本比例的标准误差的计算公式为 $\sigma_p = \sqrt{\dfrac{\pi(1-\pi)}{n}}$。

同样，当总体比例的方差 $\pi(1-\pi)$ 未知时，可用样本比例的方差 $p(1-p)$ 代替。

任务 4.2 参数估计的一般问题

4.2.1 估计量与估计值

参数估计就是用样本统计量去估计总体参数,如用 $\bar{x}$ 估计 μ,用 s^2 估计 σ^2,用 p 估计 π 等。总体参数可以笼统地用一个符号 θ 表示。参数估计中,用来估计总体参数的统计量的名称称为估计量,用 $\hat{\theta}$ 表示,如样本均值、样本比例等就是估计量。用来估计总体参数时计算出来的估计量的具体数值叫作估计值。

4.2.2 点估计与区间估计——参数估计的两种方法

1) 点估计

用样本估计量 $\hat{\theta}$ 的值直接作为总体参数 θ 的估计量值。

2) 区间估计

区间估计是在点估计的基础上,给出总体参数估计的一个区间,由此可以衡量点估计值可靠性的度量。这个区间通常是由样本统计量加减抽样误差而得到的。下面以样本均值的区间估计来说明区间估计原理。

根据样本均值的抽样分布可知,重复抽样或无限总体抽样情况下,样本均值的数学期望值等于总体均值,样本均值的标准误差等于 $\frac{\sigma}{\sqrt{n}}$,由此可知,样本均值落在总体均值两侧各为一个标准误差范围内的概率为 0.6827,为两个标准误差范围内的概率为 0.9545,为 3 个标准误差范围内的概率为 0.9973,并可计算出样本均值落在 μ 的两侧任何一个标准误差范围内的概率(根据已知的 μ、σ 计算)。但实际估计时,μ 是未知的,因而不再是估计样本均值落在某一范围内的概率,而只能根据已设定的概率计算这个范围的大小。例如,约有 95% 的样本均值会落在距 μ 的两个标准误差范围内,即约有 95% 的样本均值所构造的两个标准误差的区间会包括 μ。

在区间估计中,由样本统计量所构造的总体参数的估计区间称为置信区间,区间的最小值为置信下限,最大值为置信上限。例如,抽取了 1000 个样本,根据每个样本构造一个置信区间,其中有 95% 的区间包含了真实的总体参数,而 5% 的没有包括,则称 95% 为置信水平/置信系数。构造置信区间时,可以用所希望的值作为置信水平,常用的置信水平是 90%、95%、99%,如表 4-1 所示。

表 4-1 常用的置信水平

置信水平	α	$\alpha/2$	$Z_{\alpha/2}$
90%	0.10	0.05	1.645
95%	0.05	0.025	1.96
99%	0.01	0.005	2.58

项目 4
调查参数估计（选修与提高项目）

α 称为显著性水平，表示用置信区间估计的不可靠的概率，$1-\alpha$ 为置信水平。

置信区间的含义：如用 95% 的置信水平得到某班学生考试成绩的置信区间为 (60, 80)，即在多次抽样中有 95% 的样本得到的区间包含了总体真实平均成绩，(60, 80) 这个区间有 95% 的可能性属于这些包括真实平均成绩的区间内的一个。

4.2.3 评价点估计量的标准

1）无偏性

估计量抽样分布的数学期望等于被估计的总体参数，如图 4-1 所示。

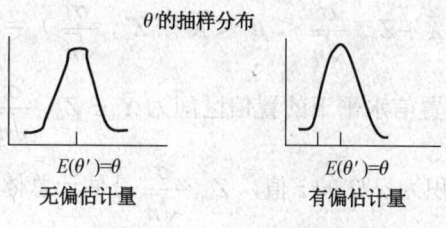

图 4-1 θ' 的抽样分布

已知 $E(\overline{X})=\mu$，$E(p)=\pi$，$E(s^2)=\sigma^2$，所以 $\overline{X}$、p、s^2 分别是总体均值 μ、总体比例 π、总体方差 σ^2 的无偏估计量。

2）有效性

同一总体参数的两个无偏估计量，标准差越小的估计量越有效，如图 4-2 所示。

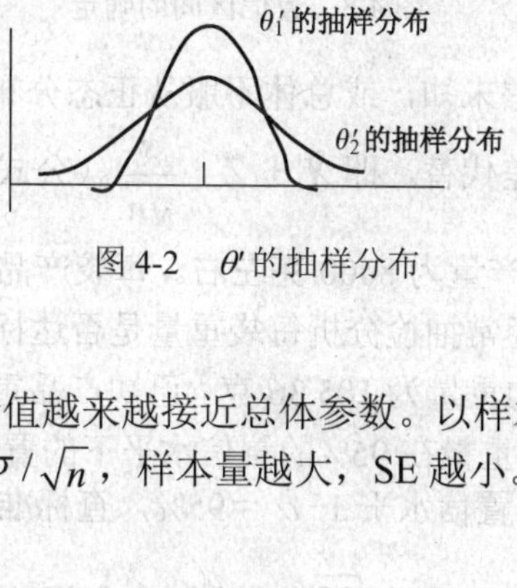

图 4-2 θ' 的抽样分布

3）一致性

随着样本量的增大，点估计值越来越接近总体参数。以样本均值为例，抽样分布时，样本均值抽样分布的标准误差 $SE=\sigma/\sqrt{n}$，样本量越大，SE 越小。当 n 无限大时，样本均值称为总体均值的一致估计量。

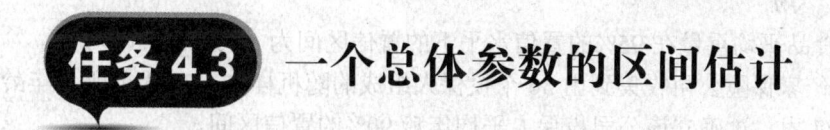

任务 4.3　一个总体参数的区间估计

4.3.1 总体均值的区间估计

1）大样本的估计方法

当总体服从正态分布且方差已知，或者总体不是正态分布但为大样本时，样本均值的抽样

市场调查与预测

分布均为正态分布,其数学期望值等于总体均值,方差为 σ^2/n。样本均值经过标准化以后的随机变量服从标准正态分布:

$$Z = \frac{\bar{X} - \mu}{\sigma/\sqrt{n}} \sim N(0, 1)$$

对于 μ 的双侧置信区间,有 $P(|Z| < Z_{\alpha/2}) = 1 - \alpha$ 或 $P(-Z_{\alpha/2} < Z < Z_{\alpha/2}) = 1 - \alpha$,将统计量 Z 代入上式,得:

$$P\left(-Z_{\alpha/2} < \frac{\bar{X} - \mu}{\sigma/\sqrt{n}} < Z_{\alpha/2}\right) = 1 - \alpha,$$

经整理有

$$P\left(\bar{X} - Z_{\alpha/2}\frac{\sigma}{\sqrt{n}} < \mu < \bar{X} + Z_{\alpha/2}\frac{\sigma}{\sqrt{n}}\right) = 1 - \alpha.$$

总体均值所在 $(1-\alpha)$ 置信水平下的置信区间为 $\bar{X} \pm Z_{\alpha/2}\frac{\sigma}{\sqrt{n}}$(公式1),如图4-3所示,$Z_{\alpha/2}$ 为标准正态分布右侧面积为 $\alpha/2$ 的 z 值,$Z_{\alpha/2}\frac{\sigma}{\sqrt{n}}$ 是估计总体均值时的允许误差。

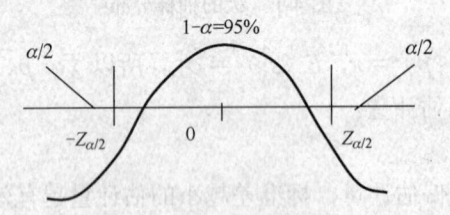

图4-3 置信区间的确定

如果总体为正态分布但方差未知,或总体不服从正态分布,只要在大样本条件下,公式1中的总体标准差可用样本标准差代替,即 $\bar{X} \pm Z_{\alpha/2}\frac{s}{\sqrt{n}}$(公式2)。

【例1】一家食品厂每天的产量为8000克左右。每袋产品的规定重量为100克,企业质检部门为对产品质量进行监测,经常抽检分析每袋重量是否达标。先从某天生产的一批产品中随机抽取25袋,测得25的袋平均重量为105.36克。已知产品重量分布呈正态分布,总体标准差为10克。试估计该批产品平均重量在95%的置信水平下的置信区间。

解:已知 $\sigma = 10$,$n = 25$,置信水平 $1 - \alpha = 95\%$,查标准正态分布表得 $Z_{\alpha/2} = 1.96$。

$$\bar{X} \pm Z_{\alpha/2}\frac{\sigma}{\sqrt{n}} = 105.36 \pm 1.96 \times 10/\sqrt{25} = 105.36 \pm 3.92$$

即该批食品平均重量在95%的置信水平下的置信区间为(101.44,109.28)。

【例2】一家保险公司收集到由36个投保人组成的随机样本,36人的平均年龄为39.5岁,标准差为7.77岁。试确立该公司投保人平均年龄90%的置信区间。

解:已知 $n = 36$,$s = 7.77$,$1 - \alpha = 90\%$,$Z_{\alpha/2} = 1.645$。由于总体方差未知,但为大样本,可用样本方差代替总体方差。

$$\bar{X} \pm Z_{\alpha/2}\frac{s}{\sqrt{n}} = 39.5 \pm 1.645 \times 7.77/\sqrt{36} = 39.5 \pm 2.13$$

投保人平均年龄的90%的置信区间为(37.37,41.63)。

项目 4
调查参数估计（选修与提高项目）

2）小样本的估计方法

在总体为正态分布的情况下，抽取到小样本时，如果方差已知可以按照公式 1 构造；如果方差未知，则样本均值经过标准化处理后的随机变量不再服从 Z 分布，而是服从自由度为 $n-1$ 的 t 分布，用 s^2 代替 σ^2，$t=\dfrac{\bar{X}-\mu}{s/\sqrt{n}}$，需要用 t 分布来构造总体均值的置信区间。

t 分布是类似于正态分布的一种对称分布，通常其比正态分布平坦和分散，一个特定的 t 分布依赖于自由度。随着自由度的增大，t 分布逐渐趋于正态分布，如图 4-4 所示。

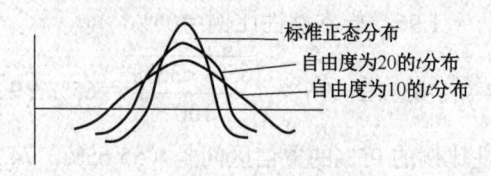

图 4-4 t 分布

根据 t 分布建立的总体均值在 $1-\alpha$ 置信水平下的置信区间为

$$\bar{X} \pm t_{\alpha/2} \frac{s}{\sqrt{n}} \quad \text{公式 3}$$

$t_{\alpha/2}$ 是自由度为 $n-1$ 时，t 分布中右面积为 $\alpha/2$ 时的 t 值，可通过查 t 分布表得。

【例 3】已知某种灯泡的使用寿命服从正态分布，先从一批灯泡中随机挑出 16 只，测得平均使用寿命为 1490 小时，样本标准差为 24.77 小时，试确定该批灯泡平均寿命 95% 的置信区间。

解：根据 $\alpha=0.05$ 查表得，$t_{\alpha/2}(n-1)=t_{\alpha/2}(15)=2.131$。

$$\bar{X} \pm t_{\alpha/2} \frac{s}{\sqrt{n}} = 1490 \pm 2.131 \times \frac{24.77}{\sqrt{16}} = 1490 \pm 13.2$$

该灯泡平均寿命的 95% 的置信区间为（1476.8，1503.2）。

不同情况下总体均值的区间估计如表 4-2 所示。

表 4-2　不同情况下总体均值的区间估计

总体分布	样本量	方差已知	方差未知
正态分布	大样本（$n \geq 30$）	$\bar{X} \pm Z_{\alpha/2} \dfrac{\sigma}{\sqrt{n}}$	$\bar{X} \pm Z_{\alpha/2} \dfrac{s}{\sqrt{n}}$
	小样本（$n<30$）	$\bar{X} \pm Z_{\alpha/2} \dfrac{\sigma}{\sqrt{n}}$	$\bar{X} \pm t_{\alpha/2} \dfrac{s}{\sqrt{n}}$
非正态分布	大样本（$n \geq 30$）	$\bar{X} \pm Z_{\alpha/2} \dfrac{\sigma}{\sqrt{n}}$	$\bar{X} \pm Z_{\alpha/2} \dfrac{s}{\sqrt{n}}$

4.3.2　总体比例（二项总体参数 P）的区间估计

根据中心极限定理，当大样本时，样本比例分布可近似看作正态分布，p 的数学期望等于总体比例，$E(p)=\pi$，p 的方差等于 $\sigma^2 p=\pi(1-\pi)/n$。p 经过标准化的随机变量服从标准正态分布，$Z=\dfrac{p-\pi}{\sqrt{\pi(1-\pi)/n}} \sim N(0,1)$。

可得大样本总体比例在 1-α 置信水平下的区间估计公式：

$$P = \hat{p} \pm Z_{\alpha/2} \sqrt{\frac{p(1-p)}{n}}$$

$\hat{p}$ 是总体比例 P 的点估计，$Z_{\alpha/2}\sqrt{\frac{p(1-p)}{n}}$ 是允许误差。

【例4】某城市希望了解下岗职工中女性的比例，随机抽取 100 个下岗职工，其中 65 人为女性。试以 95% 的置信水平估计该城市下岗职工中女性比例的置信区间。

解：已知 $n=100$，$Z_{\alpha/2}=1.96$，样本女性比例 $=65\%$，

$$P = \hat{p} \pm Z_{\alpha/2} \sqrt{\frac{p(1-p)}{n}} = 65\% \pm 1.96 \times \sqrt{\frac{65\% \times 35\%}{100}} = 65\% \pm 9.35\%$$

该城市下岗职工中女性比例的 95% 的置信区间是（55.65%，74.35%）。

虽然样本比例 p 随着样本量增大而近似服从正态分布，但 n 应该多大才能使其呈正态分布呢？这与样本比例 p 的取值有关，当 p 接近 0.5 时，用较小的样本就可使其服从正态，而当 p 接近 0 或 1 时，则需要大样本。

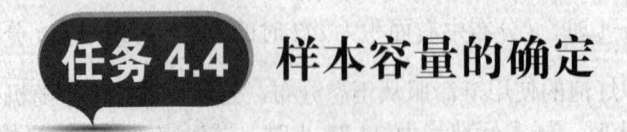

任务 4.4　样本容量的确定

4.4.1　估计总体均值时样本量的确定

总体均值的置信区间是由样本均值和允许误差两部分组成的。令 E 代表希望的允许误差，即 $E = Z_{\alpha/2} \frac{\sigma}{\sqrt{n}}$，推导出样本容量确定公式：$n = \frac{(Z_{\alpha/2})^2 \sigma^2}{E^2}$。对于给定的 $Z_{\alpha/2}$ 和总体标准差 σ，可以确定任意希望的允许误差所需样本量。如果总体标准差未知，则可用相同或相似样本的标准差代替，也可以试调查一个样本计算标准差来代替。

样本容量和置信水平成正比，与总体方差成正比，和允许误差成反比。

【例5】拥有工商管理学士学位的大学毕业生年薪的标准差大约为 2000 元，假定想要估计年薪在 95% 的置信区间，希望允许误差为 400 元，应抽取多大样本？

解：已知 $\sigma=2000$，$\alpha=0.05$，$E=400$，

$$n = \frac{(Z_{\alpha/2})^2 \sigma^2}{E^2} = \frac{1.96^2 \times 2000^2}{400^2} = 96.04 \approx 97 \text{（小数时一律进位成整数，原则是样本量更大）}$$

4.4.2　估计总体比例时样本量的确定

在重复抽样或大量抽样下，估计总体比例时置信区间的允许误差为 $Z_{\alpha/2}\sqrt{\frac{p(1-p)}{n}}$，用 E 表示，可推导出样本量计算公式：

项目 4
调查参数估计（选修与提高项目）

$$n = \frac{(Z_{\alpha/2})^2 p(1-p)}{E^2}$$

给定一个 E 值（一般小于 0.10）和置信水平，就可确定样本量。样本比例可以根据类似样本比例代替，可以采用试调查办法选一个初始样本计算比例。如果这些方法都无法使用，则取 0.5。

【例6】根据以往生产统计，某种产品的合格率约为 90%，要求允许误差为 5%，在求 95% 的置信区间时，应抽取多少个产品作为样本？

解：已知 $p=90\%$，$E=5\%$，$Z_{\alpha/2}=1.96$

$$n = \frac{(Z_{\alpha/2})^2 p(1-p)}{E^2} = \frac{(1.96)^2 \, 0.9(1-0.9)}{0.05^2} = 138.3 \approx 139$$

知识归纳

项目 4　调查参数估计		
抽样分布	总体分布与总体参数	推断统计是研究如何利用样本数据来推断总体特征的统计学方法，包括参数估计和假设检验两大类。总体分布是总体中所有观测值所形成的分布。总体参数是对总体特征的某个概括性的度量，通常有总体平均数（μ）、总体方差（σ^2）、总体比例（π）
	样本均值的抽样分布	当总体服从正态分布时，样本均值一定服从正态分布，即有 $x \sim n(\mu, \sigma^2)$ 时，$\bar{x} \sim n(\mu, \frac{\sigma^2}{n})$。若总体为未知的非正态分布时，只要样本容量 n 足够大（通常要求 $n \geq 30$），样本均值仍会接近正态分布。如果总体不是正态分布，当 n 为小样本时（通常 $n<30$），样本均值的分布则不服从正态分布
	样本比例的抽样分布	当样本容量比较大时，样本比例 p 近似服从正态分布，在重复抽样时，p 的分布为 $p \sim n[\pi, \frac{\pi(1-\pi)}{n}]$。在不重复抽样时，$p$ 的分布为 $p \sim n(\pi, \frac{\pi(1-\pi)}{n} * \frac{N-n}{N-1})$ 一般来讲，当 $np \geq 5$，并 $n(1-p) \geq 5$ 时，就可以认为样本容量足够大。随着样本容量的增大，样本比例的方差愈来愈小
	统计量的标准误差	统计量的标准误差是指样本统计量分布的标准差。可用于衡量样本统计量的离散程度。它是用于衡量样本统计量与总体参数之间差距的一个重要尺度。样本均值的标准误计算公式：$\sigma_{\bar{x}} = \frac{\sigma}{\sqrt{n}}$ 样本比例的标准误计算公式：$\sigma_p = \sqrt{\frac{\pi(1-\pi)}{n}}$
参数估计的一般问题	估计量与估计值	参数估计就是用样本统计量去估计总体参数，用来估计总体参数的统计量的名称称为估计量，用来估计总体参数时计算出来的估计量的具体数值叫作估计值

续表

项目4 调查参数估计			
参数估计的一般问题	点估计与区间估计	参数估计是用样本统计量去估计总体的参数。用样本统计量来估计总体参数有两种方法：点估计和区间估计。 点估计：用样本统计量的实现值来近似相应的总体参数。 区间估计：根据估计可靠程度的要求，利用随机抽取的样本的统计量确定能够覆盖总体参数的可能区间的一种估计方法。 以 68.73% 的置信水平推断总体参数 μ 的置信区间为（$Z=1$） $(\bar{x}-\frac{\sigma}{\sqrt{n}}, \bar{x}+\frac{\sigma}{\sqrt{n}})$ 以 95.45% 的置信水平推断总体参数 μ 的置信区间为（$Z=2$） $(\bar{x}-2\frac{\sigma}{\sqrt{n}}, \bar{x}+2\frac{\sigma}{\sqrt{n}})$ 以 99.73% 的置信水平推断总体参数推断总体参数 μ 的置信区间为（$Z=3$） $(\bar{x}-3\frac{\sigma}{\sqrt{n}}, \bar{x}+3\frac{\sigma}{\sqrt{n}})$
	评价点估计量的标准	1. 无偏性，是指估计量抽样分布的期望值等于被估计的总体参数，$E(\hat{\theta})=\theta$。 2. 有效性，是指估计量的方差尽可能小。对同一个总体参数的两个无偏估计量，有更小方差的估计量更有效。 3. 一致性，是指随着样本量的增大，标准误差 $\sigma_{\bar{x}}=\frac{\sigma}{\sqrt{n}}$ 越小，点估计量的值越来越接近被估计总体的参数
一个总体参数的区间估计	总体均值的区间估计	1. 大样本的估计（$n\geq 30$） 当总体方差 σ^2 已知时，总体均值 μ 在 $1-\alpha$ 置信水平下的置信区间为 $(\bar{x}-Z_{\alpha/2}\frac{\sigma}{\sqrt{n}}, \bar{x}+Z_{\alpha/2}\frac{\sigma}{\sqrt{n}})$。 当总体方差 σ^2 未知时，总体均值 μ 在 $1-\alpha$ 置信水平下的置信区间为 $(\bar{x}-Z_{\alpha/2}\frac{s}{\sqrt{n}}, \bar{x}+Z_{\alpha/2}\frac{s}{\sqrt{n}})$ 2. 小样本的估计（$n<30$） 当总体方差 σ^2 已知时，总体均值 μ 在 $1-\alpha$ 置信水平下的置信区间为 $(\bar{x}-Z_{\alpha/2}\frac{\sigma}{\sqrt{n}}, \bar{x}+Z_{\alpha/2}\frac{\sigma}{\sqrt{n}})$ 当总体方差 σ^2 未知时，总体均值 μ 在 $1-\alpha$ 置信水平下的置信区间为 $(\bar{x}-t_{\alpha/2}\frac{s}{\sqrt{n}}, \bar{x}+t_{\alpha/2}\frac{s}{\sqrt{n}})$。 总体均值的置信区间是由样本均值和估计误差两部分组成的
	总体比例的区间估计	在大样本（$n\geq 30$）情况下，当总体比例 π 已知时，在 $1-\alpha$ 置信水平下，总体比例的置信区间为 $(p-Z_{\alpha/2}\sqrt{\frac{\pi(1-\pi)}{n}}, p+Z_{\alpha/2}\sqrt{\frac{\pi(1-\pi)}{n}})$。 在大样本（$n\geq 30$）情况下，当总体比例 π 未知时，在 $1-\alpha$ 置信水平下，总体比例的置信区间为 $(p-Z_{\alpha/2}\sqrt{\frac{p(1-p)}{n}}, p+Z_{\alpha/2}\sqrt{\frac{p(1-p)}{n}})$。 总体比例的置信区间是由样本比例和估计误差两部分组成的

项目 4
调查参数估计（选修与提高项目）

续表

	项目 4 调查参数估计	
样本容量的确定	估计总体均值时样本量的确定	在重复抽样条件下，设 E 代表允许的估计误差，则样本量的计算公式为 $n=\dfrac{(Z_{\alpha/2})^2\sigma^2}{E^2}$。 如果总体标准差 σ 未知，可以用样本标准差 s 来代替；也可以用试验调查的办法，选择一个初始样本，以该样本的标准差 s 作为总体标准差 σ 的估计值。 样本量与置信水平成正比，与总体方差成反比，与允许的估计误差的平方成反比
	估计总体比例时样本量的确定	在重复抽样条件下，设 E 代表允许的估计误差，则样本量的计算公式为 $n=\dfrac{(Z_{\alpha/2})^2\pi(1-\pi)}{E^2}$。 样本量越大，估计误差就越小，估计的精度就越高。 估计误差由使用者预先确定。 大多数情况下，估计误差的取值一般应小于 0.1。 如果总体比例 π 的值不知道，可以用样本比例 s 来代替，或者取 $\pi=0.5$，使得 $\pi(1-\pi)$ 达到最大

情景 4

练习题

一、单选题

1. 以下为总体参数的是（　　）。
   A．样本均值　　　　　　　　B．样本方差
   C．样本比例　　　　　　　　D．总体均值

2. 设一个总体共有 5 个元素，从中随机抽取一个容量为 2 的样本，在重复抽样时，共有（　　）个样本。
   A．25　　　　B．10　　　　C．5　　　　D．1

3. 设一个总体共有 5 个元素，从中随机抽取一个容量为 2 的样本，在不重复抽样时，共有（　　）个样本。
   A．25　　　　B．10　　　　C．5　　　　D．1

4. 当样本容量比较大时，在重复抽样条件下，样本比例 p 的方差为（　　）。
   A．$\dfrac{\pi(1-\pi)}{n}$　　　　　　　　B．$\dfrac{\pi(1-\pi)}{\sqrt{n}}$
   C．$\dfrac{\pi(1-\pi)}{n}\times\dfrac{N-n}{N-1}$　　　　D．$\left(1-\dfrac{n}{N}\right)\pi(1-\pi)$

111

5. 设一个总体含有 3 个可能元素，取值分别为 1、2、3。从该总体中采取重复抽样的方法抽取样本量为 2 的所有可能样本，样本均值为 2 的概率值是（　　）。
   A. 1/9　　　　B. 2/9　　　　C. 1/3　　　　D. 4/9

6. 样本均值的标准误差的计算公式为（　　）。
   A. $\dfrac{\sigma^2}{n}$　　B. $\dfrac{1}{\sqrt{n}}\sigma$　　C. $\sqrt{\dfrac{\sigma^2(N-n)}{n(N-1)}}$　　D. $\left(1-\dfrac{n}{N}\right)\sigma^2$

7. 样本比例的标准误差的计算公式为（　　）。
   A. $\sqrt{\dfrac{\pi(1-\pi)}{n}}$　　　　　　B. $\dfrac{\pi(1-\pi)}{\sqrt{n}}$
   C. $\sqrt{\dfrac{\pi(1-\pi)(N-n)}{n(N-1)}}$　　D. $\sqrt{\left(1-\dfrac{n}{N}\right)\pi(1-\pi)}$

8. 统计量的标准误差也称标准误，其大小与（　　）。
   A. 样本量的平方根成反比　　　B. 样本量的大小成反比
   C. 样本量的大小成正比　　　　D. 总体的标准差成反比

9. 以 68.27% 的置信水平推断总体参数的置信区间为（　　）。
   A. $\left(\bar{x}-\dfrac{\sigma}{\sqrt{n}}, \bar{x}+\dfrac{\sigma}{\sqrt{n}}\right)$　　B. $\left(\bar{x}-2\dfrac{\sigma}{\sqrt{n}}, \bar{x}+2\dfrac{\sigma}{\sqrt{n}}\right)$
   C. $\left(\bar{x}-3\dfrac{\sigma}{\sqrt{n}}, \bar{x}+3\dfrac{\sigma}{\sqrt{n}}\right)$　　D. $\left(\bar{x}-4\dfrac{\sigma}{\sqrt{n}}, \bar{x}+4\dfrac{\sigma}{\sqrt{n}}\right)$

10. 以 95.45% 的置信水平推断总体参数的置信区间为（　　）。
    A. $\left(\bar{x}-\dfrac{\sigma}{\sqrt{n}}, \bar{x}+\dfrac{\sigma}{\sqrt{n}}\right)$　　B. $\left(\bar{x}-2\dfrac{\sigma}{\sqrt{n}}, \bar{x}+2\dfrac{\sigma}{\sqrt{n}}\right)$
    C. $\left(\bar{x}-3\dfrac{\sigma}{\sqrt{n}}, \bar{x}+3\dfrac{\sigma}{\sqrt{n}}\right)$　　D. $\left(\bar{x}-4\dfrac{\sigma}{\sqrt{n}}, \bar{x}+4\dfrac{\sigma}{\sqrt{n}}\right)$

11. 小样本情况下，总体服从正态分布，总体方差已知，总体均值在 $1-\sigma$ 置信水平下的置信区间为（　　）。
    A. $\left(\bar{x}-Z_{\alpha/2}\dfrac{\sigma}{\sqrt{n}}, \bar{x}+Z_{\alpha/2}\dfrac{\sigma}{\sqrt{n}}\right)$　　B. $\left(\bar{x}-2\dfrac{\sigma}{\sqrt{n}}, \bar{x}+2\dfrac{\sigma}{\sqrt{n}}\right)$
    C. $\left(\bar{x}-3\dfrac{\sigma}{\sqrt{n}}, \bar{x}+3\dfrac{\sigma}{\sqrt{n}}\right)$　　D. $\left(\bar{x}-4\dfrac{\sigma}{\sqrt{n}}, \bar{x}+4\dfrac{\sigma}{\sqrt{n}}\right)$

12. 小样本情况下，总体服从正态分布，总体方差未知，总体均值在 $1-\sigma$ 置信水平下的置信区间为（　　）。
    A. $\left(\bar{x}-t_{\alpha/2}\dfrac{S}{\sqrt{n}}, \bar{x}+t_{\alpha/2}\dfrac{S}{\sqrt{n}}\right)$　　B. $\left(\bar{x}-2\dfrac{\sigma}{\sqrt{n}}, \bar{x}+2\dfrac{\sigma}{\sqrt{n}}\right)$
    C. $\left(\bar{x}-3\dfrac{\sigma}{\sqrt{n}}, \bar{x}+3\dfrac{\sigma}{\sqrt{n}}\right)$　　D. $\left(\bar{x}-4\dfrac{\sigma}{\sqrt{n}}, \bar{x}+4\dfrac{\sigma}{\sqrt{n}}\right)$

13. 在其他条件不变的情况下，提高抽样推断的置信度，抽样误差范围会（　　）。
    A. 不变　　　　B. 变小　　　　C. 变大　　　　D. 不能确定

14. 根据随机抽样调查资料，某企业工人生产定额平均完成 103%，标准误差为 1%，置信度为 95.45% 时，可以推断该企业工人的生产定额平均完成百分比（　　）。

项目4
调查参数估计（选修与提高项目）

  A．小于 101%　　　　　　　　　　B．大于 105%
  C．在 102%～104%　　　　　　　D．在 101%～105%

二、多选题

1．在参数估计中统计量的标准误差可用于（　　）。
  A．衡量样本统计量与总体参数之间的差距
  B．衡量样本统计量的离散程度
  C．衡量样本统计量的集中程度
  D．衡量总体参数的离散程度
  E．衡量总体参数的集中程度

2．由样本统计量来估计总体参数的方法有（　　）。
  A．点估计　　　B．区间估计　　　C．假设检验
  D．近似估计　　E．抽样估计

3．评价估计量的标准为（　　）。
  A．一致性　　　B．无偏性　　　C．显著性
  D．有效性　　　E．综合性

4．样本均值是总体均值的（　　）。
  A．无偏估计量　　B．一致估计量　　C．有偏估计量
  D．无效估计　　　E．近似估计量

5．决定样本量大小的因素有（　　）。
  A．置信水平　　B．总体方差　　C．允许的估计误差
  D．总体均值　　E．总体比例

6．计算样本容量，如果总体比例的值未知，可以（　　）。
  A．用样本比例来代替
  B．取总体比例值为 0.5，使得 $\pi(1-\pi)$ 达到最大
  C．取总体比例值为 0.1，使得 $\pi(1-\pi)$ 达到最大
  D．取总体比例值为 0.2，使得 $\pi(1-\pi)$ 达到最小
  E．取总体比例值为 0.3，使得 $\pi(1-\pi)$ 达到最小

三、判断题

1．统计量是样本的函数。　　　　　　　　　　　　　　　　　　　　　（　　）
2．在抽样推断中，作为推断对象的总体和作为观察对象的样本都是确定的、唯一的。
　　　　　　　　　　　　　　　　　　　　　　　　　　　　　　　　（　　）
3．样本容量是指从一个总体中可能抽取的样本个数。　　　　　　　　　（　　）
4．在确定总体比例估计中的样本容量时，如果缺少比例的方差，常取比例值为 0.5。
　　　　　　　　　　　　　　　　　　　　　　　　　　　　　　　　（　　）
5．当 $np \geq 5$，并且 $n(1-p) \geq 5$ 时，就可以认为样本容量足够大，样本比例近似服从正态分布。　　　　　　　　　　　　　　　　　　　　　　　　　　　　　（　　）
6．样本量与置信水平成正比，与总体方差成反比，与允许的估计误差成正比。（　　）

四、计算题

1．对某大学的消费支出进行估计，已知该校的大学生消费支出的标准差为 300 元，现在

市场调查与预测

想要估计消费支出95%的置信区间,允许的估计误差不超过30元,则应抽取多大的样本量?

2. 某冷库对储藏一批禽蛋的变质率进行抽样调查,根据以前的资料,禽蛋储藏期变质率为5.3%、4.9%,现在允许误差不超过5%,推断的置信水平为95%,问至少要抽取多少禽蛋进行检查?

实训

实训1:样本容量的计算

【例7】某快餐店想在置信度为96%的条件下估计午餐时间每位顾客的平均支出,根据过去的经验,每个顾客平均支出的标准差约为5元,要抽取多少样本才能使其抽样极限误差不超过2元?

解:样本量 n 的大小为

$$n = \frac{Z_{\alpha/2}^2 \sigma^2}{\Delta^2}$$

已知 $\sigma=5$,$\Delta=2$,置信度=96%,根据计算样本容量的公式先求出 Z 的值,进而求出样本容量 n 的值。

利用 Excel 工具完成计算的步骤如下。

1. 打开"参数估计"工作簿,选择"样本容量"工作表。
2. 在单元格 B1 中输入极限误差 2,在单元格 B2 中输入置信度 0.96(或 96%),在单元格 B3 中输入显著水平"=1-B2"。
3. 在单元格 B5 中输入标准差 5,在单元格 B4 中需要输入与 B2 中置信度相对应的 Z 值。使用 NORNSINV 函数,可以把概率转换成 Z 值。
4. 在单元格 B4 中输入公式"=NORMSINV(1-B3/2)",计算与 B2 的置信度相应的 Z 值。显示对应于96%的置信度的 Z 值为2.05。
5. 在单元格 B5 中根据上面样本容量的计算公式,输入公式"=(B4^2*B5^2)/B1^2",计算样本容量,显示值为26.36。
6. 在单元格 B6 中输入"=CEILING(B5,1)",显示值为27。

【实训操作】某广告公司要估计某类商店去年平均每家付出多少广告费,已知总体方差约为180万元,如设定置信概率为95%,估计总体均值置信区间的上下限相差在500元以内(允许误差),要求确定应取多大样本。

实训2:总体比例区间估计

【例8】某食品厂准备上市一种新产品,并配合相应的广告宣传,企业想通过调查孩子们对其品牌的认知情况来评估广告的效用,以制订下一步的市场推广计划。他们在该地区随机抽取350个小孩作访问对象,进行儿童消费者行为与消费习惯调查,其中有一个问句是"你听说过这个牌子吗?"在350个孩子中,有112个小孩的回答是"听说过"。根据这个问句,可以分析这一消费群体对该品牌的认知情况。所以,食品厂市场部经理要求,根据这些样本,给定95%的置信度,估计该地区孩子认知该品牌的比例区间。

解:根据题目无法算出样本均值,但能够得出样本比例(成数)$p=112/350$,又知样本个数 $n=350$,置信度为95%,所以可以根据下面的公式求出置信区间。

项目 4
调查参数估计（选修与提高项目）

$$\left\{ p - Z_{\alpha/2}\sqrt{\frac{p(1-p)}{n}}, p + Z_{\alpha/2}\sqrt{\frac{p(1-p)}{n}} \right\}$$

Excel 的具体操作步骤如下。

1. 打开"参数估计"工作簿，选择"比例估计"工作表。
2. 在单元格 B2 中输入 n 值 350。
3. 在单元格 B3 中输入公式"＝112/350"，计算得出抽样比例 P 值为 0.32。
4. 在单元格 B4 中输入公式"＝SQRT（B3*（1-B3）/B2）"计算比例标准误差（平均误差）。其显示值为 0.024934。
5. 在单元格 E2 中输入置信度 0.95。
6. 选中单元格 E3，输入公式"＝NORMSINV（1-（1-E2）/2）"或"＝NORMSINV（E2＋（1-E2）/2）"，便可确定 Z 值，单元格 E3 中将显示 1.959964。
7. 在单元格 E4 中输入公式"＝E3*B4"计算极限误差，其结果显示为 0.04887。
8. 在单元格 E5 中输入公式"＝B3-E4"计算估计下限，在单元格 E6 中输入公式"＝B3＋E4"计算估计上限。结果分别显示为 0.27113 和 0.36887。

【实训操作】某企业在对职工流动原因的调研中，抽选已调离的职工 200 人进行访问，有 140 人回答是因为与管理人员不能融洽相处而离开企业的，要求以 95%的置信度估计全部调离职工中因与管理人员不能融洽相处而离开企业的比例。（新建表格）

预测篇

项目 5

定性预测法

学习目标

1. 了解定性预测法的概念、原则、内容和步骤；
2. 掌握类推预测法；
3. 掌握试验推算法；
4. 掌握市场因子推演法；
5. 掌握联测法；
6. 掌握领先落后指标法；
7. 掌握扩散指标法；
8. 了解合成指标法；
9. 掌握主观概率加权平均法；
10. 了解概率中位数法；
11. 熟练应用专家意见汇总预测法；
12. 熟练应用头脑风暴法；
13. 熟练应用德尔菲法。

项目 5
定性预测法

任务 5.1 市场预测

5.1.1 市场预测的概念

关于预测，可以从广义和狭义两个层面来理解。从广义层面理解，预测是根据已知事件的规律性，去预测和推到未知事件，它既包括对目前尚未发生事件的推测，也包括对现在已经发生但我们还未观察到的事件的推测。从狭义层面理解，预测只是指对目前尚未发生事件的推测，不包括对现在已经发生但我们还未观察到的事件的推测。在日常工作与生活中，人们通常从狭义层面予以理解，本书也从这一层面做出如下定义。

市场预测是在市场调查的基础上，了解市场过去与现状，通过分析研究，发现和掌握事物发展的规律，利用预测学的理论与知识，科学地预测和推断市场的未来。市场预测是一个从已知到未知再到已知的过程，即从已知的过去与现状探讨未知事物，再将未知变成已知的认知过程。预测以调查为前提，以信息为基础，以分析为手段，以预测理论为工具，以推理为过程，以掌握市场发展规律为目标，把不确定的未来加以确定。它是一门严谨的科学，不是猜测，更不是类似于算命、赌局中的判断。

5.1.2 市场预测的特征

1）科学性

市场预测有一套科学的理论和方法，如果正确使用可以使预测客观、误差小、可信度高，其预测结果对未来有很强的指导作用，所谓"料事如神"正是科学性在预测中运用的结果，其科学性表现在调查资料在运用、统计、分析、推理上有许多被证实了的好方法。预测与凭空想象、主观臆造、胡猜是格格不入的。

2）近似性

预测是通过掌握已知事实和规律，假定事物继续按照过去的发展历程走向未来，但影响事物发展变化的因素复杂多变，人们不可能完全掌握，事物未来的发展也不可能简单重复以前的发展，因此人们再怎么按照科学方法预测，也只能对事物达到相对认识，对未来只能近似掌握，误差在所难免，甚至得出错误的预测结论。

3）能动性

市场预测除了受客观因素和条件的重大影响外，也受到主观人为因素的深刻影响，即人的主观能动性对预测结果的影响很大。表现在两个方面：一是预测者个人的能力与素质，如果预测者的知识有限，经验不足，分析能力较低，可能使预测结果不值得信赖；二是预测者对预测对象背景资料的掌握程度，如果这种掌握是肤浅的，或者资料获取不当、不可信，必然影响到预测结果的准确性。总之，能动性的不足会造成预测结果的不可信。

4）挑战性

市场预测是对预测者的智慧、知识、能力的考验，是对预测者展望未来的检验，对预测者

市场调查与预测

的高瞻远瞩和长远眼光要求颇高，因此难度大，不定性高，风险大，失误高，对预测者的要求很高，预测过程与方法可变性强，错误的预测又会带来错误的决策，这一切造成了预测工作极富挑战性。

【营销视野】预测学

古代传统预测学是集阴阳、五行、周易、八卦、奇门遁甲等于一身的以推测已知或未知的事件为目的的一门学科。无知者认为其带有迷信色彩，其实万事万物皆有规律。现代预测学科学或称预测的科学研究无所不在的不确定性，旨在控制随机性以及减少无知的程度。预测学通过开发数学模型和程序，制定事物未来发展的可靠预测揭示过去发生事件的准确结果。人的命运预测的高层预测学就是六柱预测学。预测学为分析变异性提供了有效方法，因此，为将非现实的、确定的世界观转变为现实，随机的世界观铺平了道路，这一转变，特别是对于科学的所有分支，产生了巨大影响。

5.1.3 市场预测的作用

市场预测的作用可以从国家、宏观经济、社会和政府管理等宏观角度来说明，也可以从企业经营管理的微观角度来说明，考虑到在校大学生将来首先是企业营销实践者，所以本书只研究市场营销的微观作用。

1）市场预测承市场调查之上

市场调查是市场营销的起点，市场调查是为了掌握市场现状与行情，其目的是为下一步的市场预测服务。如果调查不为预测服务，调查便失去了意义，因为有了正确的调查结果，才能使预测有根基，使预测结果符合客观实际，并真实可信，对指导未来的营销起到应有的作用。市场预测是市场调查的延续，它使市场调查有存在的必要并具有生命力。调查服务预测，预测承接调查，调查和预测是辩证统一的关系。

2）市场预测启市场决策之下

经营决策是市场营销成败的关键，正确的决策如同选对了一条通向成功的康庄大道，错误的决策如同一条通向失败的黑路。正确的决策要靠预测来支持，即市场预测是为经营决策服务的，其理由有3个：第一，市场预测为经营决策提供未来的有关经济信息；第二，市场预测为经营决策提供决策目标和备选方案；第三，市场预测为经营决策方案实施提供参照系，以利于调整经营措施，确保决策目标的实现。总之，市场预测使经营决策不会成为空中楼阁，经营决策使市场预测有存在的价值，这种关系使市场预测与经营决策密不可分。

结合以上两点，一个完整的营销逻辑顺序是：市场调查—市场预测—经营决策，这是一个总体过程，每一项都依赖于其他项而存在，其中市场预测起到承上启下的连接作用。

3）市场预测有助于实现资源的有效配置

市场经济条件下，只能以市场为导向，才能使各种经济资源的配置效率最高、最合理，实现资源组合的良性循环，如果没有科学的资源市场预测，资源的配置就会盲目、随意，不能做到资源配置的高效，不能使市场机制有效运转。市场预测可以使企业通过市场调节信号，掌握供求信息，把握价格趋势，指导企业调整经营方向，制定相应营销策略，正确安排人、财、物等资源，充分、合理地运用经济资源。

4）市场预测能提高企业经营管理水平

成功的营销需要借助营销计划，科学的营销计划不仅离不开企业的历史和现状，还需要把握环境变化、供求趋势、消费趋势等各种外界客观因素，而这些因素的获得需要通过市场预测来完成，科学的市场预测能使营销指标量化、具体化、合理化、科学化，使营销计划先进、可行，便于执行，充分发挥计划的指导和控制作用，从而提高企业经营管理水平。

5）市场预测是实现企业效益最大化的重要手段

通过科学的市场预测，可以制定正确的营销决策，使企业行为符合市场需要，使企业按照经济规律办事，行为符合效率原则，从而使企业获得最大经济效益。

6）市场预测能满足客户的需要并提高企业的市场竞争力

客户对于交货期、服务、产品质量的要求越来越高，如果企业预测不准确，不能满足客户的要求，企业丢失的订单会越来越多。所以，要想满足客户的要求，要有准确的预测，从而搞好客户关系管理，稳定住一批忠诚客户，才能提高企业市场竞争力。

5.1.4 市场预测的原则

1）相关原则

事物之间有着千丝万缕的联系，该原则要求对事物的类别要首先了解，关注事物之间的关联性。当了解到已知的某个事物发生变化，利用事物之间的内在联系，再推知另一个事物的变化趋势。

2）惯性原则

任何事物发展都具有一定的惯性，即在一定时间、一定条件下保持原来的趋势和状态，旧事物往往保持自己的发展规律，沿着已有的运行趋势向将来变化，这种惯性定律给已知的过去带来了合理的预期，惯性原则是许多预测方法的理论基础。

3）类推原则

相似的事物往往有着相似的发展规律，该原则要求通过掌握某种事物的发展过程，推理出类似事物的未来趋势。这个原则也是建立在"分类"的思维高度上的，关注事物之间的关联性。

4）概率推断原则

我们不可能完全把握未来，但根据经验和历史，很多时候能大致预估一个事物发生的大致概率，根据这种可能性，采取对应措施。

5）模型原则

事物的发展变化有一定的特点、规律和模式，我们可以将其抽象为一个简化模型，此模型有一定的理想性，是在某些假定条件下成立的，人们按照模型原则进行定量分析，就可以推论出未来的动态趋势。

6）取样原则

事物发展变化可以通过样本表现出来，对样本进行预测往往可以达到总体预测效果。样本的抽取方法、代表性、容量大小对预测结果的影响很大。

7）节约原则

市场预测要消耗人力、物力和财力，预测要在保证预测结果准确的前提下，合理选择样本容量、预测模型、预测方法，以较低的耗费获取较好的预测结果，预测也要讲究经济效益，注重投入产出比。

8）修正原则

市场预测受各种主客观因素限制，误差在所难免，市场预测往往不是一次性能完成的，必须随着市场变化，及时对原预测结果进行补充和修正，减少误差，提高预测精度，从而达到对事物连续的、动态的、长期的认识。

5.1.5 市场预测的分类

依据不同的分类标准，可以对市场预测做出不同的分类结果。

1）依据预测范围划分

依据预测范围，市场预测可分为宏观市场预测、微观市场预测。

宏观市场预测是指对整个市场的预测分析，宏观预测研究总量指标、相对数指标以及平均数指标之间的联系与发展变化趋势，从总体上预测整个市场的未来情况，它注重大势所趋的结果，不一定很具体。

微观市场预测是指对一个生产部门、公司或企业的营销活动范围内的各种预测。它追求局部、具体、某一个侧面的预测，尽量做到详细。微观市场预测是企业制定正确的营销战略的前提条件。

2）依据预测时间划分

依据预测时间，市场预测分为近期预测、短期预测、中期预测和长期预测。

近期预测是指时间在1周～1个季度的预测。

短期预测是指时间在1个季度～1年的预测。它可以帮助企业适时调整营销策略，及时符合最新的营销状况，真正做到预测的与时俱进，实现企业经营管理的短期目标。

中期预测是指时间在1～5年的预测。它兼顾预测的现实性和长远性，连接短期预测和长期预测，为企业中期目标服务，帮助企业确定营销战略。

长期预测是指时间在5年以上的市场变化及其趋势的预测。为企业制定总体发展规划和重大营销决策提供科学依据，是意义最为重大的预测，所谓的"百年大计"往往由长期预测来支持，它决定了企业的长远未来。

3）依据预测对象划分

依据预测对象，市场预测分为单项产品预测、同类产品预测和产品总量预测。

单项产品预测是最基本的预测，是市场预测的基础。它按照产品的品牌、规格与型号进行预测。为企业编制季度计划、年度计划与安排生产进度提供科学依据。

同类产品预测按照产品类别进行预测。一般而言，按照同大类产品的具体标志性特征进行具体预测。它是单项产品预测的延伸，试图从种类上预测产品的未来。

产品总量预测是指对消费者需要的各种产品的总量进行预测。一般属于行业预测。它是同类产品预测的延伸，试图把握总体规模，从总体水平上认识事物。

4）依据预测的性质划分

依据预测的性质，市场预测分为定性预测和定量预测。

定性预测用来研究和探讨预测对象在未来市场所表现的性质。主要通过对历史资料的分析和对未来条件的研究，凭借预测者的主观经验、业务水平和逻辑推理能力，对未来市场的发展趋势做出推测与判断。

定量预测用来确定预测对象在未来市场的可能数量。以准确、全面、系统、及时的资料为

项目 5
定性预测法

依据，运用数学或其他分析手段，建立科学合理的数学模型，对市场发展趋势做出数量分析。

5.1.6 市场预测的内容

市场预测的内容包括 6 个主要方面：市场需求预测、市场供应预测、商品寿命周期预测、科学技术发展趋向预测、企业生产经营能力预测和企业财务及环境意外事件的预测。

1）市场需求预测

市场需求预测包括总市场潜量、地区市场潜量、实际销售额和市场份额三方面预测。

（1）总市场潜量预测。市场潜量是指在一定时期内，一定条件下，一个行业全部公司所能获得的最大销售量。其估计方法是：市场潜量=潜在的购买者数量×购买者的平均购买数量×每一单位的价格。

例如，每年 1 亿人买书，平均每人每年买 3 本，每本价格为 20 元，那么图书的总市场潜量为 $100000000 \times 3 \times 20 = 60$（亿元）。

（2）地区市场潜量预测。该预测是辨别在每一地区市场上的所有潜在购买者，并且对他们的潜在购买量进行估计，从而获知地区市场的预测结果。

（3）实际销售额和市场份额预测。除了估计总的潜量外，公司还需要知道发生在市场上的实际行业销售额。也就是说，它还必须辨认它的竞争对手并估计竞争者的销售额。

2）市场供应预测

市场供应是在一定时期内可以投放市场的商品资源。市场供应预测可以同市场需求预测结合起来，可以预见未来市场供求矛盾的变化趋势。

3）商品寿命周期预测

商品寿命周期是商品从实验成功进入市场至被淘汰退出的全部过程。此过程通常包括 4 个阶段：投入期、成长期、成熟期、衰退期。

4）科学技术发展趋向预测

科学技术发展趋向预测就是要预测：科学技术的未来发展及其对社会、生产、生活的影响，对企业生产经营活动的影响，尤其要预测材料、工艺、设备等有关的原料的科技发展水平、发展方向、发展速度和发展趋势。

5）企业生产经营能力预测

做好生产经营能力的组成预测，其中包括研究发展能力、营运能力和学生能力。具体的预测方式很多，可以通过企业与市场差别测定企业今后的经营发展能力，可以分析预测某些反映经营能力的指标，如以下两个指标：相对发展速度=本企业发展速度/本行业发展速度；相对销售增长率=本企业销售增长率/本行业销售增长率。

6）企业财务及环境意外事件的预测

企业财务及环境意外事件的预测包括对企业财务进行预测，对企业经营活动的收益和劳动成本进行预测。预测企业财务的主要指标有商品销售额、劳动生产率、资金占用及资金周转率、流通费用及流通费用率、利润及利润率、设备利用率等。经营环境是对企业经营影响最有力的因素，也是通常的预测内容。

【营销视野】预测科学的发展

1. 学科创立

Jakob Bernoulli（1654—1705）创立了预测学，目的在于减少人类生活的各个方面由于不确定性导致错误决策所产生的风险。预测学的理论部分致力于对无知和随机的后果进行数学化分析和描述，无知和随机的具体化就是变异性。预测学的实验部分运用模型，为决策者提供恰当决策的必要信息。

不确定性是几乎所有问题的根源，因此预测学将成为更有效的问题解决工具的关键。此外，预测学还为分析变异性提供了有效方法，因此，为将非现实的、确定的世界观转变为现实的、随机的世界观铺平了道路，这一转变，特别是对于科学的所有分支，将产生巨大影响。

2．学科发展

20世纪50年代以来，预测学渐渐地形成了一门独立的学科，国内外各部门、各行业不断应用各种预测理论和方法来进行社会预测、经济预测、科学预测、技术预测、军事预测等。同时，决策过程也逐步由经验型向决策分析技术型过渡发展。目前，预测决策理论和方法得到了广泛的应用，并已发展成为理论分析、方法技术与实际应用相结合的专门学科。

金融市场中也多是含有预测性的技术分析，一般的技术分析因为着重于买卖讯号，所以预测性较不明显，比较显著的如江恩理论、亚当理论、波浪理论等。

还有值得一提的就是翁文波老先生当年准确预测过几次涝旱、地震等天灾，其中用到的就是地球本身的对称性，可惜能看到翁先生详细资料的机会很少。

与人生命运有关的预测学，现在发展最前缘的是《人体生物节律学》，它具有验证过去、把握今天、预见未来的功能。

3．基础理论

预测学的基础理论是决定论与命运观，古今中外的命运观有儒家的天命观、道家的自然命定论、佛家的因果论、基督教的上帝决定论、伊斯兰教的前定说、古典物理学的机械决定论（即拉普拉斯决定论）、量子力学等现代科学的非决定论及中性理论、马克思主义哲学的历史决定论及大统一命运观——全定论、阴阳系统论等，还有揭示命运具体规律的人体生物节律学教材。

4．应用领域

近十几年来，预测决策理论和方法渐渐被引入到了工业安全领域，用以科学指导安全生产，并取得了一定成效。特别是目前随着现代数学方法和计算机技术的发展，在国际上安全评价分析及预测决策实施得到了广泛应用，如模糊故障树分析预测、模糊概率分析、模糊灰色预测决策等。利用计算机专家系统、决策支持系统、人工神经网络等现代数学方法和计算机技术，使安全分析评价预测决策实施开拓了一个更广阔的应用前程，这些技术方法在英国、美国、德国、意大利等国的核工业、化工、环境等领域得到了广泛应用。以安全分析、隐患评价、事故预测决策为主体的安全评价工作作为一种产业在国际上已经出现。

5.1.7 市场预测的步骤

一个典型的、比较完整的市场预测步骤通常包括如下6个：确定目标、收集资料、分析判断、确定模型、分析误差和撰写报告。

1）确定市场预测目标

确定市场预测目标就是确定市场预测需要解决的问题，确定进行市场预测的主题。确定市场预测目标的内容包括确定市场预测的目的、确定市场预测的主题、确定市场预测的对象、确定市场预测的要求、确定市场预测的服务对象。确定市场预测目标需要解决的问题如表5-1所示。

项目 5
定性预测法

表 5-1 确定市场预测目标的内容及要解决的问题

内　　容	要解决的问题
市场预测的目的	为什么要进行市场预测
市场预测的主题	市场预测要解决什么问题
市场预测的对象	对什么市场问题进行预测
市场预测的要求	怎么样进行市场预测
市场预测的服务对象	为谁提供市场预测信息

2）收集市场预测资料

收集市场预测资料就是收集开展市场预测所需要的各种市场信息资料。收集市场预测资料包括收集历史资料和收集现实资料。

（1）收集历史资料。历史资料是指预测期以前各观察期的各种有关的市场信息资料，历史资料反映市场或影响市场的各种重要因素，它体现这些因素的历史状况和发展变化规律。收集和运用历史资料，能保证市场预测的客观性，历史资料是对市场未来状况和发展变化趋势做出预测的基本条件。

（2）收集现实资料。现实资料是指预测当期或预测期内市场及各种影响因素的市场信息资料，现实资料反映了市场因素的最近表现，所以对市场预测的未来结果的影响力更直接、更具体。

3）市场预测分析判断

市场预测分析判断是指对收集的各种预测资料的综合分析，并判断市场发展变化的趋势和规律。分析市场预测资料，并对未来市场发展变化的趋势进行估计判断，是开展市场预测的关键性步骤。

4）确定市场预测模型

市场预测模型就是用数学方程式来描述市场预测对象发展变化趋势和规律的模型。在建立市场预测模型的同时，还需要选择适当的预测方法。预测模型与预测方法结合起来，形成市场预测的定量预测公式，利用预测公式能完成预测值的测算。

5）分析市场预测误差

市场预测误差是指市场预测结果与实际结果的差异。市场预测误差在数量上表现为预测值与实际值的差异。分析市场预测误差，是根据市场诸因素的变化，分析预测误差产生的具体原因，对超过预测要求的预测误差加以修正，必要时，甚至调整预测方法和重新确定预测模型。

6）撰写市场预测报告

市场预测报告是指依据市场预测结果写出的书面报告。市场预测报告的内容应包括 3 个方面：一是市场预测的结果与预测误差；二是提供不同的市场营销方案，并说明各方案的依据和利弊得失，供决策者进行比较和选择，以便选择最优的市场营销方案；三是对市场预测工作进行总结，总结出预测的经验，找出预测工作的不足，为今后的市场预测提供参考。

【案例】宝洁公司的需求预测

宝洁公司利用提供 2000 罐免费赠品给参观华盛顿首府的人，以测试它新推出的含"欧勒斯"成分的品客薯片。另外该公司也在整个华盛顿特区的杂货店进行广泛的口味测试。在一些报告开始指出"欧勒斯"对于有肠胃疾病的人可能具有危险性之后，宝洁公司便扩大它的研究，并针对大约 3000 名民众进行了测试，结果显示只有一小部分人有肠胃不适的现象。这让该公司觉得对于一个花了 25 年时间和 2 亿美元发展出来的产品来说，只能算是小成本。

任务 5.2 类推预测法

5.2.1 类推预测法概述

1）类推预测法的含义

类推预测法是利用相似原理，把预测目标与其他相似的市场问题加以对比、分析，推断其未来发展趋势的一种定性预测方法。

许多特性相近的客观事物，其变化有相似之处。类推预测正是利用了预测对象与其他已知事物的发展变化在时间上存在先后关系，在表现形式上存在相似性的特点，将已知事物的发展过程类推到预测对象身上。

类推预测法的特点：通过寻找并分析类似事物的相似规律，根据已知的某类似事物的变化特征，推测具有相似特性的预测对象的未来状态。

2）类推预测法的分类

（1）国际类推预测法，是指将所要预测的商品或经济指标与国外某些国家的同类商品或经济指标的发展过程和趋势进行类比，找出某些共同的类似的变化规律，借以类推预测目标的变化趋向。

（2）地区类推预测法，是指将同类商品或同类事物在国内同其他地区进行类比，找出某些共同的类似的变化规律或发展变化差异，借以推断本地区预测目标的发展趋向和前景。

（3）品类类推预测法，是指以国内市场上同类或类似产品的发展过程、发展趋势或经济寿命周期，推断某种商品的发展趋向和经济寿命周期。

（4）产品升级换代类推预测法，是指利用产品更新换代的规律，类推预测产品更新换代的时间，探索新产品的发展趋向，预测市场需求变化前景。

3）类推法的方式

类推法包括随机类推和形式类推两种方式。

随机类推来源于直观，处于感性认识阶段，只能看作进行类推的一个起点，而不是科学的方法。

形式类推是指当发现了两个事件有某些相似之处时，就尽力探求其他的相似性。在预测工作中因此大多采用形式类推。为了解决某一个领域中的问题，需要发明或发现某个东西，于是就去寻找一个类似事件，进行形式类推。其方法是：预测人员在某些领域中不断收集到新的信息或发生某种变化的信号，并发现了新的原则或结构，然后用形式类推法考虑它对其他领域发展的影响。

【调研视野】类推法的应用方面

（1）技术方面。若受技术环境的影响，则可从技术方面进行类推。

（2）经济方面。经济类推从理论上说，要从某一先导事件推测另一事件，包括现有的经济理论对该事件在经济方面的了解程度及认识水平等。在实际预测时，一般包括投资、市场、成本等各种经济发展趋势。

（3）管理方面。这包括管理的现实与理论，如管理人员的数量及水平、管理的过程等。

（4）政治方面。政治类推与国家政体、制度、法律有关，也与党派、群众团体、个人有关。

（5）社会方面。与社会组织形式、社会人口、地理分布、国民收入、家庭有关，也与社会传统和风俗有关。

（6）文化方面。文化类推与社会的价值观念、文化观念有关，也和表现这些观念的方式有关。

（7）生态方面。如果地球上的植物群和动物群对预测对象和被类推对象能够产生影响，那么可以进行生物类推。考虑的环境因素越周到，用类推法预测的结果期越准确。例如，对航天技术进行预测，被选择的光导技术是铁路技术，采用形式类推法。实践证明，这是一次成功的预测。

5.2.2 类推预测法的应用举例

【例1】甲、乙两地空调机的普及率如表5-2所示，试根据甲地空调机的普及率状况，用类推预测法来预测乙地的空调机未来的普及情况。

表5-2 甲、乙两地空调机的普及率

项 目	2007年	2017年	年增长率/%
甲地空调机的普及率/（台/百户）	32.9	81.6	9.5
乙地空调普及率/（台/百户）	23.3	61.5	10.2
甲地居民年人均消费水平/元	9720	10548	8.5
乙地居民年人均消费水平/元	6638	7210	8.7

解：由表5-2可知，甲地空调机的普及率2017年已达到81.6台/百户，已进入经济寿命周期的成熟期；而乙地空调机的普及率2017年只达到61.6台/百户，处在经济寿命周期的成长期。可推断乙地空调机的普及率再过4～5年即可达到甲地2017年的水平，而进入经济寿命周期的成熟期。乙地达到甲地的普及率现有水平所需的时间（n）为

$$n = \frac{81.6 - 61.5}{61.5 - 23.3} = 5.3 (年)$$

或者

$$n = \frac{\log \frac{10548}{7210}}{\log \frac{7210}{6638}} = 4.6 (年)$$

在实际的类推预测中，常常使用转导法。转导法也称连续比率法，是以间接调查所得的某项经济指标预测值为基础，依据该指标与预测目标间相关比率的资料，转导推出预测值的一种类推预测方法。

转导法的预测模型为

$$\hat{Y} = N(1+k)\eta_1 \eta_2 \cdots \eta_n$$

式中，$\hat{Y}$——预测目标下期的预测值；

N——本期某参考经济指标的观察值；

市场调查与预测

K——参考经济指标下期增、减的比率；

η_i——预测目标与参考经济指标间客观存在的相关经济联系的比率系数。

【例2】某服装商店经营各类服装，根据当地政府公布的资料得知当地市场2016年商品零售总额及其下年度增长速度分别为85亿元和8%。又通过调查得知当地服装市场占地区零售总额的比例为10%，该商店经营的服装在当地服装市场中的市场占有率为15%，该商店的儿童服装占该商店服装销售额的比例为20%。试预测该服装商店的儿童服装2017年在当地市场的销售额。

解：将收集的资料代入转导预测模型，便可计算出2017年该商店在当地市场上儿童服装的销售额预测值。即：

$$\hat{Y} = [850000 \times (1+8\%)] \times 0.10 \times 0.15 \times 0.2 = 2754.8 \text{（万元）}$$

类推预测法的适用范围：一般适合做中长期预测，适用于新市场的需求预测、潜在购买力和需求量预测、新商品长期的销售变化规律预测等。

【例3】假设某企业建立的连锁店A在过去6年中的市场销售额如表5-3所示，目前该企业将新建连锁店B，采用类推预测法，分析连锁店B的市场销售发展趋势和销售额。

表5-3　连锁店A的销售额资料

年份	2011	2012	2013	2014	2015	2016
销售额/百万元	2.4	3.40	3.74	4.56	6.43	11.77
环比指数	1.00	1.04	1.10	1.21	1.39	1.80

解：根据销售额数据，可以求出环比指数，可见连锁店A在开业后其销售额呈逐年增长的趋势，其增长幅度分为3个阶段：前两年，增长幅度为4%~6%，第三年增长幅度为10%，最后3年增长速度成倍变化。因此，连锁店A的销售额的变化规律为：前两年为企业生命周期的诞生期的前段，2008—2009年属于诞生期后段，从2009年起，开始进入成长期。

根据企业和市场研究资料，连锁店B与连锁店A的经营业务基本相同，其他配货送货方式也基本相同，只是连锁店B建立在较繁华的区域，估计连锁店B在2011年的销售量可能是连锁店A在2004年销售额的2.1倍。根据连锁店A的发展规律将可类比预测连锁店B的销售情况。

2011年连锁店B的销售额预测值为

$$2.4 \times 2.1 = 5.04 \text{（百万元）}$$

2012年连锁店B的销售额预测值为

$$5.04 \times 1.04 = 5.24 \text{（百万元）}$$

2013年连锁店B的销售额预测值为

$$5.24 \times 1.1 = 5.76 \text{（百万元）}$$

任务5.3　调研预测法

调研预测法是指采用适当的调查方式和方法收集预测对象的相关信息，运用经验和主观分析判断进行预测的定性预测方法。

调研预测法主要包括试验推算法、市场因子推演法、联测法、集合意见推算预测法。

5.3.1 试验推算法

新产品正式推向市场以前,往往要进行小范围的局部市场试销,即开展所谓的市场实验,一来可以检验新产品开发的市场成果,二来可以预测新产品未来的销售量。试验是指将试销商品放到某一特定的地区或消费对象市场上去进行销售实验。通过试销,了解顾客对试销商品的购买态度;了解消费者对产品花色、外观、质量的意见;测定产品的适销价格等。然后,依据销售实验数据进行销售预测。

【调研视野】市场测试预测法

市场测试是指在比较小的范围内,展示和促销一个品牌。根据市场测试结果,可以合理预测市场前景。一般来说,新品牌总是在具有"领头羊"地位的市场上进行测试(即一般是指某些可代表广大消费者的主要城市或城镇)。显然,如果该品牌在这些市场中的销路很好,它们就可以在全国范围内投放市场或公开亮相。但是,如果产品的缺陷很快被发现,该品牌就需要加以改进,甚至有时也许不得不放弃。存在于市场测试本身的风险是竞争者可能跟踪新产品窃取信息。记住,这些公司"间谍"可能从你的努力中获取宝贵的信息。

【例4】 某企业试制一种新型洗浴液,选择某城市一典型区域试销该产品。结果表明该区域中有40%的家庭试用过该产品,且其中28%的家庭重复购买。试销区每年每一家庭消费这种新型洗浴液的量为1.5千克。根据试销结果,试确定该城市这一种新型洗浴液全年销售量的预测值。

解:依据题意,可以建立整个城市的年销售量预测值预测模型:

$$Y = QND$$

式中,Y——年销售量预测值;

Q——每单位用户(家庭)一年内的平均消费量;

N——整个市场的总用户(家庭);

D——用户的重复购买率。

其中,$Q=1.5$千克,$N=200000$个,$D=40\% \times 28\% = 11.2\%$,将这些数据带入以上模型计算,得出该城市这一种新型洗浴液全年销售量的预测值为

$$Y = 1.5 \times 200000 \times 11.2\% = 33600 \text{(千克)}$$

5.3.2 市场因子推演法

商品购买量的大小往往由许多市场因子来共同决定,市场因子是指市场中能引起对某种商品需要的相关因子。只要知道了影响某种商品购买量的市场因子的数值,就可以推算出该种商品的购买量。市场因子推演法是通过找出并确定某种商品的各种市场因子的大小,来推算某类商品的市场潜量,即推算某类产品的最大市场总需要量的一种预测方法。

该方法的运用程序如下。

第一,依据经验和科学推理,确定市场因子。例如,人口结构变化和人口增长率是日用品需要量的市场因子;婴儿出生率是婴儿用品需要的市场因子等。

第二，确定每一种市场因子的数值。

第三，分析市场因子与预测变量的关系，建立推演预测模型。

第四，将确定的每一种市场因子的数值代入预测模型，推算出预测值。

【例 5】某家电公司通过调查得知，当地市场中每 100 对新婚夫妇需要购买的成套家电为 40 套。根据调查历年当地市场结婚对数的资料推测下一年度的结婚对数为 8000 对。试预测下年度当地新婚家庭家电的市场购买潜量。

解：依据题意，新婚家庭家电的年市场潜量的市场因子推演模型为

$$Y = QN$$

式中，Y——预测期商品的市场潜量；

Q——单位市场因子购买商品数量；

N——预测期相关的市场因子总数。

本题中，$Q = 40 \div 100 = 0.4$（套/对），$N = 8000$（对），将这些数值代入以上预测模型，得出下一年度当地新婚家庭家电的年市场购买潜量为

$$Y = 0.4 \times 8000 = 3200 \text{（套）}$$

5.3.3 联测法

联测法是指以某一个企业的普查资料或某一个地区的抽样调查资料为基础，进行分析、判断、联测，以确定某一行业乃至整个市场的预测量。

联测法的步骤如下。

（1）了解以往的资料数据。

（2）对某一局部城市或单位进行调查，测算市场需求率：市场需求率 $d = $（需求意向数/户数）$\times 100\%$。

（3）根据市场需求率，测算其他单位的销售率：销售率 $C_i = $ 实际销售量/户数 $\times 100\%$。

再测算出其他单位的市场需求率：

$$D_j = C_j * D_1 / C_1$$

（4）测算全部的市场需求量：全部市场需求量 = 市场需求率 $\times$ 总户数。

【例 6】假设某空调器企业准备开拓 4 个城市市场（X_1、X_2、X_3、X_4），4 个城市的销售情况如表 5-4 所示。因为 4 个城市的居民收入水平、气候温度、供电状况都大致相当，所以可用某一城市市场需求抽样调查资料，分析判断后，联测其他 3 个城市的市场需求量，选择 X_1 城市进行抽样调查，X_1 市场明年每 100 户对空调器的需求量为 8 台，试预测此 4 个城市的市场需求量。

表 5-4 4 个城市的销售情况

市　　场	X_1	X_2	X_3	X_4
实际销售量/台	2000	1600	2400	1200
居民家庭数/万户	5	4.5	6.2	3.2
销售率/台/户	0.04	0.036	0.039	0.038

解：（1）通过间接调查了解 4 个市场往年空调器销售量及城市居民户数的资料，得到销售率指标反映各城市的销售水平（销售率 = 实际销售量 ÷ 居民家庭数），如表 5-4 所示。

(2) 选择 X_1 城市进行抽样调查，得到如下资料：X_1 市场明年每 100 户对空调器的需求量为 8 台，即需求率为 0.08。

(3) 根据 X_1 市场需求率测算其他 3 个城市明年的需求率。

各地市场销售率的差异可以近似地反映各市场之间需求水平的差异。这样，两城市销售率之比近似等于两城市需求率之比。假设 4 个城市的销售率和实际需求率分别为 C_i 和 D_i，则可以建立联测公式：$D_i = C_i \cdot D_1/C_1$，求出：

$D_1 = 0.04 \times 0.08/0.04 = 0.08$

$D_2 = 0.036 \times 0.08/0.04 = 0.072$

$D_3 = 0.039 \times 0.08/0.04 = 0.078$

$D_4 = 0.038 \times 0.08/0.04 = 0.076$

(4) 根据各城市需求率和居民户数推算各城市市场需求量。

X_1 需求量 $= 0.08 \times 50000 = 4000$（台）

X_2 需求量 $= 0.072 \times 45000 = 3240$（台）

X_3 需求量 $= 0.078 \times 62000 = 4836$（台）

X_4 需求量 $= 0.076 \times 32000 = 2432$（台）

【调研视野】市场累加法

所谓市场累加法，是指先识别某一地区市场的所有潜在顾客并估计每个潜在顾客的购买量，然后计算得出该地区的市场需求。当企业掌握所有潜在顾客的名单以及每个人可能购买产品的估计量时，则可直接应用市场累加法。

例如，一家机床公司想判断马来西亚木工车床的地区市场潜量。首先要确定马来西亚市场上所有的木工车床的潜在购买者，他们主要是在其生产过程中需要加工木料的制造商，以家具和室内设施业的制造商为主。该机床公司利用马来西亚按行业分类的普查数据收集全马来西亚的制造商名单，然后根据各行业中每百万美元销售额所需车床的数量，判断各行业可能购买的车床数量。

另外，在对马来西亚市场的分析中，机床公司还需要掌握市场饱和度、竞争者数量、市场增长率及现在设备的平均寿命等资料，以便对市场需求潜量做出正确的判断。

5.3.4 集合意见推算预测法

企业的厂长经理在企业中是企业的负责人或部门的负责人，主要进行经营管理工作，对企业或部门的整体工作比较熟悉，也熟悉相应的市场状况。销售人员奋战在市场第一线，与顾客、产品和市场紧密联系，对市场情况也相当熟悉。所以，对他们进行调查，以他们的意见作为预测参考，有极大的价值，准确性也较高，这就产生了集合意见推算预测法。集合意见推算预测法包括厂长（经理）评判意见法和销售人员估计法。

1) 厂长（经理）评判意见法

（1）厂长（经理）评判意见法的概念。

厂长（经理）评判意见是指预测主持人把与市场有关或者熟悉市场情况的各种负责人和中层管理部门的负责人召集起来，让他们对未来的市场发展形势或某一种大市场问题发

市场调查与预测

表意见，做出判断，然后将各种意见汇总起来，进行分析研究和综合处理，最后得出市场预测结果。

（2）注意事项。

①应选择厂长（经理）或有关部门的主管人员参与预测。

②要求厂长（经理）或主管人员熟悉市场、有较强的预测分析能力。

③应定期将市场形势和企业经营情况提供给厂长（经理）。

④对定性描述的预测结果，应进行综合分析和论证，以消除某些主观因素的影响。

⑤对定量描述的预测结果，一般可采用简单或加权平均求综合预测值。

（3）厂长（经理）评判意见法的优点。

①迅速、及时和经济。

②集中了各个方面有经验人员的意见，使预测结果比较准确可靠。

③不需要大量的统计资料，适用于对那些不可控因素较多的产品进行销售预测。

④如果市场发生了变化可以立即进行修正。

（4）厂长（经理）评判意见法的缺点。

①预测结果容易受主观因素影响。

②对市场变化、顾客的愿望等问题了解不细，因此预测结果一般化。

【例 7】某笔记本电脑公司的经理召集主管销售、财务、计划和生产等部门的负责人，对下一年度某种型号笔记本电脑的销售前景做出了估计。几个部门负责人的初步判断如表 5-5 所示。请估计下一年度的销售额。

表 5-5　几个部门负责人的初步判断

部　　门	各种销售量估计	销售量/台	概　　率	期望值/台（销售量×概率）
销售部门	最高销售量	18600	0.1	1860
	最可能的销售量	11160	0.7	7812
	最低销售量	9920	0.2	1984
	总期望值		1	11656
计划财务部门	最高销售量	12400	0.1	1240
	最可能的销售量	11160	0.8	8928
	最低销售量	9300	0.1	930
	总期望值		1	11098
计划和生产部门	最高销售量	12400	0.3	3720
	最可能的销售量	10540	0.6	6324
	最低销售量	7440	0.1	744
	总期望值		1	10788

解法一：绝对平均法。

下一年度某种型号笔记本电脑的销售量预测值为

$$\frac{11656+11098+10788}{3} \approx 11181（台）$$

解法二：加权平均法。

根据各部门负责人对市场情况的熟悉程度以及他们在以往的预测判断中的准确程度，分别给予不同部门负责人不同的评定等级，在综合处理时，采用不同的加权系数。例如，假定销售部门负责人的加权系数为 2，其他两个部门负责人的加权系数为 1，从而下一年度笔记本电脑

项目 5
定性预测法

的销售预测值为

$$\frac{11656\times2+11098\times1+10788\times1}{2+1+1}\approx11300(台)$$

2) 销售人员估计法

（1）销售人员估计法的概念。

销售人员估计法是指企业直接将销售经验丰富的人员组织起来，先由预测组织者向他们介绍预测目标、内容、预测期的市场经济形势等情况，要求他们利用平时掌握的信息结合提供的情况，对市场商品销售前景提出预测意见和结果，最后综合得出最终的预测结论。

（2）注意事项。

①应选择经验丰富的有预测分析能力的人参与预测。

②应要求预测参与者经常收集市场信息，积累预测资料。

③预测组织者应定期将市场总形势和企业的经营情况提供给预测参与者。

④预测组织工作应经常化，并对预测成绩显著者给予表彰，以调动他们的积极性。

⑤对销售人员的估测结果，应进行审核、评估和综合。其综合预测值的计算，可采用简单或加权算术平均法。

（3）销售人员估计法的优点。

①不需要经过复杂计算，预测速度较快，节省费用。

②销售人员一直在销售的最前线工作，十分熟悉市场，对顾客的情况非常了解，因此他们的预测结果比较可靠准确。

（4）销售人员估计法的缺点。

销售人员估计法受主观因素影响大，容易受个人偏见干扰。如果某一位销售人员对销售形势乐观，他们预测的销售量就会偏高；相反，如果另一位销售人员对销售形势持悲观态度，他的预测销量就会偏低。有的销售人员担心把数值高估了，将来难以完成任务，使奖金化为泡影，因此故意不把那些可能争取到的销售额估计进来，如此造成预测值不准确。

【例8】某啤酒厂为了搞好明年的市场啤酒供应，召集了8名销售人员，并事先向各销售人员提供了历年的啤酒社会消费量、居民消费水平，本企业的历年啤酒销售量、市场占有率及其资源情况，然后要求他们分别对本企业的销售量做出预测，预测结果如表5-6所示。在3种销售量中，最可能的销售量的准确性最高，权数定为0.5，而最低与最高销售量的准确性较低，权数分别为0.2和0.3。假设对所有的销售人员的意见都同等对待。试预测明年的啤酒消费量是多少。

表5-6 某啤酒厂啤酒销售预测综合表　　　　　　　　　　　单位：吨

销 售 人 员	最低销售量	最可能的销售量	最高销售量	平均销售量
A	8500	9500	11000	9800
B	8200	9200	11500	9700
C	8400	9500	11200	9800
D	8300	9400	12000	10000
E	8600	9000	11500	9700
F	8200	9500	10500	9500
G	8400	9600	11800	10000
H	8300	9500	11500	9900
综合预测值	8400	9400	1140	9800

市场调查与预测

解：销售人员 A 的预测平均销售量 $= \dfrac{8500 \times 0.2 + 9500 \times 0.5 + 11000 \times 0.3}{0.2 + 0.5 + 0.3} = 9800$（吨）

同理可算出其他销售人员的预测平均销售量，则：

综合预测值 $\dfrac{9800 + 9700 + 9800 + 10000 + 9700 + 9500 + 10000 + 9900}{8} = 9800$（吨）

在预测实施过程中，要求每一位预测者精确地给出一个预测值往往是相当困难的，而如果仅仅要求其给出一个预测值的范围则相对容易一些。这一情况实际上反映了人类思维的一种模糊属性。这时如果采用模糊集论的方法加以处理是适当的。上面给出的数值范围实际上是给出了一个区间数。

【例9】某公司的销售科长和两位科员对新产品在某地的销售额进行预测，得到表 5-7 的数据，试求预测值。

表 5-7　预测数据表　　　　　　　　　　　　　　　单位：万元

预　测　人	最高销售量	最可能的销售量	最低销售量	权　重
科长	(4500, 4520)	(4340, 4360)	(3900, 4100)	0.5
科员甲	(5700, 6730)	(5400, 5500)	(4700, 4800)	0.25
科员乙	(5670, 5700)	(5390, 5410)	(5290, 5310)	0.25
概率	0.3	0.4	0.3	

解：从每个预测区间的下限来预测，预测值为

$Y = (0.3 \times 4500 + 0.4 \times 4340 + 0.3 \times 3900) \times 0.5 + (0.3 \times 5700 + 0.4 \times 5400 + 0.3 \times 4700) \times 0.25 + (0.3 \times 5670 + 0.4 \times 5390 + 0.3 \times 5290) \times 0.25 = 4809$（万元）

从每个预测区间的上限来预测，预测值为

$Y = (0.3 \times 4520 + 0.4 \times 4360 + 0.3 \times 4100) \times 0.5 + (0.3 \times 6730 + 0.4 \times 5500 + 0.3 \times 4800) \times 0.25 + (0.3 \times 5700 + 0.4 \times 5410 + 0.3 \times 5310) \times 0.25 = 4946$（万元）

综合预测区间为 (4809, 4946) 万元。

任务 5.4　指标与概率预测法

5.4.1　指标预测法

企业生存风险预警系统是指为了防止企业丧失偿付能力而危及企业的生存所建立的预测警报系统。该预警系统事先发现导致企业财务危机的迹象或征兆，警示企业决策者，提醒其采取防范与调整措施，使企业转危为安。相关指标可以起到预警的作用，企业风险警报系统要依赖指标预测法。

指标预测法是根据经济发展中各种经济指标的变化，来分析判断市场未来发展变化趋势的方法。指标预测法就是在研究分析历史经济形势波动的主要原因和特点的基础上，设计经济指标体系（或给出预警界限），监控了解市场行情变化，据此指导宏观管理与微观管理决策。

指标预测法一般可分为领先落后指标法、扩散指数法和合成指数法。

项目 5
定性预测法

1）领先落后指标法

领先落后指标法是根据经济发展有关指标的变化同市场变化之间在时间上的先后顺序，来分析、判断、预测市场发展前景的一种预测方法。通常按照经济发展指标同市场变化的时间先后顺序，经济发展指标大致分为以下三类。

（1）先期指标，也称先行指标，是指其循环转折变化出现的时间稳定地领先于经济景气循环相应转折变化的经济指标。

（2）同步指标，也称一致指标，是指其循环转折变化在出现时间上与经济景气循环转折变化几乎同时出现（误差不超过两个月）的经济指标。

（3）落后指标，也称迟行指标，是指其循环转折变动在出现的时间上稳定地落后于经济景气循环变动相应转折点（约 3 个月以上，半个周期以内）的经济指标。

选择哪些指标作为预警分析的指标体系，预示市场行情波动，可由理论分析和经验观测两种方式确定：通常对历史资料的分析，可以寻找并发现各种指标对经济周期反映在时间上的先期、同步或落后于经济周期转折点而发生变动的重复性和规则性，根据相关关系来预测未来的经济变动。

领先落后指标法的具体预测步骤如下。

（1）根据预测对象找出先期指标。

（2）画出先期指标、同步指标和落后指标的时间序列图形。

（3）进行预测 $\pi = t_2 - t_1$。

【例 10】某市第 1～4 年的基建投资额与建材工业产值资料如表 5-8 所示。

试预测第 5 年的建材工业产值。

表 5-8　某市基建投资额与建材工业产值资料　　　　　单位：亿元

年序号	1	2	3	4
基建投资额（x_t）	20	15	30	25
建材工业产值（y_t）	10	15	10	20

从图 5-1 看出：当上一年基建投资额上升时，下一年建材工业产值就上升；当上一年基建投资额下降时，下一年建材工业产值就下降。其时间先后顺序都是一年。因此，可以将基建投资额作为建材工业产值的先期指标，将建材工业产值作为基建投资额的落后指标。

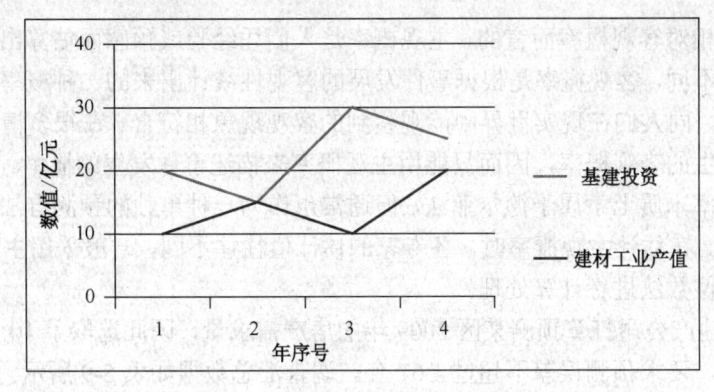

图 5-1　基建投资与建材工业产值

2）扩散指数法

扩散指数法（DI）是根据一批领先经济指标的升降变化，计算出上升指标的扩散指数，以扩散指数为依据来判断市场未来的景气情况，是经济变化和市场行情运行的晴雨表，它比任何单一指标都更具有可靠性和权威性。

用扩散指数法进行预测时，要预先选择能反映整个市场景气情况的领先发生变化的重要经济指标（设为 C 个），并在对各个经济指标循环波动进行测定的基础上，确定在某一时点上呈现上升趋势的指标（"＋"号指标）的个数（设为 A 个），然后由下列扩散指数的计算公式，算出该时点的扩散指数：

$$DI = (A/C) \times 100$$

据国外的经验，当 DI>50，达到 60 以上时，表示市场处于上升状态，即市场未来会出现景气情况。当 DI＝50 时，便认为市场已经到达转折点，即市场未来的发展由上升而下降，或由下降而转上升。当 DI<50 时，达到 40 或以下时，表示市场处于下降状态，即市场未来会出现不景气情况。

【例11】某城市研制了一套经济监测系统，经济指标总数为 200 个，上个月应用此系统得出扩散指数为 55。本月监测发现，这些指标中有 120 个呈现上升趋势。根据扩散指数计算公式，即可得本月的扩散指数为

$$DI = (A/C) \times 100 = (120/200) \times 100 = 60$$

由此说明，该市场经济上升指标大于下降指标数，市场处于上升状态，处于景气空间的前期，下期市场仍将上升。

3）合成指数法

合成指数法（CI）是既能分析经济形势或市场行情变化的转折点，又能在某种意义上反映经济形势或市场行情波动振幅的一种关于市场景气情况的预测方法。

例如，"中经"合成指数（CI），就是主要用来反映景气变动的方向和幅度，并对经济景气局面进行判断和测度的一类指标。对企业进行市场预测来说，"中经"指数是一些非常有价值的宏观经济状况指标。通过观察研究这些指数，可把握国家经济和全国市场的变化方向，这对企业具体项目的预测是非常有参考价值的，而且对企业的市场运营也有很重要的提示作用。

5.4.2 概率预测法

主观概率是相对客观概率而言的，主观概率是人们凭经验或预感而估算出来的概率。主观概率与客观概率不同，客观概率是根据事件发展的客观性统计出来的一种概率，它是随机事件的一种客观属性，同人们在现实世界中能观察到的客观现象相符合。在很多情况下，人们没有办法计算事情发生的客观概率，因而只能用主观概率来描述事件发生的概率。

估计主观概率本质上隶属于德尔菲法，但通常也作为一种单独的预测方法使用，并命名为主观概率预测法。在估计主观概率时，各专家的估计值往往不同，一般采用主观概率加权平均法和累计概率中位数法进行计算处理。

【例12】某地产公司打算预测某区 2009 年的房产需求量，因此选取了 10 位调查人员进行主观概率法预测，要求预测误差不超过±67 套。调查汇总数据如表 5-9 所示。

解：综合考虑每一个调查人的预测，在每个累计概率上取平均值，得到在此累计概率下的预测需求量。由表 5-9 可以得出，该地产公司对 2009 年的需求量预测最低可到 2083 套，小于

项目 5
定性预测法

这个数值的可能性只有 1%。

该公司 2009 年的房产最高需求可到 2349 套,大于这个数值的可能性只有 1%。可以用 2213 套作为 2009 年该集团公司对该区房产需求量的预测值。这是最大值与最小值之间的中间值。其累计概率为 50%,是需求量期望值的估计数。

取预测误差为 67 套,则预测区间为(2213-67)~(2213+67),即商品销售额的预测值为 2146~2280 套。

当预测需求量为 2146~2280 套,在第 3~8 栏的范围之内,其发生概率相当于 0.875-0.250＝0.625,也就是说,需求量为 2146~2280 套之间的可能性为 62.5%。

表 5-9 调查汇总数据

被调查人编号	累 计 概 率								
	0.010(1)	0.125(2)	0.250(3)	0.375(4)	0.500(5)	0.625(6)	0.750(7)	0.875(8)	0.990(9)
	房产需求量/套								
1	2111	2144	2156	2200	2222	2244	2267	2278	2311
2	1978	2100	2133	2156	2200	2222	2267	2278	2500
3	2044	2100	2133	2144	2244	2267	2289	2311	2444
4	2156	2167	2178	2189	2200	2211	2222	2233	2244
5	2200	2211	2222	2244	2278	2311	2333	2356	2400
6	1867	1989	2000	2044	2111	2133	2156	2178	2200
7	2156	2200	2222	2289	2311	2356	2400	2433	2489
8	2000	2056	2067	2100	2133	2167	2200	2222	2278
9	2089	2100	2111	2122	2133	2144	2156	2167	2178
10	2222	2244	2244	2278	2300	2322	2356	2367	2444
平均数	2082.3	2131.1	2146.6	2176.6	2213.2	2237.7	264.6	2282.3	2348.8

1)主观概率加权平均法

主观概率加权平均法是以主观概率为权数,对专家各种预测意见进行加权平均以作为专家集体预测结果的方法。上、下四分位数表示专家们预测结果的分散程度。

主观概率加权平均法的基本过程如下。

(1)确定各种可能情况的主观概率。

(2)主观概率加权平均,计算综合预测值。

(3)根据以往预测误差或实际情景,修正预测结果。

【例 13】某德尔菲法的征询表中,要求各专家预测某项新技术应用开发成功的可能性。参加预测的共有 10 位专家,对开发成功的主观概率估计如下:3 人的估计为 0.7,2 人的估计为 0.8,4 人的估计为 0.6,1 人的估计为 0.2。则主观概率的加权平均值为

$(3×0.7+2×0.8+4×0.6+1×0.2)/10=0.63$

上、下四分位数可相应求得。

如果根据以往的经验,人们在新技术、新产品开发中通常采取保守的态度,实际成功的概率约高于预测值 2%。因此,我们将预测值增加 2% 进行修正,则经修正的该新技术开发成功的可能性为 $0.63×(1+2\%)=0.6426$。

2)累计概率中位数法

累计概率中位数法是根据累计概率,确定不同意见的预测中位数,对预测值进行点估计的

区间估计方法。

累计概率中位数法的基本过程如下。

（1）对未来各种结果的概率与累计概率进行主观估计，建立概率分布函数。

（2）根据概率分布函数进行预测。通常将累计概率分布的中位数确定为预测值的点估计值。

【例14】某企业过去12个月的产品销售量如表5-10所示，请采用主观概率法对下个月的产品销售量进行预测。

表5-10　某企业过去12个月的产品销售量统计表　　　　　　单位：万件

月　份	1	2	3	4	5	6	7	8	9	10	11	12
销售量	50	52	55	58	57	61	63	66	70	75	78	80

解：（1）提供背景资料给相关专家。

（2）编制主观概率调查表。调查表中列出不同状态（销售额）可能实现的多个层次的概率，如0.010，0.125，…，0.99等，由调查人员填写各种状态下的预测值。

表5-11中第一列累计概率为0.010的商品销售量是可能的最小值，表示商品销售额小于该数值的可能性仅为1%；而最后一列累计概率为0.990的商品销售量是可能的最大数值，表示商品销售量小于该数值的可能性为99%，以此类推。

表5-11　主观概率调查表

被调查人姓名：　　　　编号：

累计概率	0.010	0.125	0.250	0.375	0.500	0.625	0.750	0.875	0.990
销售量									

（3）汇总整理。本例共调查了6个人，对其填写的调查表进行整理汇总，并计算各栏的平均数，主观概率汇总表如表5-12所示。

表5-12　销售量主观概率汇总表

被调查人员编号	累计概率								
	0.010	0.125	0.250	0.375	0.500	0.625	0.750	0.875	0.990
1	83	85	86	88	90	93	95	96	97
2	81	84	86	89	91	93	95	97	99
3	80	81	83	85	87	90	91	94	96
4	82	85	87	90	92	94	95	97	98
5	85	88	91	95	97	98	100	102	104
6	80	84	88	91	93	95	96	98	99
平均值	81.83	84.50	86.83	89.67	91.67	93.83	95.33	97.33	98.83

（4）做出预测。由表5-12可知，该公司下个月销售量只有1%的可能性小于81.83万件，也只有1%的可能性大于98.83万件，而大于和小于91.67万件的可能性各为50%，91.67万件可作为下个月销售量期望值的点估计值。

任务 5.5 专家预测法

5.5.1 专家预测法的含义、特点过程及优点

1）专家预测的含义

专家预测法是以专家为索取信息的对象，依靠专家的经验、智慧来进行评估预测的一种方法。这里所谓的专家，不仅在预测对象方面，而且在相关学科方面都应具备相当的学术水平，并应具备一种在大量感性的经验资料中看到事物"本质"的能力，亦能从大量随机现象中，抓住不变的规律，对未来做出判断。

2）专家预测法的特点

（1）有效组织专家，对专家进行管理，调动专家的积极性。

（2）依靠专家群体的集体智慧，充分发挥专家的集体效应。专家预测法不是依靠一个或少数几个专家，而是依靠许多专家；依靠本领域和相关领域的专家来参加预测。这样可以消除个别专家的局限性和片面性，降低预测偏差，提高预测结果的可靠性。

（3）整合各专家的意见，定性分析与定量分析相结合，对各位专家打的分数予以综合，得出最终结论。

3）专家预测法的过程

组织与预测对象相关领域的专家，运用他们专业方面的渊博知识和丰富的实践经验，根据预测对象的外界环境（自然环境和社会环境），通过直观归纳，对预测对象的过去和现在状况、变化发展的过程，进行综合分析和研究，找出预测对象运动、变化、发展的规律，从而对预测对象的未来状况及其发展趋势做出判断和评估。

4. 专家预测法的优点专家预测法能充分利用专家的经验、判断力、想象力，其节约时间，节约费用，适用面广，评估准确度高。该方法在整个预测法系统中占有重要的地位，特别是在战略性预测中更富有成效。在缺乏足够统计数据和原始资料的情况下，可以通过专家们的共同努力，得到较为真实的信息，对预测对象做出充分全面的估计。在企业战略预测中，常常用到此方法。

【例15】B建筑公司承建位于某市的商住楼的主体结构工程（框剪结构）的施工（以下简称H工程），建筑面积为10000平方米，20层，工期2015年1月～2016年2月。公司在施工之前将进行H工程的成本预测工作。试采用专家预测法预测成本。

解：该公司召开由本公司的9位专业人员参加的预测会议，预测H工程的成本。各位专家的意见分别为485、500、512、475、480、495、493、510、506（单位：元/米^2）。由于结果相差较大，经反复讨论，意见集中在480（3人）、495（4人）、510（2人），采用上述的方法确定预测成本（y）为$y=$（480×3+495×4+510×2）/9＝493.3（元/米^2）。

5.5.2 专家意见汇总预测法

1) 组成专家预测小组并对预测对象进行定性分析

预测组织者根据预测目的，拟定若干相关领域专家，组成专家预测小组，向他们提出预测的目的和要求，并向他们提供有关资料。专家们根据预测要求及掌握的资料，凭个人经验、学识、判断能力，提出各自的预测方案。组织者应事先做好对预测项目的分析，预测任务的下达要全面及时。同时，每个预测专家既要做出预测结果，又要说明给出结果的理由，预测专家小组成员之间应相互切磋，充分讨论，使预测专家重新调整其预测结果。

2) 定性分析定量化，形成预测结果

第一，预测组织者将各位专家的预测结果进行定量化，并进行方案期望值计算。方案期望值等于各种可能自然状态的主观概率与状态值乘积之和。第二，将参与预测的有关人员进行分类并计算出各类综合期望值。综合方法一般应用加权平均统计法或算术平均法。第三，预测组织者参照当时预测项目的发展趋势考虑对综合期望值是否需要调整，或进一步向有关人员反馈信息，经酝酿讨论，确定更趋合理的预测结果。

【例16】某企业为确定明年洗衣粉的销售预测值，要求经理和管理部门（计划科、生产科、业务科）以及商品部的销售员做出年度销售预测，3位经理、不同管理部门和5名销售员经各自的分析判断做出预测。假设各自的预测值分别如表5-13～表5-15所示。由于经理、管理部门、销售人员都可以看成本预测领域的专家，所以请运用专家意见汇总法进行预测值定量综合预测。

表5-13　3位经理的预测值

经理	销售额状态	估计值/万元	概率	期望值/万元	权数
甲	最高销售额	160	0.3	138	0.5
	最可能的销售额	140	0.5		
	最低销售额	100	0.2		
乙	最高销售额	170	0.3	150	0.33
	最可能的销售额	150	0.5		
	最低销售额	120	0.2		
丙	最高销售额	150	0.3	130	0.17
	最可能的销售额	130	0.5		
	最低销售额	100	0.2		

表5-14　3个管理部门的预测值

科室	销售额状态	估计值/万元	概率	期望值/万元	权数
计划科	最高销售额	160	0.3	147	0.5
	最可能的销售额	150	0.5		
	最低销售额	120	0.2		
生产科	最高销售额	150	0.3	125	0.25
	最可能的销售额	120	0.5		
	最低销售额	100	0.2		
业务科	最高销售额	140	0.3	122	0.25
	最可能的销售额	120	0.5		
	最低销售额	100	0.2		

项目 5
定性预测法

表 5-15 5 名销售员的预测值

销售员	销售额状态	估计值/万元	概率	期望值/万元	权数
甲	最高销售额	100	0.3	82	0.2
	最可能的销售额	80	0.5		
	最低销售额	60	0.2		
乙	最高销售额	100	0.3	84	0.2
	最可能的销售额	80	0.5		
	最低销售额	70	0.2		
丙	最高销售额	110	0.3	92	0.2
	最可能的销售额	90	0.5		
	最低销售额	70	0.2		
丁	最高销售额	120	0.3	100	0.2
	最可能的销售额	100	0.5		
	最低销售额	70	0.2		
戊	最高销售额	100	0.3	89	0.2
	最可能的销售额	90	0.5		
	最低销售额	70	0.2		

解：(1) 先求每一个经理、每一个部门、每一名销售员的预测期望值，如甲经理的期望预测值为

甲经理的期望预测值 $=160\times0.3+140\times0.5+100\times0.2=138$（万元）

同理，其他每一人员和部门的期望预测值求法同上，计算结果如表 5-13～表 5-15 所示。

(2) 对上面各类人员的预测方案进行综合。这种综合可以考虑同类人员中各人的经验丰富程度和预测准确性与重要程度，对其预测方案期望值给予不同权数，采用加权平均数进行综合。综合预测值的计算式为

$$\hat{y}_j = \sum_{i=1}^n y_i w_i \qquad 0 \leqslant w_i \leqslant 1, \sum_{i=1}^n w_i = 1$$

其中，y_j 为 j 类人员的综合预测值，在本例中，$j=1$，2，3 分别代表经理类、管理类和销售员类；y_i 为 j 类人员中第 i 位的方案期望值；w_i 为 j 类人员中第 i 位方案期望值的比例或权数；n 为 j 类人员含有人数的总量。

假设经理、管理单位和销售员的各类预测方案期望值的权数如表 5-13～表 5-15 所示，则各类人员的综合预测值分别为

$\hat{y}_1 = 138\times0.5+150\times0.33+130\times0.17=140.67$（万元）
$\hat{y}_2 = 147\times0.5+125\times0.25+122\times0.25=135.25$（万元）
$\hat{y}_3 = 82\times0.2+84\times0.2+92\times0.2+100\times0.2+89\times0.2=89.4$（万元）

(3) 对三类综合预测值加以综合。

在综合三方面的预测值时，应根据其重要程度的不同，给予不同权数。一般来说，经理能统观全局，能体现领导部门的要求，能反映经营管理的现状，因而应给予较大的权数；而业务人员承担的责任有限，就给予较小的权数；管理单位从事经营管理活动，也较能反映客观实际，因此其权数应高于业务人员的方案。假设经理方案的权数为 3，管理单位方案的权数为 2，业务人员方案的权数为 1，则企业的预测值为

$$\frac{140.67\times 3+135.25\times 2+89.4\times 1}{3+2+1}=130.32（万元）$$

（4）对综合预测值进行调整。

这个综合预测值是经过对三类人员所做预测值进行加权平均后得到的，平均值也不一定能真实反映客观现实，要对其进行适当调整。可以用一个经验系数去修正原预测结果，做法是统计历年的预测值与实际销售额的差距，并计算这一差距的百分比，把它作为调整系数，用来修订预测值。也可以互相交换意见，互相启发，互相补充，克服个人主观判断的局限性，由预测组织者确定最终的预测值。

5.5.3　头脑风暴法

1）头脑风暴法的含义

头脑风暴法就是邀请有关方面的专家，通过开会的形式，由主持人对专家进行访谈，请他们对预测课题发表各自的观点和看法，在会上进行信息交流和互相启发，促使他们产生思维共振，以达到相互补充的效果，并在专家们分析判断的基础上，综合其意见，作为预测的依据。

2）头脑风暴法的操作程序

（1）开会前的预测准备。确定所要预测的主题；选择参加会议的专家；将会议的时间、地点、所要预测的主题、可供参考的资料等事宜提前通知与会人员，请大家做好充分准备。

（2）明确问题。组织者简明扼要地提出所要预测的主题，提出预测目标和要求，宣布规则。

（3）讨论问题。各位专家针对所要预测的主题进行发言并讨论，组织者对发言进行记录。

（4）重新表述问题。

（5）再次进行畅谈。畅谈是头脑风暴法的创意阶段。

（6）结果处理。在会议结束后的一两天内，组织者应向与会者了解会后的新想法和新思路，以补充会议记录。然后将大家的想法整理成若干方案，再根据一般标准，如可识别性、创新性、可实施性等标准进行筛选。

（7）提出预测报告。预测报告应介绍预测的组织情况、资料整理情况、预测的结论及政策建议等。

3）头脑风暴法应遵循的原则

（1）严格限制问题的范围，明确具体要求，以便集中注意力。

（2）认真对待和研究专家提出的任何一种设想，而不管这种设想是否适当和可行，不能对别人的意见提出怀疑。

（3）参加者的发言要精练，不要详细论述、冗长发言。

（4）不允许参加者宣读事先准备的发言稿，提倡即席发言。

（5）鼓励参加者对已提出的设想进行补充、改进和综合。鼓励参加者解除思想顾虑，创造自由的气氛，激发参加者的积极性。

4）参加者选取的原则

（1）如果参加者相互认识，要从同一职位（职务或级别）的人员中选取，领导人员不宜参加，否则可能对参加者造成某种压力。

（2）如果参加者互不认识，可从不同职位的人员中选取，禁止宣布参加者的职位，不论成员的职称或级别的高低，都应同等对待。

（3）参加者的专业应尽可能与所论及的问题一致。也可包括一些学识渊博，对所论及问题

项目 5
定性预测法

有较深理解的其他领域的专家。

（4）选择专家不仅要看他的经验、知识能力，还要看他是否善于表达自己的意见。思维活跃的专家，可以防止会议气氛沉闷，使整个创造设想起强烈连锁反应。

（5）参加会议的专家数目要适当。人数太多容易使会场混乱，意见发表不充分，人数太少又起不到集思广益的作用，一般人数为 10～15 人。专家预测小组应由如下人员组成：方法论学家——预测学家；设想产生者——专业领域的专家；分析者——专业领域的高级专家；演绎者——对所论问题具有充分推断能力的专家。

5）参加者的注意事项

（1）讨论的问题不宜太小，不得附加各种约束条件。

（2）倡导提新奇设想，越新奇越好。

（3）提出的设想越多越好。

（4）鼓励结合他人的设想提出新的设想。

（5）不允许私下交谈，不得宣读事先准备的发言稿。

（6）不允许批评或指责别人的设想。

（7）不允许对提出的创造性设想做判断性结论。

（8）不得以集体或权威意见的方式妨碍他人提出设想。

（9）提出的设想不分好坏，一律记录下来。

会议结束后，要对会议产生的设想按如下程序系统化：①就所有提出的设想编制名称一览表；②用专业术语说明每一设想；③找出重复和互为补充的设想，并在此基础上形成综合设想；④分组编制设想一览表；⑤将所产生的设想分析整理，分别进行严格的审查和评议，从中筛选出有价值的提案

6）组织者应遵循的原则

（1）推迟判断原则。不要过早地下断言、做结论，避免束缚他人的想象力，熄灭创造性思维的火花，不允许对别人提的设想和意见提出怀疑和批评，不允许抓别人发言中的"辫子"。不准对别人的意见评头论足，不允许对自己的发言做自我评判。禁止一切形式的评判。禁止否定性的评判，禁止肯定性的颂扬。

（2）数量保证质量的原则。在有限的时间里提出的设想数量越多越好，鼓励参加者提出尽可能多的设想。这是因为只有一定的数量，才能保证一定的质量。

国外的调查统计结果表明，一个在同一时间内能比别人多提出两倍设想的人，最后产生的有实用价值的设想可以比别人高出 10 倍。因此，要激发与会专家尽可能多地提出自己的设想。同时，应注意并不是参加者的人数越多，提出的建议或设想就越多，因为往往参加者太多，反倒使更多人失去了参与的激情，达不到预期的效果。

头脑风暴法的应用1

有一年，美国北方格外寒冷，大雪纷飞，电线上积满冰雪，大跨度的电线经常被积雪压断，严重影响通信。过去，许多人试图解决这一问题，但都未能如愿。后来，电信公司的经理应用奥斯本发明的头脑风暴法，尝试解决这一难题。他召开了一种能让头脑卷起风暴的座谈会，参加会议的是不同专业的技术人员，要求他们必须遵守以下原则。

第一，自由思考。即要求与会者尽可能解放思想，无拘无束地思考问题并畅所欲言，不必顾忌自己的想法或说法是否"离经叛道"或"荒唐可笑"。

第二，延迟判断。即要求与会者在会上不要对他人的设想品头论足，不要发表"这个主意好极了""这种想法太离谱了"之类的"棒杀句"或"扼杀句"。至于对设想的评判，留在会后组织专人考虑。

第三，以求质量。既鼓励与会者尽可能多而广地提出设想，以大量的设想来保证质量较高的设想存在。

第四，结合改善。即鼓励与会者积极进行智力互补，在增加自己提出设想的同时，注意思考如何把两个或更多的设想结合成一个更完善的设想。

按照这种会议规则，大家七嘴八舌地议论开来。有人提出设计一种专用的电线清雪机，有人想到用电热来化解冰雪，也有人建议用震荡技术来清除积雪，还有人提出能否带上几把大扫把，乘直升机去扫电线上的积雪。对于这种"坐飞机扫雪"的设想，大家尽管觉得滑稽可笑，但在会上也无人提出批评。相反，有一位工程师在百思不得其解时，听到用飞机扫雪的想法后，大脑突然受到冲击，一种简单可行且高效率的清扫方法冒了出来。

他想，每当大雪过后，出动直升机沿着积雪严重的电线飞行，依靠高速旋转的螺旋桨即可将电线上的积雪扇落。他马上提出"用直升机扇雪"的新设想，顿时又引起其他与会者的联想，有关用直升机除雪的主意一下子又多了七八条。不到一个小时，与会的10名技术人员共提出90多条新设想。

会后，公司组织专家对设想进行分类论证，专家们认为设计专用的清雪机、采用电热或电池震荡等方法清理电线上的积雪，在技术上虽然可行，但研制费用大，周期长，一时难以见效。那种因"坐直升机扫雪"激发的几种设想，倒是一种大胆的新方案，如果可行，将是一种既简单又高效的好办法。经过现场试验，发现用直升机扇雪真能奏效，一个久悬未决的难题，终于在头脑风暴中得到了巧妙的解决。

7) 头脑风暴法的优缺点

（1）优点：一是便于交流思想和信息，培养感情，增进相互的信任和了解；二是互相启发，讨论彻底深入，分析问题更全面透彻，易于获得正确（准确）的预测结论；三是时间短。

（2）缺点：一是会议易于受权威的操纵；二是受心理因素的影响，不同的意见有时不便于当面提出，面子原因影响讨论；三是当有人夸夸其谈时，浪费时间；四是受表达能力的影响，有的人不善于在大庭广众面前发表自己的真知灼见，不善言谈；五是可能大家没有合适的时间。

【案例】头脑风暴法的应用2

盖莫里公司是法国一家拥有300人的中小型私人企业，这一企业生产的电器有许多厂家和它竞争市场。该企业的销售负责人参加了一个关于发挥员工创造力的会议后大受启发，开始在自己公司谋划成立一个创造小组。在冲破了来自公司内部的层层阻挠后，他把整个小组（约10人）安排到了农村议价小旅馆里，在以后的3天中，每人都采取了一些措施，以避免外部的电话或其他干扰。

第一天全部用来训练，通过各种训练，组内人员开始相互认识，他们相互之间的关系逐渐融洽，开始还有人感到惊讶，但很快他们都进入了角色。第二天，他们开始创造力训练技能，开始涉及智力激励法以及其他方法。他们要解决的问题有两个，在解决了第一个问题——发明一种拥有其他产品没有的新功能电器后，他们开始解决第二个问题——为此新产品命名。

在第一、第二个问题的解决过程中，都用到了智力激励法，但在为新产品命名这一问题的解决过程中，经过两个多小时的热烈讨论后，共为它取了300多名字，主管则暂时将这些名字保存起来。第三天一开始，主管便让大家根据记忆，默写出昨天大家提出的名字。在300多个名字中，大家记住20多个。然后主管又在这20多个名字中筛选出了3个大家认为比较可行的名字。再将这些名字征求顾客的意见，最终确定了一个。

结果，新产品一上市，便因为其新颖的功能和朗朗上口、让人回味的名字，受到了顾客热烈的欢迎，迅速占领了大部分市场，在竞争中击败了对手。

任务 5.6 德尔菲预测法

5.6.1 德尔菲预测法的含义和特点

1）德尔菲预测法的含义

德尔菲法是一种采用通信方式分别将所需解决的问题单独发送到各个专家手中，征询意见，然后回收汇总全部专家的意见，并整理出综合意见，随后将该综合意见和预测问题再分别反馈给专家，再次征询意见，各专家依据综合意见修改自己原有的意见，再汇总，这样多次反复，逐步取得比较一致的预测结果的决策方法。

2）德尔菲预测法的特点

德尔菲预测法具有三大特点，即匿名性、反馈性、统计性。

（1）匿名性。从事预测的专家不知道其他参加人是谁，大家在匿名的情况下预测、交流。它克服了专家会议调查法易受权威、气氛、心理互相影响的缺点。专家们不受任何干扰地独立发表自己的意见，有充分的时间思考和进行调查研究。匿名性保证了专家意见的充分性和可靠性。

（2）反馈性。由于仅做一轮调查，专家意见往往比较分散，不易做出结论，组织者要对每一轮咨询的结果进行整理、分析、综合，把每一轮咨询的汇总情况和其他专家的意见在下一轮咨询中反馈给每个专家，以便专家们修改自己的意见。

（3）统计性。在进行信息分析与预测研究时，对研究课题的评价或预测由一批有关的专家给出，并对各位专家的回答进行统计学处理。所以，该方法带有统计学的特征，往往以概率的形式出现，它反映了专家意见的集中程度和离散程度。

【调研视野】德尔菲法的历史

德尔菲法是在20世纪40年代由赫尔姆和达尔克首创，经过戈尔登和兰德公司进一步发展而成的。

德尔菲这一名称起源于古希腊有关太阳神阿波罗的神话。传说中阿波罗具有预见未来的能力，德尔菲是古希腊的一个地方，相传太阳神阿波罗在德尔菲杀死了一条巨蟒，成了德尔菲的主人。在德尔菲有座阿波罗神殿，这是一个预卜未来的神谕之地，于是人们就借用此名，作为这种方法的名字。

1946年，兰德公司为避免集体讨论存在的屈从于权威或盲目服从多数的缺陷，首次用这种方法用来进行定性预测，采用匿名发表意见的方式，即专家之间不得互相讨论，不发生横向联系，只能与调查人员发生关系，通过多轮次调查专家对问卷所提问题的看法，经过反复征询、归纳、修正，最后汇总成专家基本一致的看法，作为预测的结果。20世纪中期，当美国政府执意发动朝鲜战争的时候，兰德公司又提交了一份预测报告，预告这场战争必败。政府完全没有采纳，结果一败涂地，从此以后该方法被迅速广泛地采用。

德尔菲法最初产生于科技领域，后来逐渐被应用于任何领域的预测，如军事预测、人口预测、医疗保健预测、经营和需求预测、教育预测等。此外，还用来进行评价、决策、管理沟通和规划工作。

5.6.2 德尔菲预测法的程序

德尔菲法一般包括4轮的征询调查，每轮间包含反馈过程。
1) 第一轮
（1）组织者发给专家针对预测问题的开放式的调查表，请专家根据预测主题，运用自己的知识、经验各自独立开展预测，填写表格。
（2）组织者汇总整理专家调查表，归并同类事件，排除次要事件，用准确术语提出一个预测事件一览表，并作为第二步的调查表发给专家。
2) 第二轮
（1）请专家对根据第一轮总结的预测事件一览表，参考其他专家的意见，重新给出预测结果，并说明如此预测的理由。
（2）组织者统计处理调查表中的专家意见，统计出专家总体意见的概率分布。
3) 第三轮
（1）将第二轮的统计结果连同据此修订了的调查表（包括概率分布或事件发生的中位数和上、下四分位点）再发给专家，请专家充分陈述理由（尤其是在上、下四分位点外的专家，应重述自己的理由）并再次做出预测。
（2）组织者回收专家们的调查表，与第二轮类似地汇总整理、统计分析与预测，形成第四张调查表。
4) 第四轮
（1）将第三轮的统计结果连同据此修订了的第四张调查表再发给专家，专家再次评价和权衡，做出新的预测，并在必要时做出详细、充分的论证。
（2）组织者依然要将回收的调查表进行汇总整理、统计分析与预测，并寻找出收敛程度较高的专家意见。

上述4轮调查不是简单的重复，而是一种螺旋上升的过程，每循环和反馈一次，专家都吸收了新的信息，并对预测对象有了更深刻、更全面的认识，预测结果的精确性也逐轮提高。至于要进行多少轮咨询，要看问题的难易程度，根据过程进展的程度来决定。

5.6.3 德尔菲预测法的优缺点

1) 德尔菲法的优点
（1）各专家能够在不受干扰的情况下，独立、充分地发表自己的意见。

（2）预测值是根据各位专家的意见综合而成的，能够发挥集体的智慧，能充分发挥各位专家的作用，集思广益，准确性高。

（3）能避免专家会议法的以下缺点。例如，权威人士的意见影响他人的意见，碍于情面不愿意发表与别人不同的意见，自尊心作祟不愿意修改自己不合理的意见等。

（4）应用面比较广，费用比较省。

2）德尔菲法的缺点

（1）根据各专家的主观判断，缺乏客观标准。有的专家对表格的填写未经过深入的调查和思考，从而影响到评价结果的准确性。调查表的内容强求一致也不合理。

（2）过程比较复杂，花费的时间较长。

5.6.4 德尔菲预测法的实施注意事项

（1）专家应该是对预测问题比较熟悉的专业人士。例如，第一线的管理人员、企业高层管理人员、外请专家。假如要估计未来企业对劳动力的需求，可以挑选人事、计划、市场、生产及销售部门的经理作为专家。

（2）为专家提供充分的信息，使其有足够的根据做出判断。

（3）所提问的问题应是专家能够回答的问题。

（4）允许专家粗略地估计数字，不要求精确。但可以要求专家说明预计数字的准确程度。

（5）尽可能将过程简化，不问与预测无关的问题。

（6）保证所有专家能够从同一角度去理解员工分类和其他有关定义。

（7）向专家讲明预测对企业和下属单位的意义，以争取他们对德尔菲法的支持。

【调研视野】派生德尔菲法

在预测实践中，传统的德尔菲法预测往往会被预测人改良，从而出现了派生德尔菲法，常见的派生处有以下几个。

1．列出预测事件一览表

预测小组可根据已掌握的资料，拟定一份预测事件一览表，在第一轮提供给专家，从对事件一览表的评价开始预测工作。专家们可以对一览表进行补充和提出修改意见，以使预测工作更加有效。

2．向专家提供背景资料

参加预测的成员一般是某一科技领域的专家，但他们可能对背景情况的了解较少。因此，有必要提供背景资料及发展趋势的预测，作为第一轮的信息提供给专家。

3．加权法

由于专家的权威程度与预测精度呈一定的正相关关系，因此要考虑专家对预测事件的权威程度，在统计处理预测结果时，使用权系数进行加权处理，权威程度高的权系数大。

4．减少应答轮数

不一定要花费很多轮次，因为这样要花费较多的时间和精力。往往通过两轮意见已比较满意，3轮已较为精确。可以根据预测事情的具体情况以及预测时专家意见协调的程度适当地减少应答轮数。如果第一轮提出预测事件一览表，采用两轮也已足够。

5．部分取消匿名性

有时候，部分取消匿名性也能保持发挥个人独立预测的优点，也可缩短预测时间。方法是：第一，匿名询问；第二，公布第一轮预测结果并进行口头辩论；第三，再进行匿名询问。

6．部分取消反馈

部分取消反馈是只向专家反馈前一轮预测值的上、下四分位点，不提供中位数。这样做有助于防止有些专家只是简单地向中位数靠近，有意回避提出新的预测意见的倾向。

5.6.5 德尔菲预测法的应用举例

【例17】某公司研制出一种新兴产品，现在市场上还没有相似产品出现，因此没有历史数据可以获得。公司需要对可能的销售量做出预测，以决定产量。于是，该公司成立了专家小组，并聘请了业务经理、市场专家和销售人员等8位专家，预测全年可能的销售量。8位专家提出个人判断，经过3次反馈得到结果，如表5-16所示。

表5-16 专家判断的结果　　　　　　　　　　　　　　　　　单位：千件

专家编号	第一次判断			第二次判断			第三次判断		
	最低销售量	最可能的销售量	最高销售量	最低销售量	最可能的销售量	最高销售量	最低销售量	最可能的销售量	最高销售量
1	500	750	900	600	750	900	550	750	900
2	200	450	600	300	500	650	400	500	650
3	400	600	800	500	700	800	500	700	800
4	750	900	1500	600	750	1500	500	600	1250
5	100	200	350	220	400	500	300	500	600
6	300	500	750	300	500	750	300	600	750
7	250	300	400	250	400	500	400	500	600
8	260	300	500	350	400	600	370	410	610
平均数	345	500	725	390	550	775	415	570	770

解：平均值预测：在预测时，最后一次判断是综合前几次的反馈做出的，因此，在预测时一般以最后一次判断为主。如果按照8位专家第三次判断的平均值计算，则预测这个新产品的平均销售量为

$$\frac{415+570+770}{3} 585（千件）$$

加权平均预测：将最可能的销售量、最低销售量和最高销售量分别按 0.50、0.20 和 0.30 的概率加权平均，则预测平均销售量为

570×0.50＋415×0.20＋770×0.30＝599（千件）

中位数预测：可将第三次判断按预测值高低排列如下。

最低销售量：300　370　400　500　550

最可能的销售量：410　500　600　700　750

最高销售量：600　610　650　750　800　900　1250

中间项的计算公式为 $\frac{n+1}{2}$ （n＝项数）

项目 5
定性预测法

最低销售量的中位数为第三项，即 400。
最可能的销售量的中位数为第三项，即 600。
最高销售量的中位数为第四项，即 750。
600×0.5+400×0.2+750×0.3=695（千件）
区间估计值：
上、下四分位的计算：

$$x_{上}=x_{中}+\frac{1}{2}(x_n-x_{中})$$

$$x_{下}=x_{中}-\frac{1}{2}(x_{中}-x_1)$$

最低销售量：（400-50，400+75）
300　370　400　500　550
最可能的销售量：（600-95，600+75）
410　500　600　700　750
最高销售量：（750-75，750+250）
600　610　650　750　800　900　1250
计算加权平均值：(350×0.2+505×0.5+675×0.3，475×0.2+675×0.5+1000×0.3)＝(546，732.5)

【例 18】某公司研制出一种新式儿童玩具，这种玩具，本公司可以自行产销，也可以卖专利。如果自行产销，需增加一些设备，这样需固定成本 3 万元，为了扩大销路，加强广告宣传，这样又需要广告费 1 万元；原材料、加工费等每件玩具需可变成本 5 元，准备将销售价格为 8 元。根据以往的经验可以断定，在此价格和广告措施下，销售量将在 1 万~7 万件。如卖专利，可得 7 万元的收入，为了做出自行产销还是卖专利的决策，需要预测该玩具的销售量。

解：若采用德尔菲法预测，则选择本厂技术人员、管理人员、推销人员、社会上的知名儿童心理学家及其他方面的专家共 12 人。

准备资料：该种玩具样品、拟售价格、产品说明书；国内外儿童玩具发展情况，过去本公司生产的玩具销售情况。

调查内容：把销售量分为 3 个档次：3 万件以下，3 万~5 万件，5 万件以上，要求填写销售量在各个档次的可能性（所填写的 3 个数字之和必须等于1），如表 5-17 所示。

表 5-17　专家预测的销售量

专家代号	权重	销售量在各个档次的可能性		
		3 万件以下	3 万~5 万件	5 万件以上
1	1	0.2	0.5	0.3
2	1	0.1	0.3	0.6
3	2	0	0.7	0.3
4	2	0.3	0.4	0.3
5	3	0.1	0.6	0.3
6	3	0.2	0.6	0.2
7	2	0.3	0.5	0.2

市场调查与预测

续表

专家		销售量在各个档次的可能性		
代 号	权 重	3万件以下	3万~5万件	5万件以上
8	1	0	0.6	0.4
9	2	0.1	0.7	0.2
10	3	0.1	0.6	0.3
11	2	0.1	0.7	0.2
12	1	0.2	0.5	0.3
加权平均		0.1435	0.5783	0.2783

分别取3个档次的销售量2万件、4万件、6万件为代表。

平均销售量=0.1435×2+4×0.5783+6×0.2783=4.27（万件）

盈利=4.27×（8-5）-3-1=8.8（万件）

故应自产自销。

知识归纳

		项目5 定性预测法
市场预测	概念	市场预测是在市场调查的基础上，了解市场的过去与现状，通过分析研究，发现和掌握事物发展的规律，利用预测学的理论与知识，科学地预测和推断市场的未来
	特征	科学性、近似性、能动性、挑战性
	作用	（1）市场预测承市场调查之上。 （2）市场预测启市场决策之下。 （3）市场预测有助于实现资源的有效配置。 （4）市场预测能提高企业经营管理水平。 （5）市场预测是实现企业效益最大化的重要手段
	原则	（1）相关原则。 （2）惯性原则。 （3）类推原则。 （4）概率推断原则。 （5）模型原则。 （6）取样原则。 （7）节约原则。 （8）修正原则
	分类	（1）依据预测范围的分类：宏观市场预测、微观市场预测。 （2）依据预测时间的分类：近期预测、短期预测、中期预测、长期预测。 （3）依据预测对象的分类：单项产品预测、同类产品预测、产品总量预测。 （4）依据预测性质的分类：定性预测、定量预测
	内容	市场需求预测、市场供应预测、商品寿命周期预测、科学技术发展趋向预测、企业生产经营能力预测、企业财务及环境意外事件的预测
	步骤	确定目标—收集资料—分析判断—确定模型—分析误差—撰写报告

148

项目 5
定性预测法

续表

项目 5 定性预测法			
类推预测法	含义		类推预测法是利用相似原理,把预测目标与其他相似的市场问题加以对比、分析,推断其未来发展趋势的一种定性预测方法。
^	分类		（1）国际类推预测法。 （2）地区类推预测法。 （3）品类类推预测法。 （4）产品升级换代类推预测法
^	方式		随机类推、形式类推
^	应用		转导法,也称连续比率法,是以间接调查所得的某项经济指标预测值为基础,依据该指标与预测目标间相关比率的资料,转导推出预测值的一种类推预测法方法。 转导法的预测模型为 $$\hat{Y} = N(1+k)\eta_1\eta_2\cdots\eta_n$$ 式中,$\hat{Y}$——预测目标下期的预测值; N——本期某参考经济指标的观察值; K——参考经济指标下期增、减的比率; η_i——预测目标与参考经济指标间客观存在的相关经济联系的比率系数
调研预测法	试验推算法		依据销售试验数据进行销售预测
^	市场因子推演法		概念:市场因子推演法是通过找出并确定某种商品的各种市场因子的大小,来推算某类商品的市场潜量的一种预测方法
^	^		运用程序: （1）确定市场因子。 （2）确定每一种市场因子的数值。 （3）分析市场因子与预测变量的关系,建立推演预测模型。 （4）将确定的每一种市场因子的数值代入预测模型,推算出预测值
^	联测法		概念:联测法是指以某一个企业的普查资料或某一个地区的抽样调查资料为基础,进行分析、判断、联测,以确定某一行业乃至整个市场的预测量
^	^		步骤: （1）了解以往的资料数据。 （2）对某一局部城市或单位进行调查,测算市场需求率: $$市场需求率\ d = （需求意向数/户数）\times 100\%$$ （3）根据市场需求率,测算其他单位的销售率: $$销售率\ C_i = 实际销售量/户数 \times 100\%$$ 再测算出其他单位的市场需求率 $$D_j = C_j \times D_1/C_1$$ （4）测算全部的市场需求量: $$全部市场需求量 = 市场需求率 \times 总户数$$

续表

			项目5 定性预测法
调研预测法	集合意见法	厂长（经理）评判意见法	注意事项： (1) 应选择厂长（经理）或有关部门的主管人员参与预测。 (2) 要求厂长（经理）或主管人员熟悉市场、有较强的预测分析能力。 (3) 应定期将市场形势和企业经营情况提供给厂长（经理）。 (4) 对定性描述的预测结果，应进行综合分析和论证，以消除某些主观因素的影响。 (5) 对定量描述的预测结果，一般可采用简单或加权平均求综合预测值
			优点： (1) 迅速、及时和经济。 (2) 集中了各个方面有经验人员的意见，使预测结果比较准确可靠。 (3) 不需要大量的统计资料，适用于对那些不可控因素较多的产品进行销售预测。 (4) 如果市场发生了变化可以立即进行修正。
			缺点： (1) 预测结果容易受主观因素影响。 (2) 对市场变化、顾客的愿望等问题了解不细，因此预测结果一般化
		销售人员估计法	注意点： (1) 应从选择经验丰富的有预测分析能力的人参与预测。 (2) 应要求预测参与者经常收集市场信息，积累预测资料。 (3) 预测组织者应定期将市场总形势和企业的经营情况提供给预测参与者。 (4) 预测组织工作应经常化，并对预测成绩显著者给予表彰，以调动他们的积极性。 (5) 对销售人员的估测结果，应进行审核、评估和综合。其综合预测值的计算，可采用简单或加权算术平均法
			优点： (1) 不需要经过复杂计算，预测速度较快，节省费用。 (2) 销售人员一直在销售的最前线工作，十分熟悉市场，对顾客的情况非常了解，因此他们的预测结果比较可靠准确。
			缺点：受主观因素影响大，容易受个人偏见干扰
指标与概率预测法	指标预测法	领先落后指标法	领先落后指标法是根据经济发展有关指标的变化同市场变化之间在时间上的先后顺序，来分析、判断、预测市场发展前景的一种预测法
			指标分类：先期指标、同步指标、落后指标
		扩散指数法	扩散指数法是根据一批领先经济指标的升降变化，计算出上升指标的扩散指数，以扩散指数为依据来判断市场未来的景气情况的一种预测法
		合成指数法	合成指数法是既能分析经济形势或市场行情变化的转折点，又能在某种意义上反映经济形势或市场行情波动振幅的一种关于市场景气情况的预测方法
	概率预测法	主观概率加权平均法	主观概率加权平均法是以主观概率为权数，对专家各种预测意见进行加权平均以作为专家集体预测结果的方法
			步骤： (1) 确定各种可能情况的主观概率。 (2) 主观概率加权平均，计算综合预测值。 (3) 根据以往预测误差或实际情景，修正预测结果
		累计概率中位数法	累计概率中位数法是根据累计概率，确定不同意见的预测中位数，对预测值进行点估计的区间估计方法

项目 5
定性预测法

续表

项目 5 定性预测法			
指标与概率预测法	概率预测法	累计概率中位数法	基本过程： (1) 对未来各种结果的概率与累计概率进行主观估计，建立概率分布函数。 (2) 根据概率分布函数进行预测。通常将累计概率分布的中位数确定为预测值的点估计值
专家预测法	含义与特点		含义：专家评估预测法是以专家为索取信息的对象，依靠专家的经验、智慧来进行评估预测的一种方法。 特点： (1) 有效组织专家，对专家进行管理，调动专家的积极性。 (2) 依靠专家群体的集体智慧，充分发挥专家的集体效应。 (3) 整合各专家的意见，得出最终结论
	专家意见汇总预测法		程序： (1) 组成专家预测小组并对预测对象进行定性分析。 (2) 定性分析定量化，形成预测结果
	头脑风暴法		操作程序：①开会前的预测准备；②明确问题；③讨论问题；④重新表述问题；⑤再次进行畅谈；⑥结果处理；⑦提出预测报告
			遵循的原则：①参加者选取原则；②参加者的注意事项；③推迟判断原则；④数量保证质量的原则
德尔菲预测法	特点		匿名性、反馈性、统计性
	程序		多轮反馈
	优缺点		优点： (1) 各专家能独立、充分地发表自己的意见。 (2) 集思广益，准确性高。 (3) 能避免专家会议法的缺点。 (4) 费用节省。 缺点： (1) 根据各专家的主观判断，缺乏客观标准。 (2) 过程复杂，花费的时间较长
	注意事项		(1) 专家应该是对预测问题比较熟悉的专业人士。 (2) 为专家提供充分的信息。 (3) 所提问的问题应是专家能够回答的问题。 (4) 允许专家粗略地估计数字。 (5) 尽可能将过程简化。 (6) 保证所有专家能够从同一角度去理解有关定义。 (7) 向专家讲明预测的意义，争取他们对德尔菲法的支持

情景 5

练习题

一、单选题

1. 以下有关市场预测的说法正确的是（　　）。
   A．市场预测为市场调查打下基础
   B．市场预测是市场决策的继续
   C．市场预测有助于实现资源的有效配置
   D．市场预测对企业管理没有作用

2. 关于市场预测的特征，说法不正确的是（　　）。
   A．科学性　　　B．准确性　　　C．能动性　　　D．挑战性

3. 做市场预测时，把对某些事物的观察结果运用到相似事物上，这符合（　　）。
   A．惯性原则　　B．类推原则　　C．概率推断原则　　D．模型原则

4. 运用转导法时，不必掌握的因素是（　　）。
   A．本期某参考经济指标的观察值
   B．参考经济指标下期增、减的比率
   C．预测目标与参考经济指标间客观存在的相关经济联系的比率系数
   D．时间的长度

5. 通过找出并确定某种商品的各种市场因子的大小，来推算某类商品的市场潜量的一种预测方法是（　　）。
   A．联测法　　　B．德尔菲法　　C．市场因子推演法　D．合成指数法

6. 在研究分析历史经济形势波动的主要原因和特点的基础上，设计经济指标体系（或给出预警界限），监控了解市场行情变化，据此指导宏观管理与微观管理决策的一种预测法是（　　）。
   A．扩散指数法　　　　　　　B．指标预测法
   C．合成指数法　　　　　　　D．专家意见汇总预测法

7. 以主观概率为权数，对专家各种预测意见进行加权平均以作为专家集体预测结果的方法是（　　）。
   A．累计概率中位数法　　　　B．试验推算法
   C．主观概率加权平均法　　　D．头脑风暴法

8. 根据一批领先经济指标的升降变化，计算出上升指标的扩散指数，以扩散指数为依据来判断市场未来的景气情况的一种预测法是（　　）。
   A．扩散指数法　　　　　　　B．集合意见法

项目 5
定性预测法

  C．联测法   D．市场因子推演法

9．德尔菲法的特点不包括（   ）。
  A．集思广益   B．具有统计性
  C．缺乏客观标准   D．节省时间

10．关于头脑风暴法的下列说法不正确的是（   ）。
  A．遵守推迟判断原则
  B．及时纠正他人的错误意见
  C．提出的意见要尽量多一些
  D．具有匿名性

11．专家预测法的特点不包括（   ）。
  A．选择的专家多多益善
  B．有效组织专家，对专家进行管理，调动专家的积极性
  C．依靠专家群体的集体智慧，充分发挥专家的集体效应
  D．整合各专家意见，得出最终结论

二、多选题

1．头脑风暴法的步骤包括（   ）。
  A．明确问题   B．讨论问题
  C．再次进行畅谈   D．结果处理
  E．市场调查

2．一般的预测步骤包括（   ）。
  A．确定目标   B．收集资料
  C．分析判断   D．确定模型
  E．分析误差

3．关于销售人员估计法的说法正确的是（   ）。
  A．选择经验丰富的有预测分析能力的人参与预测
  B．预测人员越多越好
  C．要求预测参与者经常收集市场信息，积累预测资料
  D．预测组织者应定期将市场总形势和企业的经营情况提供给预测参与者
  E．预测组织工作应经常化，并对预测成绩显著者给予表彰，以调动他们的积极性

4．关于德尔菲法，说法正确的有（   ）。
  A．不允许专家粗略地估计数字
  B．为专家提供充分的信息
  C．尽可能将过程简化
  D．所提问的问题应是专家能够回答的问题
  E．向专家讲明预测的意义，争取他们对德尔菲法的支持

5．在运用领先落后指标法时，指标可以分为（   ）。
  A．超前指标   B．先期指标
  C．同步指标   D．落后指标
  E．超期指标

6．关于厂长经理评判意见法，说法正确的是（   ）。

A. 应定期将市场形势和企业经营情况提供给厂长（经理）
B. 对定性描述的预测结果，应进行综合分析和论证，以消除某些主观因素的影响
C. 对定量描述的预测结果，一般可采用简单或加权平均求综合预测值
D. 厂长经理不必参考其他人员的意见
E. 厂长经理可以委托他人代为预测

7. 依据预测性质分类，市场预测可以分为（　　）。
   A. 单项产品预测　　　　　　　B. 同类产品预测
   C. 产品总量预测　　　　　　　D. 定性预测
   E. 定量预测

8. 联测法的预测步骤包括（　　）。
   A. 了解以往的资料数据
   B. 对某一局部城市或单位进行调查，测算市场需求率
   C. 根据市场需求率，测算其他单位的销售率
   D. 测算全部的市场需求量
   E. 撰写预测报告

9. 定性预测法要遵守的原则有（　　）。
   A. 惯性原则　　　　　　　　　B. 概率推断原则
   C. 模型原则　　　　　　　　　D. 修正原则
   E. 准确原则

10. 德尔菲法具有的特点是（　　）。
    A. 公开性　　　　　　　　　　B. 匿名性
    C. 反馈性　　　　　　　　　　D. 统计性
    E. 保密性

三、简答题

1. 什么是市场预测？
2. 市场预测有什么特点？
3. 市场预测的原则是什么？
4. 什么是类推预测法？
5. 什么是转导法？
6. 集合意见法有什么优点和缺点？
7. 在使用厂长（经理）评判意见法时要注意什么问题？
8. 什么是领先落后指标法？
9. 市场因子推演法的使用步骤是什么？
10. 什么是联测法？
11. 什么是扩散指数法？
12. 专家预测法有什么特点？
13. 头脑风暴法的使用步骤是什么？
14. 德尔菲法的操作步骤是什么？
15. 德尔菲法的运用注意事项是什么？

项目 5
定性预测法

五、计算题

1. 某时装公司设计了一种新式女时装，聘请了 3 位最有经验的时装销售人员来参加试销和时装表演活动，预测结果如下。

甲：最高销售量是 80 万件，概率为 0.3。
最可能的销售量是 70 万件，概率为 0.5。
最高销售量是 60 万件，概率为 0.2。
乙：最高销售量是 75 万件，概率为 0.2。
最可能的销售量是 64 万件，概率为 0.6。
最高销售量是 55 万件，概率为 0.2。
丙：最高销售量是 85 万件，概率为 0.1。
最可能的销售量是 70 万件，概率为 0.7。
最高销售量是 60 万件，概率为 0.2。

试运用销售人员预测法预测销量。

2. 某笔记本电脑公司经理召集主管销售、财务、计划和生产等部门的负责人，对下一年度某种型号笔记本电脑的销售前景做出了估计。几个部门负责人的初步判断如表 5-18 所示，请预测下一年度的销售额。

表 5-18　几个部门负责人的初步判断

部门	各种销售量估计	销售量/台	概率	期望值/台（销售量×概率）
销售部门	最高销售量	18600	0.1	
	最可能的销售量	11160	0.7	
	最低销售量	9920	0.2	
	总期望值		1	
计划财务部门	最高销售量	12400	0.1	
	最可能的销售量	11160	0.8	
	最低销售量	9300	0.1	
	总期望值		1	
生产部门	最高销售量	12400	0.3	
	最可能的销售量	10540	0.6	
	最低销售量	7440	0.1	
	总期望值		1	

3. 某彩电生产厂家为开拓大屏幕彩电市场，拟用联测法预测某 4 个城市 2017 年居民家庭对大屏幕彩电的需求量。假设企业准备开拓的 4 个城市分别为 a、b、c、d，4 个城市的经济水平、发展状况大致相当。通过间接调查得到 4 个城市市场 2016 年的大屏幕彩电销售量及城市居民家庭户数数据如表 5-19 所示。若选择 a 市场进行抽样调查，经过调查得到如下资料：a 市

市场调查与预测

场每 100 户对大屏幕彩电的需求量为 12 台,因此,试用 a 市场需求抽样资料,分析判断后联测其他 3 个城市的市场需求量。

表 5-19 2016 年 4 个城市市场的家庭户数及大屏幕彩电拥有量表

市　　场	a	b	c	d
实际销售量/台	2000	1800	2600	1600
居民家庭/万户	5	4.8	6	4.5
销售率/(台/万户)	400	375	433	356

4. 运用转导法对 2017 年某服装商场在当地市场的儿童服装销售额进行预测。假设当地市场的商品零售总额为 100 亿元,预计下一年的增长速度为 8%,当地服装占整个地区服装市场销售总额的 10%。假设通过调查得知,该服装商场在当地服装市场中的市场占有率 $\eta_2=5\%$,该商场的儿童服装占商场服装销售额的比例 $\eta_3=15\%$。

5. 某市第 1～4 年基建投资额与建材工业产值资料如表 5-20 所示。试利用领先指标预测法预测第 5 年的建材工业产值。

表 5-20 某市基建投资额与建材工业产值资料　　　　　　　　单位:亿元

年序号	1	2	3	4
基建投资额(x_t)	20	15	30	25
建材工业产值(y_t)	10	15	10	20

实训

集合意见法的运用

方法:全班学生分成几个小组,每一组指定一名组长,每个学生在各自的小组中扮演一个特定的角色。每个小组选定一家企业,选定该企业的某一种产品,运用集合意见法,对该产品进行集合意见法的销售额预测。

步骤:

1. 成立预测小组,即将学生分成若干个预测小组,指定组长,注意各组人员均衡。
2. 模拟分工,每个学生被指定为预测小组里的一个角色。
3. 每组选定一家企业的某一种产品,将它的销售额作为预测对象。
4. 每组的每个成员依据集合意见法的要求,开始进行预测。
5. 做好实训记录,尤其是实训过程、所提出的不同意见、成功经验、存在的问题、解决方法。
6. 综合整理实训记录,以组为单位撰写实训报告。
7. 全部集中,每组派代表公开宣讲本组实训报告。
8. 组与组之间互相点评实训报告。
9. 教师点评各组的实训报告。

项目 6

时间序列预测法

学习目标

1. 了解时间序列的概念、因素分析及组合形式；
2. 熟练掌握简单移动平均法、一次移动平均法；
3. 掌握二次移动平均法；
4. 熟练掌握一次指数平滑法；
5. 掌握二次指数平滑法；
6. 熟练掌握直线趋势延伸预测法；
7. 了解指数曲线延伸预测法、二次抛物线延伸预测法；
8. 掌握季节变动指数的概念与计算；
9. 熟练掌握无趋势变动的季节指数预测法；
10. 了解含趋势变动的季节指数预测法。

任务 6.1 移动平均法

6.1.1 简单移动平均法

1) 时间序列概述

时间序列是指某一统计指标数值按时间先后顺序排列而形成的数列。例如，国内生产总值按年度顺序排列起来的数列，某种商品销售量按季度或月度排列起来的数列等都是时间序列。时间序列一般用 $y_1, y_2, \cdots, y_t, \cdots$ 表示，t 为时间。

按照时间的顺序把随机事件变化发展的过程记录下来就构成了一个时间序列。对时间序列进行观察、研究，找寻它变化发展的规律，预测它将来的走势就是时间序列分析。

在社会经济统计中，编制和分析时间序列具有重要的作用。

（1）它为分析研究社会经济现象的发展速度、发展趋势及变化规律提供基本统计数据。

（2）通过计算分析指标，研究社会经济现象的变化方向、速度及结果。

（3）将不同的时间序列同时进行分析研究，可以揭示现象之间的联系程度及动态演变关系。

（4）建立数学模型，揭示现象的变化规律并对未来进行预测。

【调研视野】古老的时间序列预测

最早的时间序列分析可以追溯到 7000 年前的古埃及。古埃及人把尼罗河涨落的情况逐天记录下来，就构成所谓的时间序列。对这个时间序列长期的观察使他们发现尼罗河的涨落非常有规律。古埃及人由于掌握了尼罗河泛滥的规律，使得古埃及的农业迅速发展，从而创建了埃及灿烂的史前文明。

2) 时间序列的因素分析

时间序列分析是一种动态的数列分析，其目的在于掌握统计数据随时间变化的规律。时间序列中每一时期的数值都是由许多不同的因素同时发生作用后的综合结果。

在进行时间序列分析时，人们通常将各种可能发生影响的因素按其性质不同分成四大类：长期趋势、季节变动、循环变动和不规则变动。

（1）长期趋势。

长期趋势是指由于某种根本性因素的影响，时间序列在较长时间内朝着一定的方向持续上升或下降，以及停留在某一水平上的倾向。它反映了事物的主要变化趋势。

（2）季节变动。

季节变动是指由于受自然条件和社会条件的影响，时间序列在一年内随着季节的转变而引起的周期性变动。经济现象的季节变动是季节性的固有规律作用于经济活动的结果。

（3）循环变动。

循环变动一般是指周期不固定的波动变化，有时以数年为周期变动，有时以几个月为周期变化，并且每次周期一般不完全相同。循环变动与长期趋势不同，它不是朝单一方向持续发展，

项目 6
时间序列预测法

而是涨落相间的波浪式起伏变动。与季节变动也不同,它的波动时间较长,变动周期长短不一。

(4) 不规则变动。

不规则变动是指由各种偶然性因素引起的无周期变动。不规则变动又可分为突然变动和随机变动。所谓突然变动,是指诸如战争、自然灾害、地震、意外事故、方针、政策的改变所引起的变动。随机变动是指由于大量的随机因素所产生的影响。不规则变动的变动规律不易掌握,很难预测。

3) 时间序列的组合形式

时间序列由长期趋势、季节变动、循环变动和不规则变动四类因素组成。四类因素的组合形式,常见的有以下几种类型:

(1) 加法型:$y_t = T_t + S_t + C_t + I_t$。

(2) 乘法型:$y_t = T_t \cdot S_t \cdot C_t \cdot I_t$。

(3) 混合型:$y_t = T_t \cdot S_t + C_t + I_t$;
$y_t = S_t + T_t \cdot C_t \cdot I_t$。

其中,y_t 为时间序列的全变动;T_t 为长期趋势;S_t 为季节变动;C_t 为循环变动;I_t 为不规则变动。

4) 简单移动平均法

移动平均法是根据时间序列资料逐项推移,依次计算包含一定项数的时序平均数,以反映长期趋势的方法。当时间序列的数值由于受周期变动和不规则变动的影响,起伏较大,不易显示出发展趋势时,可用移动平均法消除这些因素的影响,分析、预测序列的长期趋势。移动平均法有简单移动平均法和加权移动平均法。

设时间序列为 $y_1, y_2, \cdots, y_t, \cdots$,则简单移动平均公式为

$$M_t = \frac{y_t + y_{t-1} + \cdots + y_{t-N+1}}{N} \quad (t \geq N)$$

式中,M_t——t 期的移动平均数;

N——移动平均的项数。

上式表明当 t 向前移动一个时期,就增加一个新数据,去掉一个远期数据,得到一个新的平均数。由于它不断地"吐故纳新",逐期向前移动,所以称为移动平均法。

由于移动平均可以平滑数据,消除周期变动和不规则变动的影响,使长期趋势显示出来,因而可以用于预测。即以第 t 期的移动平均数作为第 $t+1$ 期的预测值。

【例1】某商店 1991～2002 年实现的利润如表 6-1 所示。试用简单移动平均法预测下一年的利润。

解:分别取 $N=3$ 和 $N=4$,按预测公式计算 3 年和 4 年移动平均预测值。其结果列于表 6-1 中,其预测曲线如图 6-1 所示。

表 6-1 某商店 1991～2002 年的利润及移动平均预测值

年份	利润/万元	3 年移动平均预测值		4 年移动平均预测值	
		预测值/万元	相对误差/%	预测值/万元	相对误差/%
1991	120.87				
1992	125.58				
1993	131.66				
1994	130.42	126.0367	3.36		
1995	130.38	129.22	0.89	127.1325	2.49

市场调查与预测

续表

年份	利润/万元	3年移动平均预测值 预测值/万元	相对误差/%	4年移动平均预测值 预测值/万元	相对误差/%
1996	135.54	130.82	3.48	129.51	4.45
1997	144.25	132.1133	8.41	132	8.49
1998	147.82	136.7233	7.51	135.1475	8.57
1999	148.57	142.5367	4.06	139.4975	6.11
2000	148.61	146.88	1.16	144.045	3.07
2001	149.76	148.3333	0.95	147.3125	1.63
2002	154.56	148.98	3.61	148.69	3.8
		150.9767		150.375	

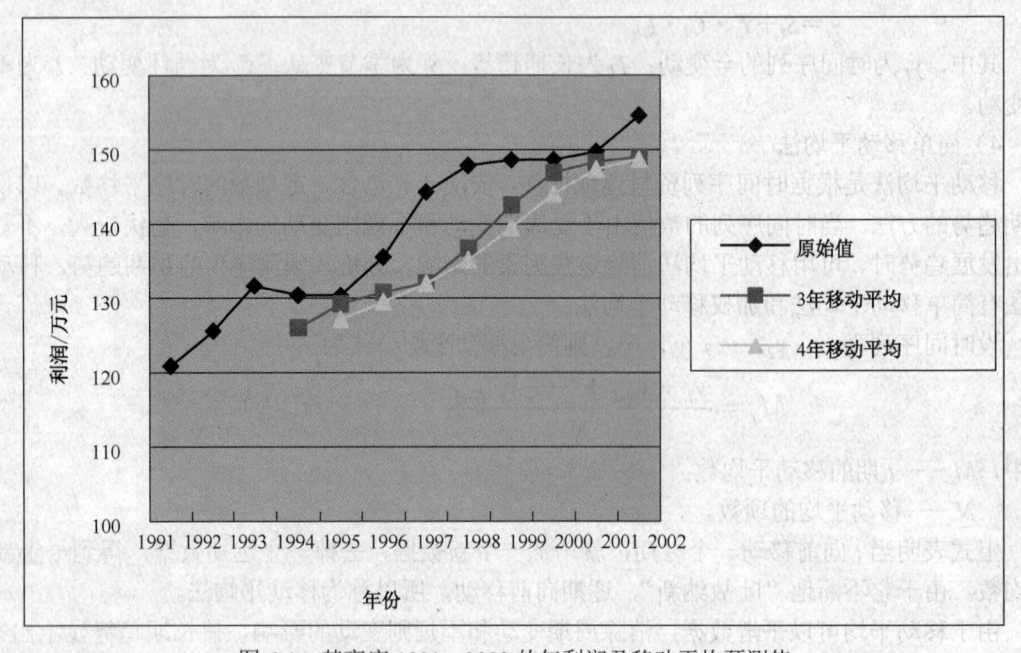

图 6-1　某商店 1991~2002 的年利润及移动平均预测值

在实用上，一个有效的方法是取几个 N 值进行试算，比较它们的预测误差，从中选择最优的。

简单移动平均法只适合做近期预测，即只能对后续相邻的那一项进行预测。

6.1.2 加权移动平均法

1）一次移动平均法

在简单移动平均公式中，每期数据在求平均时的作用是等同的。但是，每期数据所包含的信息量不一样，近期数据包含着更多关于未来情况的信息。因此，把各期数据等同看待是不尽合理的，应考虑各期数据的重要性，对近期数据给予较大的权重，这就是加权移动平均法的基本思想。

设时间序列为 $y_1, y_2, \cdots, y_t, \cdots$，则加权移动平均公式为

项目 6
时间序列预测法

$$M_{tw} = \frac{w_1 y_t + w_2 y_{t-1} + \cdots + w_N y_{t-N+1}}{w_1 + w_2 + \cdots + w_N} \quad (t \geq N)$$

式中，M_{tw}——t 期加权移动平均数；

w_i——y_{t-i+1} 的权数，它体现了相应的 y_t 在加权平均数中的重要性。

利用加权移动平均数来做预测，其预测公式为

$$\hat{y}_{t+1} = M_{tw}$$

即以第 t 期加权移动平均数作为第 $t+1$ 期的预测值。

【例2】对于例1，试用加权移动平均法预测 2003 年的利润。

解：取 $w_1=3$，$w_2=2$，$w_3=1$，按预测公式：

$$\hat{y}_{t+1} = \frac{3y_t + 2y_{t-1} + y_{t-2}}{3+2+1}$$

计算 3 年加权移动平均预测值，其结果列于表 6-2 中。2003 年某企业利润的预测值为

$$\hat{y}_{2003} = \frac{3 \times 154.56 + 2 \times 149.76 + 148.61}{6} = 151.968$$

从表 6-2 中可以看出，利用加权移动平均法，可以更准确地反映实际情况。但在加权移动平均法中，w_t 的选择，同样具有一定的经验性。一般的原则是：近期数据的权数大，远期数据的权数小。至于大到什么程度和小到什么程度，完全靠预测者对序列做全面的了解和分析而定。

表 6-2 某商店 1991～2002 年的利润及加权移动平均预测值

年 度	利润/万元	3 年移动平均预测值/万元	相对误差/%
1991	120.87		
1992	125.58		
1993	131.66		
1994	130.42	127.835	1.98
1995	130.38	130.027	0.27
1996	135.54	130.607	3.64
1997	144.25	132.967	7.82
1998	147.82	139.035	5.94
1999	148.57	144.583	2.68
2000	148.61	147.6	0.68
2001	149.76	148.465	0.86
2002	154.56	149.178	3.48
2003 年的预测值		151.968	

2) 二次移动平均法

简单移动平均法和一次移动平均法，在时间序列没有明显的趋势变动时，能够准确反映实际情况。但当时间序列出现直线增加或减少的变动趋势时，用简单移动平均法和一次移动平均法来预测就会出现滞后偏差。因此，需要进行修正，修正的方法是做二次移动平均，利用移动平均滞后偏差的规律来建立直线趋势的预测模型。这就是趋势移动平均法。

一次移动的平均数为

$$M_t^{(1)} = \frac{y_t + y_{t-1} + \cdots + y_{t-N+1}}{N}$$

在一次移动平均的基础上再进行一次移动平均就是二次移动平均，其计算公式为

市场调查与预测

$$M_t^{(2)} = \frac{M_t^{(1)} + M_{t-1}^{(1)} + \cdots + M_{t-N+1}^{(1)}}{N}$$

它的递推公式为

$$M_t^{(2)} = M_{t-2}^{(2)} + \frac{M_t^{(1)} - M_{t-N}^{(1)}}{N}$$

下面讨论如何利用移动平均的滞后偏差建立直线趋势预测模型。

设时间序列 $\{y_t\}$ 从某时期开始具有直线趋势，且认为未来时期也按此直线趋势变化，则可设此直线趋势预测模型为

$$\hat{y}_{t+T} = a_t + b_t T \qquad T=1,2$$

式中，t——当前时期数；

T——由 t 至预测期的时期数；

a_t——截距；

b_t——斜率。a_t 和 b_t 又称为平滑系数。

根据移动平均值可以推导出平滑系数如下：

$$\begin{cases} a_t = 2M_t^{(1)} - M_t^{(2)} \\ b_t = \dfrac{2}{N-1}\left[M_t^{(1)} - M_t^{(2)}\right] \end{cases}$$

【例3】 我国 1986~2002 年的国内生产总值如表 6-3 所示，试预测 2003 年和 2004 年的国内生产总值。

解： 由图 6-2 可以看出，国内生产总值基本呈直线上升趋势，可用趋势移动平均法来预测。

表 6-3 我国国内生产总值及一、二次移动平均值计算表　　　　　　　单位：亿元

年　度	国内生产总值	一次移动平均，$N=5$	二次移动平均，$N=5$
1986	10201.4		
1987	11954.5		
1988	14922.3		
1989	16917.8		
1990	18598.4		
1991	21662.5	14518.88	
1992	26651.9	16811.1	
1993	34560.5	19750.58	
1994	46670	23678.22	
1995	57494.9	29628.66	
1996	66850.5	37407.96	20877.488
1997	73142.7	46445.56	25455.304
1998	76967.2	55743.72	31382.196
1999	80579.4	64225.06	38580.824
2000	88254	71006.94	46690.192
2001	95727.9	77158.76	54965.848
2002	103553.6	82934.24	62916.008

（资料来源：国家统计局中国统计年鉴 2003．北京：中国统计出版社，2003）

项目 6
时间序列预测法

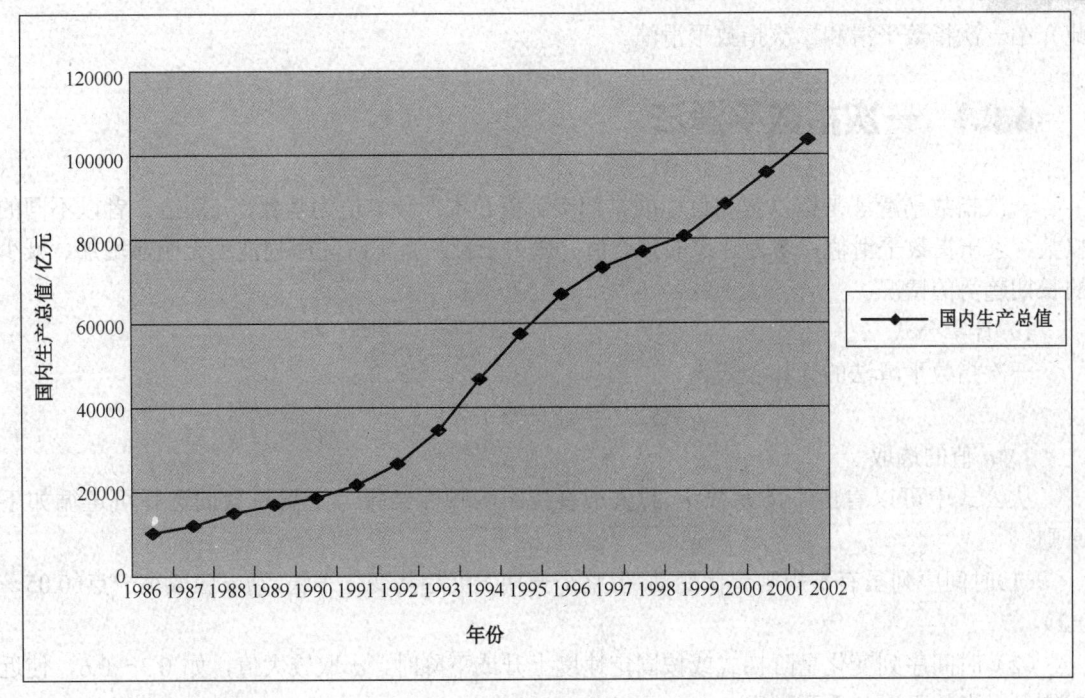

图 6-2 我国国内生产总值散点图

取 $N=5$，分别计算列于表 6-3 中。

再由公式得

$$a_{21} = 2M_{17}^{(1)} - M_{17}^{(2)} = (2 \times 82934.24 - 62916.01) = 102952.5$$

$$b_{21} = \frac{2}{6-1}\left(M_{17}^{(1)} - M_{17}^{(2)}\right) = \frac{2}{5}(82934.24 - 62916.01) = 8007.3$$

于是，得 $t=21$ 时直线趋势预测模型为

$$\hat{y}_{21+T} = 102952.5 + 8007.3T$$

预测2003年和2004年的国内生产总值为

$$\hat{y}_{2003} = \hat{y}_{18} = y_{17+1} = 102952.5 + 8007.3 = 110959.79$$

$$\hat{y}_{2004} = \hat{y}_{19} = y_{17+1}2 = 102952.5 + 8007.3 \times 2 = 118967.09$$

利用趋势移动平均法进行预测，不但可以进行近期预测，还可以进行远期预测，但一般情况下，远期预测误差较大。在利用趋势移动平均法进行预测时，时间序列一般要求必须具备较好的线性变化趋势，否则，其预测误差也是较大的。

任务 6.2　指数平滑法

指数平滑法是移动平均法的发展，是一种特殊的加权移动平均法。基本原理是根据确定的平滑系数，以本期实际值和本期预测值确定下一期的预测值的方法。适用于预测呈长期趋势变动和季节变动的事物。它具有连续运用、不需保存历史数据、计算方便、更新预测模型简易等优点，所以是一种常用的市场预测方法。实际应用中有一次指数平滑法和多次指数平滑法。在

此介绍一次指数平滑和二次指数平滑法。

6.2.1 一次指数平滑法

一次指数平滑法是指以预测目标的本期实际值和本期预测值为基数，分别给二者以不同的权数，求出指数平滑值，作为确定的预测值。适用于预测目标时间序列波动无明显增加、减少的长期趋势的情况。

1）计算公式

一次指数平滑法的计算公式为

$$Y_{t+1}=S_t^{(1)}=\alpha Y_t+(1-\alpha)S_{t-1}^{(1)}$$

2）α 值的选取

从公式中可以看出平滑系数 α 的大小直接影响预测结果。平滑系数的选择可遵循如下原则。

（1）时间序列虽有不规则起伏变动，但整个长期发展趋势变化平稳，则 α 应取小一点（0.05～0.2）。

（2）时间序列变化呈阶梯式或按固定速度上升或下降时，α 取较大值，如 0.3～0.6，使近期信息对指数平滑起重要作用。

（3）时间序列有缓慢的变化趋向，α 取 0.2～0.4。

（4）资料缺乏时，可以选取不同的 α 值模拟计算，选取误差小的 α 值。

3）初始值的确定

从指数平滑公式不难看出，要计算指数平滑值，首先必须确定一个初始值 $S_0^{(1)}$，一般情况下可取时间序列的第一个数据或前 3 个数据的平均值作为初始值。

【例4】某商店 9 月的销售额为 142 万元，9 月的预测值为 148 万元，试利用一次指数平滑法预测该商店 10 月的销售额，取 $\alpha=0.3$。

解：$S_{10}=\alpha X_{t-1}+(1-\alpha)S_{t-1}=0.3\times142+(1-0.3)\times148=146.2$（万元）

【例5】某企业要进行食盐销售量预测，现在有最近连续 30 个月的历史资料，如表 6-4 所示。试用一次指数平滑法预测以后月份的销售量。

表 6-4 食盐销售量最近连续 30 个月的历史资料

时 序	销售量/吨	时 序	销售量/吨	时 序	销售量/吨
1	26.7	11	25.7	21	27.6
2	29.5	12	30.9	22	29.9
3	29	13	31.5	23	30.2
4	29.9	14	28.1	24	30.3
5	32.2	15	30.8	25	30.8
6	31.4	16	29.5	26	28.8
7	25.7	17	29.8	27	30.8
8	32.1	18	30.0	28	32.2
9	29.1	19	29.9	29	31.2
10	30.8	20	31.5	30	25.4

解：由此时间序列数据发现食盐销售量有变化，但基本上在 25～30 吨之间波动，没有长期增长趋势，适合用一次指数平滑法预测。选择 $\alpha=0.1$，$\alpha=0.3$，$\alpha=0.5$ 三个不同的值，$\alpha=0.3$ 时，取第一个数据作为初始值 $S_0^{(1)}=26.7$。

$S_1^{(1)}=\alpha Y_t+(1-\alpha)S_0^{(1)}=0.3\times 26.7+(1-0.3)\times 26.7=26.7$

$S_2^{(1)}=0.3\times 29.5+(1-0.3)\times 26.7=27.5$

$S_{29}^{(1)}=0.3\times 31.2+0.7\times 30.1=30.4$

$S_{30}^{(1)}=0.3\times 25.4+0.7\times 30.4=28.9$

相应的第 31 个月的预测值为 28.9 吨。

6.2.2 二次指数平滑法

1）二次指数平滑法的公式

由于一次指数平滑法在处理有线性趋势的时间序列时也可能产生滞后偏差，特别是对有明显上升或下降趋势的时间序列，为弥补此缺陷，需要在一次平滑的基础上，再做一次指数平滑，然后确定预测值。二次指数平滑法的公式为

$$S_t^{(2)} = \alpha S_t^{(1)} + (1-\alpha) S_{t-1}^{(2)}$$

设时间序列从 t 时期开始具有直线趋势，且认为未来时期也按此直线趋势变化，如图 6-3 所示，则可设直线趋势预测模型为

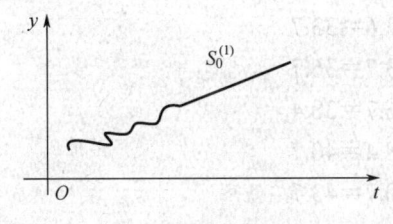

图 6-3　时间序列

$$\widehat{y}_{t+T} = a_t + b_t T \quad (T=1,2,3,\cdots)$$

式中，t——当前时期数；

T——从 t 至预测期的时期数。

平滑系数的计算公式为

$$\begin{cases} a_t = 2S_t^{(1)} - S_t^{(2)} \\ b_t = \dfrac{\alpha}{1-\alpha}\left[S_t^{(1)} - S_t^{(2)}\right] \end{cases}$$

α 的选取：选取预测误差最小的 α 值作为实际预测时的平滑系数。

初值 $S_0^{(1)}$、$S_0^{(2)}$ 的选取当数据个数 $n\geq 20$ 时，取 $S_0^{(1)} = S_0^{(2)} = X_0$；

当数据个数 $n<20$ 时，取最初几期数据的平均值，如 $S_0^{(1)} = S_0^{(2)} = (X_0+X_1+X_2)/3$。

【例 6】某公司 2005～2016 年的实际销售额如表 6-5 所示，据此资料用二次指数平滑法预测 2017 年和 2018 年的实际销售额。

表 6-5　某公司 2005～2016 年的实际销售额

年　度	2005	2006	2007	2008	2009	2010	2011	2012	2013	2014	2015	2016
销售额/万元	33	36	32	34	42	40	44	48	46	50	54	58

市场调查与预测

解：由于观察值变动基本呈线性趋势，选用二次指数平滑法。考虑对新旧资料重视程度相近，略偏新资料，取 $\alpha=0.6$。初始值 $S_1^{(1)}$ 和 $S_1^{(2)}$ 取前 3 期观察值的平均值，其数值为 33.7。

（1）计算一、二次指数平滑值。

$S_1^{(1)}=0.6\times33+0.4\times33.7=33.3$
$S_2^{(1)}=0.6\times36+0.4\times33.3=34.9$
$S_3^{(1)}=0.6\times32+0.4\times34.9=33.2$
$S_4^{(1)}=0.6\times34+0.4\times33.2=33.7$
$S_5^{(1)}=0.6\times42+0.4\times33.7=38.7$
$S_6^{(1)}=0.6\times40+0.4\times38.7=39.5$
$S_7^{(1)}=0.6\times44+0.4\times39.5=42.2$
$S_8^{(1)}=0.6\times48+0.4\times42.2=45.7$
$S_9^{(1)}=0.6\times46+0.4\times45.7=45.9$
$S_{10}^{(1)}=0.6\times50+0.4\times45.9=48.4$
$S_{11}^{(1)}=0.6\times54+0.4\times48.4=51.8$
$S_{12}^{(1)}=0.6\times58+0.4\times51.8=55.5$
$S_1^{(2)}=0.6\times33.3+0.4\times33.7=33.5$
$S_2^{(2)}=0.6\times34.9+0.4\times33.5=34.3$
$S_3^{(2)}=0.6\times33.2+0.4\times34.3=33.6$
$S_4^{(2)}=0.6\times33.7+0.4\times33.6=33.7$
$S_5^{(2)}=0.6\times38.7+0.4\times33.7=36.7$
$S_6^{(2)}=0.6\times39.5+0.4\times36.7=38.4$
$S_7^{(2)}=0.6\times42.2+0.4\times38.4=40.7$
$S_8^{(2)}=0.6\times45.7+0.4\times40.7=43.7$
$S_9^{(2)}=0.6\times45.9+0.4\times43.7=45.0$
$S_{10}^{(2)}=0.6\times48.4+0.4\times45.0=47$
$S_{11}^{(2)}=0.6\times51.8+0.4\times47=49.9$
$S_{12}^{(2)}=0.6\times55.5+0.4\times49.9=53.3$

（2）计算 a_t、b_t 的值。

$a_{12}=2\times55.5-53.3=57.7$
$b_{12}=0.6/(1-0.6)\times(55.5-53.3)=3.3$

所以预测模型为

$Y_{t+T}=57.7+3.3T$

（3）预测。

$Y_{2017}=Y_{12+1}=57.7+3.3\times1=61$
$Y_{2018}=Y_{12+2}=57.7+3.3\times2=64.3$

2）指数平滑法与移动平均法的比较

（1）一次指数平滑法与一次移动平均法。

在使用一次指数平滑法时，与使用一次移动平均法一样要注意到：数据应是相当平稳的，即其基本模式是水平模式；数据的基本模型发生变化时，这两种方法都不能很快地适应这种变化。

然而，一般来讲，一次指数平滑法的预测效果不比一次移动平均法差，而且一次指数平滑法计算时的存储量小，所以一般的宁可使用一次指数平滑法。

(2) 二次指数平滑法与二次移动平均法。

二次指数平滑法与二次移动平均法类似，它能处理水平模式的数据，也能处理长期趋势模式。与一次类似，二次指数平滑法的预测效果也不比二次移动平均法差，而且它的计算和存储量也要小得多。

但无论是指数平滑法还是移动平均法，它们都还没有一个很好的办法来确定 N 或 ∂，而且它们均属于非统计的方法，难以使用确切的术语来加以评价。

任务 6.3 延伸曲线法

大量社会经济现象的发展主要是渐进型的，其发展相对于时间具有一定的规律性。趋势延伸预测方法是根据事物的历史和现实数据，寻求事物随时间推移而发展变化的规律，从而推测其未来状况的一种常用的预测方法。当预测对象依时间变化呈某种上升或下降的趋向，且无明显的季节波动时，若能找到一条合适的函数曲线反映这种变化趋势，就可用时间 t 为自变量，时序数值 y 为因变量建立趋势模型：

$$y=f(t)$$

如果有理由相信这种趋势能够延伸到未来，在上式中赋予变量 t 在未来时刻的一个具体数值，可以得到相应时刻的时间序列未来值。这就是趋势延伸预测法。

趋势延伸预测法的假设条件如下。

(1) 假设事物发展过程没有跳跃式变化，即事物的发展变化是渐进型的。

(2) 假设所研究系统的结构、功能等基本保持不变，即假定根据过去资料建立的趋势外推模型能适合未来，能代表未来趋势变化的情况。

趋势延伸预测法包括直线趋势延伸预测法和曲线趋势延伸预测法。

6.3.1 直线趋势延伸预测法

1) 直线趋势延伸预测法的预测模型

线性趋势是指随着时间的推移而呈现出稳定增长和下降的线性变化规律。线性趋势方程为

$$\hat{Y}_t = a + bt$$

式中，$\hat{Y}_t$——时间序列的趋势值；

t——时间标号；

a——趋势线在 Y 轴上的截距；

b——趋势线的斜率，表示时间 t 变动一个单位时观察值的平均变动数量。

线性预测模型的特点：一阶差分为常数，即

$$\nabla \hat{y}_t = \hat{y}_t - \hat{y}_{t-1} = (a+bt) - [a+b(t-1)] = b$$

因此当时间序列 $\{y_t\}$ 的一阶差分近似为一常数时，其散点图呈直线趋势时，可配合直线预测模型来预测。

市场调查与预测

趋势方程中的两个未知参数 a 和 b 可按最小二乘法求得：

$$\begin{cases} b = \dfrac{n\sum ty_t - \sum t \sum y_t}{n\sum t^2 - (\sum t)^2} \\ a = \dfrac{\sum y_t}{n} - b\dfrac{\sum t}{n} \end{cases}$$

为了简化以上公式，可以使上式中的 $\sum t = 0$。

当时间序列项数 n 为奇数时，令数列正中间一项为时间原点 0，分别取 $t=\cdots$，-2，-1，0，1，2，$\cdots$；可使 $\sum t = 0$。

当时间序列项数 n 为偶数时，令数列正中间两项的时间为 -1 和 +1，分别取 $t=\cdots$，-5，-3，-1，1，3，5，$\cdots$；可使 $\sum t = 0$。

对 t 值做了以上的取值处理后，简化的参数估计公式为

$$\begin{cases} b = \dfrac{\sum ty_t}{\sum t^2} \\ a = \dfrac{\sum y_t}{n} \end{cases}$$

【例7】某公司 2010~2016 年的销售情况如表 6-6 所示，用直线趋势延伸法预测 2018 年的销售额。

表 6-6 某公司 2010~2016 年的销售情况

年　度	2010	2011	2012	2013	2014	2015	2016
销售额/万元	49	60	70	81	90	99	108

解：（1）以时间为自变量，销售额为因变量，在直角坐标轴上绘出各点，观察是否能拟合直线状。从图 6-4 来看，销售额与年份基本上成直线关系。

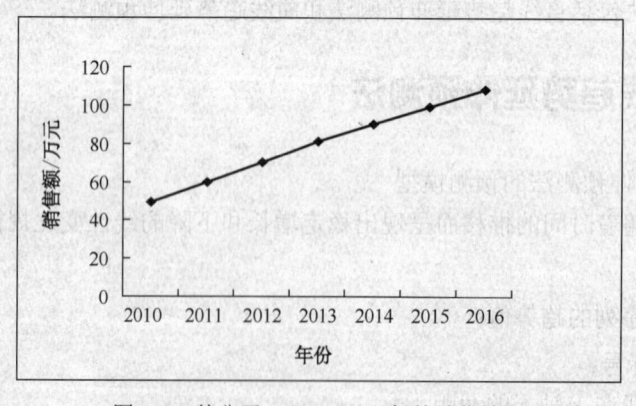

图 6-4 某公司 2010~2016 年的销售情况

（2）求出参数 a 和 b

已知 $n=7$ 为奇数，令 $\sum t=0$，则

$\sum Y = 49+60+70+81+90+99+108 = 557$

$\sum tY = 274.4$

项目 6
时间序列预测法

$\sum t^2 = 28$

$a = \sum Y/n = 557/80$

$b = \sum tY / \sum t^2 = 274.4/28 = 9.8$

预测模型为

$Y_t = 80 + 9.8t$

(3) 预测 2018 年的销售额。

2018 年预测值对应的序号为 $t=5$，则 $Y_5 = 80 + 9.8 \times 5 = 129$（万元）

【例8】已知某商店 1991~1998 年某一种商品销售额的统计数据如表 6-7 所示，试预测 1999 年该商品的销售额。

表 6-7 某商店 1991~1998 年某一种商品销售额

年　度	1991	1992	1993	1994	1995	1996	1997	1998
销售额/万元	248	253	257	260	266	270	279	285

解：第一步，分析观察期数据长期变动趋势，画数据点的散布图，如图 6-5 所示。

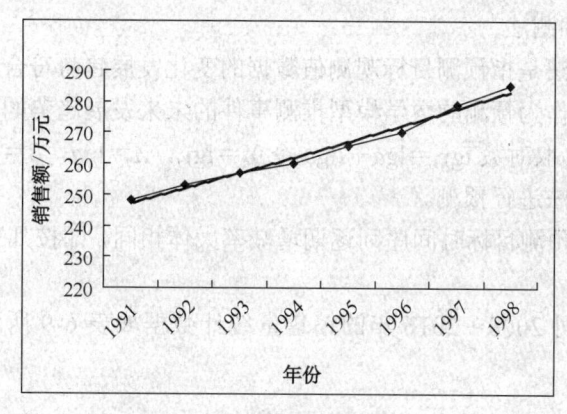

图 6-5 数据点的散布图

根据图 6-5 我们可以观察出其长期趋势基本上呈直线趋势，它的预测模型为 $Y = a + bt$

第二步，根据已知的 Y 和 t 来求 a 和 b，如表 6-8 所示。

表 6-8 数据模型

年　度	序号 t	销售额 Y	t^2	tY
1991	−7	248	49	−1736
1992	−5	253	25	−1265
1993	−3	257	9	−771
1994	−1	260	1	−260
1995	1	266	1	266
1996	3	270	9	810
1997	5	279	25	1395
1998	7	285	49	1995
合计	$\sum t = 0$	$\sum Y = 2118$	$\sum t^2 = 168$	$\sum tY = 434$

$a = \sum Y/n = 2118/8 = 264.75$

$b=\sum tY/\sum t^2 = 434/168 = 2.58$

第三步,利用预测模型进行预测值的计算。

$Y=a+bt=264.75+2.58t$

1999年的数据序号为 $t=9$,则 $Y_{1999}=264.75+2.58\times 9=288$(万元)

2)直线趋势延伸法的应用注意事项

(1)直线趋势预测法仅适用于预测目标时间序列呈现直线长期趋势变动的情况。

(2)它对时间序列资料一律同等看待,在拟合中消除了季节、不规则、循环三类变动因素的影响。

(3)反映时间序列资料长期趋势的平均变动水平。

(4)只要未来发展趋势大体上不会发生大起大落的变化,继续遵循直线趋势发展变化的假设,那么选用此法进行中长期预测既简便又有一定的可靠性。

6.3.2 曲线趋势延伸预测法

1)指数曲线延伸预测法

指数曲线延伸预测法是指预测目标观测值数据的变化发展趋势符合指数增长规律,建立该指数曲线方程,并据此作为预测的数学模型推测事件的未来发展趋势的方法。

预测模型为 $y_t=ab^t$ 取对数 $\lg y_t=\lg a+t\lg b$ 令 $Y_t=\lg y_t$,$A=\lg a$,$B=\lg b$,则 $Y_t=A+Bt$,就可以采用直线趋势预测法进行预测。

适用范围:适用于预测目标时间序列逐期增减率大体相同,即按几乎同一比例增长的趋势发展。

【例9】某百货公司2008~2016年的销售量统计数据如表6-9所示,试预测2017年的销售量。

表6-9 某百货公司2008~2016年的销售量

年度	2008	2009	2010	2011	2012	2013	2014	2015	2016
销售量/件	165	270	450	740	1220	2010	3120	5460	9000

解:第一步,选择预测模型。

描散点图,如图6-6所示,根据散点图分布来选用模型。

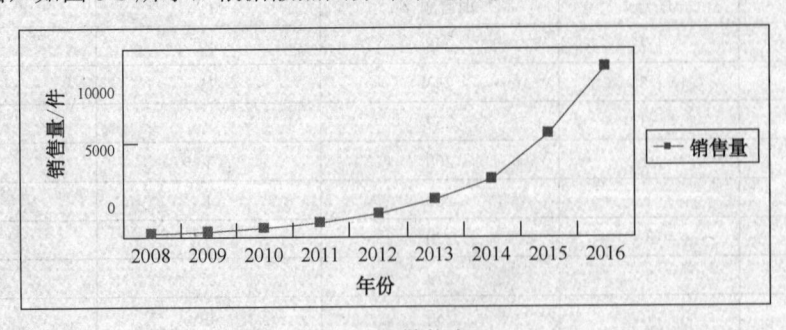

图6-6 散热点

根据图6-6我们可以初步确定选择指数成长模型进行预测:$y_t=ab^t$。

计算数字特征,结果如表6-10所示。

项目 6
时间序列预测法

表 6-10 数字特征

年度	2008	2009	2010	2011	2012	2013	2014	2015	2016
销售量/件	165	270	450	740	1220	2010	3120	5460	9000
比率		1.64	1.67	1.64	1.65	1.65	1.55	1.75	1.65

由表 6-10 可知，观察值 y_t 的比率大体相等，符合指数曲线的数字特征。

通过以上分析，从图形和数字特征看，所给的资料都与指数曲线相符，因此可以选择模型 $y_t = ab_t$。

第二步，求导曲线模型，如表 6-11 所示。

表 6-11 求导曲线模型

年度	序号 t	y_t	$\lg y_t$	t^2	$t\lg y_t$
1996	-4	165	2.2175	16	-8.87
1997	-3	270	2.4314	9	-7.2942
1998	-2	450	2.6532	4	-5.3064
1999	-1	740	2.8692	1	-2.8692
2000	0	1220	3.0864	0	0
2001	1	2010	3.3032	1	3.3032
2002	2	3120	3.4942	4	6.9884
2003	3	5460	3.7372	9	11.2116
2004	4	9000	3.9542	16	15.8168
$\sum$	$\sum t = 0$	—	$\sum \lg y_t = 27.7465$	$\sum t^2 = 60$	$\sum t\lg y_t = 12.9802$

$A = \sum Y_t / n = \sum \lg y_t / n = 27.7465/9 = 3.082944$，$a = 10^{3.082944} = 1210.44$

$B = \sum tY_t / \sum t^2 = \sum t\lg y_t / \sum t^2 = 12.9802/60 = 0.2163$，$b = 10^{0.2163} = 1.645508$

最后求得指数曲线模型为 $y_t = 1210.44 \times 1.645508^t$

第三，预测。

与 2005 年相对应的序号 $t = 5$，所以：

$y_{2017} = 1210.44 \times 1.645508^5 = 1210.44 \times 12.0642 = 14603.03$（件）

2）二次抛物线延伸预测法

如果时间序列各期观察值的二级增减量大致相同（即二次差近似相同），则其发展趋势的散点图近似一条抛物线，可以拟合抛物线方程：

$$\hat{Y}_t = a + bt + ct^2$$

用最小二乘法可以推导出各系数为

$$a = \frac{\sum y - c\sum t^2}{n}$$

$$b = \frac{\sum ty}{\sum t^2}$$

$$c = \frac{n\sum t^2 y - \sum t^2 \sum y}{n\sum t^4 - (\sum t^2)^2}$$

【例】设某服装企业近 7 年的销售额资料如表，预测 2003 年和 2004 年的市场销售额。

市场调查与预测

表 6-12 某服装企业近 7 年的销售额资料

年　度	1996	1997	1998	1999	2000	2001	2002
销售额/万元	350	300	250	350	400	450	550

解：第一步，画出散点图，如图 6-7 所示。

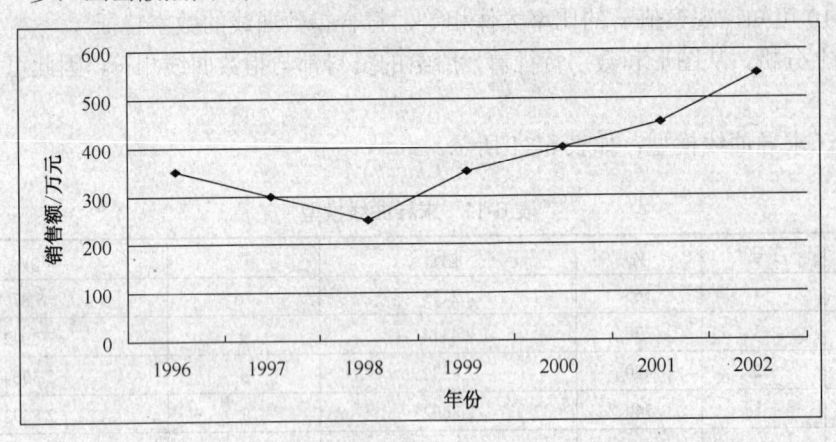

图 6-7 散点图

通过图 6-7 可以看出该曲线只能适用于多次曲线进行预测，选用二次曲线预测模型进行预测。即

$$\hat{Y}_t = a + bt + ct^2$$

第二步，求解模型参数，如表 6-13 所示。

表 6-13 模型参数

年　度	y	t	t^2	t^4	ty	t^2y
1996	350	-3	9	81	-1050	3150
1997	300	-2	4	16	-600	1200
1998	250	-1	1	1	-250	250
1999	350	0	0	0	0	0
2000	400	1	1	1	400	400
2001	450	2	4	16	900	1800
2002	550	3	9	81	1650	4950
合计	2650	0	28	196	1050	11750

$$b = \frac{\sum ty}{\sum t^2} = \frac{1050}{28} = 37.5$$

$$c = \frac{n\sum t^2 y - \sum t^2 \sum y}{n\sum t^4 - (\sum t^2)^2} = \frac{7 \times 11750 - 28 \times 2650}{7 \times 196 - 28 \times 28} = 13.69$$

$$a = \frac{\sum y - c\sum t^2}{n} = \frac{2650 - 13.69 \times 28}{7} = 323.81$$

$$\hat{Y}_t = a + bt + ct^2 = 323.81 + 37.5t + 13.69t^2$$

第三步，确定预测值。

2003 年的 $t=4$，$t^2=16$，则该年的预测值为

$\hat{Y}_t = a + bt + ct^2 = 328.81 + 37.5 \times 4 + 13.69 \times 16 = 692.85$(万元)

2004 年的 $t=5$，$t^2=25$，则该年的预测值为

$\hat{Y}_t = a + bt + ct^2 = 328.81 + 37.5 \times 5 + 13.69 \times 25 = 853.56$(万元)

任务 6.4 季节变动法

6.4.1 季节变动预测法与季节指数

1. 季节变动预测法

季节变动是指由于自然条件和社会条件的影响，经济现象在一年内随着季节的转变而发生的周期性变动。

季节变动预测法就是以时间序列为基础，通过建立季节变动模型来预测未来季节变动的状况。

季节变动根据其变动特征可分为两类：无趋势季节变动和长期趋势季节变动。

无趋势季节变动也叫水平型季节变动，是指时间序列中各项数值的变化是围绕某一个水平值上下周期性地波动。若时间序列呈水平型季节变动，则意味着时间序列中不存在明显的长期趋势变动，而仅有季节变动和不规则变动。

长期趋势季节变动是指时间序列中各项数值一方面随时间变化呈现季节性周期变化，另一方面随着时间变化而呈现上升（或下降）的变化趋势。

若时间序列呈长期趋势季节变动，则意味着时间序列中不仅有季节变动、不规则变动，而且包含长期趋势变动。

2. 季节指数

通常用来度量季节变动的指标是季节指数（S）。季节指数是用百分数或系数形式表示的季节变动指标，又称季节比率。

无趋势季节变动季节指数＝各年同季（月）平均数/总平均数
长期趋势季节变动季节指数＝各年同季（月）平均数/趋势值

6.4.2 无趋势季节变动预测法

无趋势季节变动预测法也叫同期平均预测法、水平型季节变动预测法，它通过对不同年份中同一时期的数值求平均数，来剔除不规则变动，得出季节变动模型进行预测的。

其基本步骤如下。

（1）收集连续 3 年以上的各期（月或季）历史数据。

（2）计算各年同期平均数和总平均数。

（3）计算季节指数。

（4）建立预测模型，进行预测。

【例】某地历年各季度背心的销售量如表 6-14 所示，试预测 2017 年各季度的销售量。

市场调查与预测

表6-14 各季度的销售量表　　　　　　　　　　　　　单位：万件

年度＼季度	1	2	3	4	合　计	各季平均数
2012	9	13	16	6	44	11.00
2013	11	14	17	10	52	13.00
2014	8	16	21	6	51	12.75
2015	10	12	20	8	50	12.50
2016	12	15	16	10	53	13.25
合计	50	70	90	40	250	
同季平均数	10	14	18	8		年平均数12.50
季节指数/%	80	112	144	64	400	100

求：（1）如果2017年第1季度的销售量是13万件，试预测第2季度的销售量。

（2）如果2017年第1季度和第2季度的总销售量是30万件，试预测第3季度的销售量。

（3）如果2017年的总销售量是60万件，试预测第每一季度的销售量。

解：把过去5个年度中所有季度的销售量加总得出总销售量250万件，年平均销售量为250÷20＝12.50（万件），第1季度的季节指数为10÷12.50＝80%，同理可求出其他每一季度的季节指数。

（1）2017年的季平均数＝13÷80%＝16.25（万件）

2017年第2季度的销售量＝16.25×112%＝18.2（万件）

（2）2017年的季平均数＝30÷（80%＋112%）＝15.62（万件）

2017年第3季度的销售量＝15.62×64%＝10（万件）

（3）2017年的季平均数＝60÷4＝15（万件）

2017年第1季度的销售量＝15×80%＝12（万件）

2017年第2季度的销售量＝15×112%＝16.8（万件）

2017年第3季度的销售量＝15×144%＝17（万件）

2017年第4季度的销售量＝15×64%＝9.6（万件）

6.4.3 长期趋势季节变动预测法

许多时间序列都是季节变动与长期趋势结合在一起的，对于这种时间序列，除了考虑季节变动因素外，还必须将长期趋势的因素结合起来一起研究，才能较准确地预测未来。

1）预测方法

首先，利用移动平均法计算出各期的趋势值，将各期的实际值除以对应期的实际值，求出季节比率。其次，把各年相同季节的季节比率平均，求出季节指数。最后，根据趋势值的平均变动情况，求出预测期的趋势值，把它乘以对应期的季节指数，就得出了预测值。

2）预测步骤

（1）建立长期趋势模型。

根据具体情况，选用移动平均法、指数平滑法或趋势延伸法，确定趋势模型，趋势模型可以是直线或某一种曲线，用趋势模型求出各期的趋势值。

（2）计算平均季节指数。

将各期的实际观测值除以长期趋势值，得到各年同季的季节比率，对同季的季节比率求平均数。

（3）利用已建立的预测模型进行预测。

【例12】某公司2013—2016年各季节的商品销售情况如表6-15所示，试预测2017年各季的销售量

表6-15 某公司2013—2016年各季节的商品销售表　　　　　　　　单位：万件

年　度	一季度	二季度	三季度	四季度
2013	20	24	29	35
2014	24	29	34	42
2015	29	35	41	50
2016	33	40	48	58

解：（1）建立长期趋势模型。粗略观察，该时间序列既有季节变动，又有长期趋势，因此采用四期移动平均，求出移动平均值，如表6-16所示。

表6-16 季节水平预测模型计算表

年　度	季　度	时间序号	销售量/万件	四期移动平均数/万件	趋势值/万件	季节比率
2013	一	1	20	—	24.596	0.813
	二	2	24	—	26.074	0.920
	三	3	29	—	27.553	1.053
	四	4	35	27	29.032	1.206
2014	一	5	24	28	30.511	0.787
	二	6	29	29.25	31.990	0.907
	三	7	34	30.50	33.469	1.016
	四	8	42	32.25	34.948	1.202
2015	一	9	29	33.50	36.427	0.796
	二	10	35	35	37.906	0.923
	三	11	41	36.75	39.385	1.041
	四	12	50	38.75	40.846	1.224
2016	一	13	33	39.75	42.343	0.779
	二	14	40	41	43.822	0.913
	三	15	48	42.75	45.301	1.060
	四	16	58	44.75	46.780	1.240
合计	—	136	571	—	571	—

由表可见，时间序列基本表现出直线增长趋势，因此可建立线性长期趋势方程：$y_t=a+bt$。
系数 b 近似采用该直线的平均斜率求得：

$$b=\frac{M_{末项}-M_{首项}}{时期数}=\frac{44.75-27}{16-4}=1.479$$

利用直线趋势方程求系数 a 的公式：

$$a=\frac{\sum yt-b\sum t}{t}=\frac{571-1.479\times136}{16}=23.116$$

长期趋势方程为

$y_t=a+bt=23.116+1.479t$

市场调查与预测

用该式计算各期的长期趋势值，如对应时间序号 $t=1$ 的长期趋势值为
$y_1 = 23.116 + 1.479 \times 1 = 24.596$

同理，当分别取 $t=2$，3，4，…时，可分别求出不同的长期趋势值，列入表 6-17 中。

（2）计算各期的季节比率。

例如，2013 年第一季度的季节比率为
$20 \div 24.595 = 0.813$

同理，其他各年各季的季节比率也可算出，列于表 6-17 中。

（3）计算各年各季平均季节比率。

计算结果列于表 6-17 中。

表 6-17 平均季节比率计算表

年　度	一季度	二季度	三季度	四季度
2013	0.813	0.920	1.053	1.206
2014	0.787	0.907	1.016	1.202
2015	0.796	0.923	1.041	1.224
2016	0.779	0.313	1.060	1.240
合计	3.175	3.663	4.17	4.872
平均季节比率	0.794	0.916	1.043	1.218
2017 年各季的趋势值	48.259	49.738	51.217	52.696
2017 年各季的预测值	38.32	45.56	53.42	64.18

（4）利用已建立的预测模型进行预测。

将 2017 年各季度对应的时间序号 t 值，代入长期趋势模型 $yt = 23.116 + 1.479t$ 中，可求出 2017 年各季度的趋势值，如 2017 年第一季度的趋势值为
$23.116 + 1.479 \times 17 = 48.259$

同理，可求出 2017 年其他季度的趋势值，列于表 6-17 中。

2017 年第一季度的预测值为
$48.259 \times 0.794 = 48.259$（万件）

同理，可求出 2017 年其他季度的预测值，列于表 6-17 中。

知识归纳

		项目 6 时间序列预测法
移动平均法	时间序列的组合形式	时间序列由长期趋势、季节变动、循环变动和不规则变动四类因素组成。常见的组合类型如下。 （1）加法型 $y_t = T_t + S_t + C_t + I_t$ （2）乘法型 $y_t = T_t \cdot S_t \cdot C_t \cdot I_t$ （3）混合型 $y_t = T_t \cdot S_t + C_t + I_t$；$y_t = S_t + T_t \cdot C_t \cdot I_t$ 其中，y_t 为时间序列的全变动；T_t 为长期趋势；S_t 为季节变动；C_t 为循环变动；I_t 为不规则变动

项目 6
时间序列预测法

续表

项目6 时间序列预测法		
指数平滑法	简单移动平均法	简单移动平均法是根据时间序列资料逐项推移，依次计算包含一定项数的时序简单平均数，以反映长期趋势的方法 预测公式：设时间序列为 $y_1, y_2, \cdots, y_t, \cdots$ $$M_t = \frac{y_t + y_{t-1} + \cdots + y_{t-N+1}}{N}$$ 式中，M_t——t 期移动平均数； 　　　N——移动平均的项数。 适用条件：时间序列无明显的趋势变动
	一次移动平均法	一次加权移动平均法是根据时间序列资料逐项推移，依次计算包含一定项数的时序加权平均数，以反映长期趋势的方法 预测公式：设时间序列为：$y_1, y_2, \cdots, y_t, \cdots$ $$M_{tw} = \frac{w_1 y_t + w_2 y_{t-1} + \cdots + w_N y_{t-N+1}}{w_1 + w_2 + \cdots + w_N} \quad (t \geq N)（以加权计算为例）$$ 式中，M_{tw}——t 期加权移动平均数； 　　　w_i——y_{t-i+1} 的权数。 适用条件：时间序列无明显的趋势变动
	二次移动平均法	在时间序列有明显的趋势变动时，用简单移动平均法和一次加权移动平均法来预测就会出现滞后偏差。因此，需要进行修正，修正的方法是做二次移动平均，利用移动平均滞后偏差的规律来建立直线趋势的预测模型。这就是二次移动平均法 预测公式：一次移动的平均数为 $$M_t^{(1)} = \frac{y_t + y_{t-1} + \cdots + y_{t-N+1}}{N}$$ 在一次移动平均的基础上再进行一次移动平均就是二次移动平均 $$M_t^{(2)} = \frac{M_t^{(1)} + M_{t-1}^{(1)} + \cdots + M_{t-N+1}^{(1)}}{N}$$ 设时间序列 $\{y_t\}$ 具有直线趋势，则可设此直线的趋势预测模型为 $$\hat{y}_{t+T} = a_t + b_t T \quad (T=1, 2)$$ 式中，t——当前时期数； 　　　T——由 t 至预测期的时期数； 　　　a_t——截距； 　　　b_t——斜率。 平滑系数如下： $$\begin{cases} a_t = 2M_t^{(1)} - M_t^{(2)} \\ b_t = \frac{2}{N-1}\left[M_t^{(1)} - M_t^{(2)}\right] \end{cases}$$
	一次指数平滑法	一次指数平滑法是指以预测目标的本期实际值和本期预测值为基数，分别给二者以不同的权数，求出指数平滑值，作为确定的预测值。适用于预测目标时间序列波动无明显增加、减少的长期趋势的情况。 预测公式：$Y_{t+1} = S_t^{(1)} = \alpha Y_t + (1-\alpha) S_{t-1}^{(1)}$

续表

		项目6 时间序列预测法
指数平滑法	一次指数平滑法	平滑系数 α 值的选取： （1）时间序列长期发展趋势变化平稳，则 α 应取小一点（0.05～0.2）。 （2）时间序列变化呈阶梯式或按固定速度上升或下降时，α 取较大值，如 0.3～0.6，使近期信息对指数平滑起重要作用。 （3）时间序列有缓慢的变化趋向，α 取 0.2～0.4。 （4）资料缺乏时，可以选取不同的 α 值模拟计算，选取误差小的 α 值 初始值的确定：取时间序列的第一个数据或前三个数据的平均值作为初始值 $S_0^{(1)}$
	二次指数平滑法	用一次指数平滑法，在处理有线性趋势的时间序列时会产生滞后偏差，为了弥补此缺陷，需要在一次平滑的基础上，再做一次指数平滑，然后确定预测值，这就是二次指数平滑法 一次平滑公式：$S_t^{(1)} = \alpha Y_t + (1-\alpha) S_{t-1}^{(1)}$ 二次平滑公式：$S_t^{(2)} = \alpha S_t^{(1)} + (1-\alpha) S_{t-1}^{(2)}$ 设时间序列具有直线趋势，则可设直线趋势预测模型为 $$\hat{y}_{t+T} = a_t + b_t T \quad (T=1, 2, 3, \cdots)$$ 式中，t——当前时期数； T——从 t 至预测期的时期数。 平滑系数的计算公式为 $$\begin{cases} a_t = 2S_t^{(1)} - S_t^{(2)} \\ b_t = \dfrac{\alpha}{1-\alpha}\left[S_t^{(1)} - S_t^{(2)}\right] \end{cases}$$ α 的选取：选取预测误差最小的 α 值作为实际预测时的平滑系数。 $S_0^{(1)} = S_0^{(2)} = (X_0 + X_1 + X_2)/3$ 初值 $S_0^{(1)}$、$S_0^{(2)}$ 的选取 当数据个数 $n \geq 20$ 时，取 $S_0^{(1)} = S_0^{(2)} = X_0$ 当数据个数 $n < 20$ 时，取最初几期数据的平均值
延伸曲线法	直线趋势延伸预测法	含义：指预测目标观测值的变化趋势符合直线规律，建立直线方程，并依靠此方程预测未来的方法。 线性趋势方程为 $$\hat{Y}_t = a + bt$$ 式中，$\hat{Y}_t$——时间序列的趋势值； t——时间标号； a——趋势线在 Y 轴上的截距； b——趋势线的斜率，表示时间 t 变动一个单位时观察值的平均变动数量。 趋势方程中的参数 a 和 b 可按最小二乘法求得： $$\begin{cases} b = \dfrac{n\sum t y_t - \sum t \sum y_t}{n\sum t^2 - (\sum t)^2} \\ a = \dfrac{\sum y_t}{n} - b\dfrac{\sum t}{n} \end{cases}$$ 令 $\sum t = 0$，上式简化为 $$\begin{cases} b = \dfrac{\sum t y_t}{\sum t^2} \\ a = \dfrac{\sum y_t}{n} \end{cases}$$ t 值的取法： 当时间序列项数 n 为奇数时，令数列正中间一项为时间原点 0，分别取 $t=\cdots, -2, -1, 0, 1, 2, \cdots$； 当时间序列项数 n 为偶数时，令数列正中间两项的时间为 -1 和 $+1$，分别取 $t=\cdots, -5, -3, -1, 1, 3, 5, \cdots$

项目 6
时间序列预测法

续表

项目 6 时间序列预测法		
延伸曲线法	指数曲线延伸预测法	含义：是指预测目标观测值的变化趋势符合指数增长规律，建立指数曲线方程，并依靠此方程预测未来的方法。 预测模型：$y_t = ab^t$ 预测方法：模型两边取对数：$\lg y_t = \lg a + t \lg b$ 令 $Y_t = \lg y_t$，$A = \lg a$，$B = \lg b$，则 $Y_t = A + Bt$ 就可以采用直线趋势预测法进行预测
	二次抛物线延伸预测法	含义：是指预测目标观测值的变化趋势符合二次抛物线规律，建立二次抛物线方程，并依靠此方程预测未来的方法。 预测模型： $$\hat{Y}_t = a + bt + ct^2$$ 用最小二乘法推导出各系数为 $$a = \frac{\sum y - c \sum t^2}{n}$$ $$b = \frac{\sum ty}{\sum t^2}$$ $$c = \frac{n \sum t^2 y - \sum t^2 \sum y}{n \sum t^4 - (\sum t^2)^2}$$
季节变动法	季节指数	无趋势季节变动季节指数＝各年同季（月）平均数/总平均数 长期趋势季节变动季节指数＝各年同季（月）平均数/趋势值
	无趋势季节变动法	含义：通过对不同年份中同一时期的数值求平均数，来剔除不规则变动，得出季节变动模型进行预测。 预测步骤： (1) 收集连续 3 年以上的各期（月或季）历史数据。 (2) 计算各年同期平均数和总平均数。 (3) 计算季节指数。 (4) 建立预测模型，进行预测
	长期趋势季节变动法	含义：对于季节变动与长期趋势结合在一起的时间序列，必须同时考虑此两个因素来预测未来的方法。 方法： (1) 利用移动平均法计算出各期趋势值，将各期实际值与对应期的趋势值相比较，求出季节比率。 (2) 把各年相同季节的季节比率平均，求出季节指数。 (3) 根据趋势值的平均变动情况，求出预测期的趋势值，把它乘以对应期的季节指数，就得出了预测值

市场调查与预测

情景 6

练习题

一、单选题

1. 下列数列中，属于时间数列的是（   ）。
   A．运动员按运动成绩分组形成的数列
   B．一个月内每天某一固定时间记录的气温按高低排列形成的数列
   C．商店按销售额高低形成的数列
   D．降水量按时间先后循序排列形成的数列

2. 若要观察现象在某一段时间内变动的基本趋势，需测定现象的（   ）。
   A．季节变动   B．循环变动   C．长期趋势   D．不规则变动

3. 季节指数的高低受各年数值大小的影响，数值大的年份对季节指数的影响（   ）。
   A．较大
   B．较小
   C．依据不同情况而定
   D．无法判断

4. 已知同一指标不同年度的数值排列顺序，欲求季节指数，则（   ）。
   A．用按月（季）平均法
   B．用移动平均趋势剔除法
   C．上述两种方法都可以
   D．上述两种方法都不可以

5. 使用指数平滑法进行预测时，如果时间序列变化剧烈，则平滑系数的取值应该（   ）。
   A．小些   B．大些   C．等于 0   D．等于 1

6. 一次指数平滑法得到 $t+1$ 期的预测值等于（   ）。
   A．t 期的实际观测值与第 t 期指数平滑值的加权平均值
   B．t 期的实际观测值与第 $t+1$ 期指数平滑值的加权平均值
   C．t 期的实际观测值与第 $t+1$ 期实际观察值的加权平均值
   D．$t+1$ 期的实际观测值与 t 期指数平滑值的加权平均值

7. 在直线趋势方程 $Y_t=a+bt$，参数 b 为负值，则这条曲线是（   ）。
   A．上升趋势
   B．下降趋势
   C．平稳趋势
   D．发展趋势不明显

8. 若现象的发展不受季节因素的影响，则计算各期的季节指数应接近于（   ）。
   A．0   B．1/12   C．1/   D．1

9. 已知有连续 11 年的贷款余额时间序列，采用三项移动平均法测定其长期趋势，则移动平均趋势值共有（   ）。
   A．8 项   B．9 项   C．10 项   D．11 项

10. 以一年为周期，每年重复出现周期性变动的是（   ）。
    A．季节性变动   B．长期变动趋势

项目 6
时间序列预测法

C. 循环变动　　　　　　　　　　D. 不规则变动

11. 当时间序列的观测值随时间的推进而呈单纯增加（或下降）的趋势时，且各期的增长率（或下降率）基本相等，则描述时间序列趋势变动较合适的曲线延伸预测法是（　　）。

　　A. 指数曲线法　　　　　　　　B. 直线趋势法
　　C. 二次曲线法　　　　　　　　D. 三次曲线法

12. 若长期趋势变动基本呈水平样式，在指数平滑法中，平滑系数取值比较合理的是（　　）。

　　A. 0.3～0.4　　B. 0.5～0.9　　C. 0.1　　D. 0.05～0.2

二、多选题

1. 时间序列的影响因素有（　　）。
　　A. 长期趋势　　　　　　　　　B. 季节变动
　　C. 循环变动　　　　　　　　　D. 不规则变动
　　E. 人为变动

2. 测定长期趋势的方法主要有（　　）。
　　A. 回归方程法　　　　　　　　B. 移动平均法
　　C. 指数平滑法　　　　　　　　D. 半数平均法
　　E. 时距扩大法

3. 在直线趋势方程 $Y_t=a+bt$ 中，各符号的意义是（　　）。
　　A. Y_t 表示时间序列的长期趋势
　　B. a 值等于原时间序列的最末水平
　　C. b 为趋势直线的斜率
　　D. b 是每增加一个单位时间，现象平均增加的值
　　E. t 表示时间序列中指数所属的时间

4. 下列选项中属于季节变动的特点的有（　　）。
　　A. 季节变动每年重复进行
　　B. 分析季节变动时无法消除长期趋势的影响
　　C. 季节变动按照一定的周期进行
　　D. 季节变动是没有规律、不可预测的
　　E. 季节变动的每个周期变化强度大体相同

5. 采用移动平均法对时间数列修匀后，所得到的一个新的时间数列（　　）。
　　A. 是由序时平均数组成的
　　B. 是由一般平均数组成的
　　C. 其项数一定少于原数列
　　D. 其基本发展趋势与原数列不一致
　　E. 其基本发展趋势与原数列一致

6. 下列说法中正确的有（　　）。
　　A. 时间序列数据不一定按数据先后顺序排列
　　B. 在时间序列有明显的趋势变动时，可用二次移动平均法预测
　　C. 直线趋势延伸方程中的参数可用最小二乘法求出
　　D. 指数平滑法中的平滑系数可以大于 1 但不能小于 0
　　E. 长期趋势季节指数预测法要考虑长期趋势的影响

7. 用移动平均法测定长期趋势时,有关项数确定的正确说法有(　　)。
   A. 移动的项数越多,修匀的作用越大
   B. 移动的项数越多,损失的数据也越多
   C. 移动的项数越多,预测越准确
   D. 移动的项数越少,预测越准确
   E. 如果资料显示存在自然周期,则项数的选取应与周期一致
8. 时间序列分解较常用的模型有(　　)。
   A. 加法模型　　　　　　　　B. 乘法模型
   C. 直线模型　　　　　　　　D. 指数模型
   E. 二次曲线模型

三、简答题

1. 简述时间序列由哪些因素组成,怎样组成。
2. 简单移动平均法的移动项数大小对预测结果有什么影响?
3. 加权移动平均法中,选取权数的基本原则是什么?
4. 一次移动平均法和二次移动平均法的适用条件是什么?
5. 如何选取平滑系数?
6. 指数平滑法中怎么选取初始值?
7. 在直线趋势延伸预测法中,为了求直线方程参数的简化,如何选取时间序数 t?
8. 对于指数曲线 $y_t = ab^t$,简述如何处理该方程来做预测。
9. 二次抛物线方程和求其参数的方程是什么?
10. 无趋势季节变动季节指数和长期趋势季节变动季节指数的计算公式是怎样的?
11. 简述无趋势季节变动法的预测步骤。
12. 简述长期趋势季节变动法的预测步骤。

四、预测分析题

1. 某市近 6 年的灯具销售量资料如表 6-18 所示,试用直线趋势延伸预测法预测 2018 年销售量的点估计值。

表 6-18　某市近6年的灯具销售量资料

年　度	2012	2013	2014	2015	2016	2017
销售量/万架	8.7	10.6	13.3	16.5	20.6	26

2. 某企业历年的产品产量资料如表 6-19 所示。

表 6-19　某企业历年的产品产量资料

年　度	产　量	年　度	产　量
2004	344	2011	496
2005	416	2012	522
2006	435	2013	580
2007	440	2014	580
2008	450	2015	569
2009	468	2016	548
2010	486	2017	50

项目 6
时间序列预测法

要求：
(1) 取项数为 3，对此时间序列进行简单移动平均，求出修匀后的数列。
(2) 根据修匀后的数列拟合直线趋势方程。
(3) 根据直线趋势方程预测 2018 年的产量。

3. 某国家历年的国内生产总值数据如表 6-20 所示，试用二次曲线模型法预测该国 2018 年和 2019 年的国内生产总值。

表 6-20 某国家历年的国内生产总值数据

年 度	国内生产总值/亿美元	年 度	国内生产总值/亿美元
1998	392.06	2008	2023.27
1999	449.47	2009	2316.12
2000	523.51	2010	2775.91
2001	614	2011	3227.04
2002	726.91	2012	3731.51
2003	861.86	2013	4296.97
2004	1024.59	2014	4922.73
2005	1219.85	2015	5612.38
2006	1448.26	2016	6369.39
2007	1715.18	2017	7199.29

4. 某地区历年的国内生产总值数据如表 6-21 所示，请选择最合适的平滑系数值，并用一次指数平滑法预测历年的国内生产总值。

表 6-21 某地区历年的国内生产总值数据

年 度	国内生产总值	年 度	国内生产总值
2008	216	2013	679
2009	266	2014	748
2010	345	2015	816
2011	450	2016	895
2012	577	2017	1036

5. 某商业银行历年的投资额资料如表 6-22 所示，试用指数曲线趋势方程预测 2018 年该银行的投资额。

6-22 某商业银行历年的投资额资料

年 度	2013	2014	2015	2016	2017
投资额/亿元	320	332	340	356	380

6. 对表 6-23 的时间序列资料，试用二次指数平滑法预测第 9 期的数值。

表 6-23 时间序列

t	1	2	3	4	5	6	7	8
y	43.2	49.7	55.6	62	68.3	74.4	80.8	86

7. 某国家历年的棉花产量如表 6-24 所示，试用二次指数平滑法预测 2018 年和 2019 年的棉花产量。

市场调查与预测

表 6-24　某国家历年的棉花产量

年　度	2002	2003	2004	2005	2006	2007	2008	2009
产量/万吨	378.8	450.8	567.5	450.8	373.9	434.1	476.8	420.3
年　度	2010	2011	2012	2013	2014	2015	2016	2017
产量/万吨	460.3	450.1	382.9	441.7	532.4	491.62	486	632.4

8．某县历年各季度的鸡蛋销售量数据如表 6-25 所示。
（1）用移动平均法消除季节变动。
（2）用指数平滑法预测长期趋势。
（3）用拟合线性模型测定长期趋势。
（4）预测 2018 年各季度的鸡蛋销售量。

表 6-25　某县历年各季度的鸡蛋销售量

年　度	一季度	二季度	三季度	四季度
2014	13.1	13.9	7.9	8.6
2015	10.8	11.5	9.7	11.0
2016	14.6	17.5	16.0	18.2
2017	18.4	20.0	16.9	18.0

实训

一、计算长期趋势

趋势分析方法有许多，这里介绍移动平均法和指数平滑法，主要通过对时间序列进行平滑以消除其随机波动。

可以利用函数和公式法，或者使用工具进行分析。

1．函数和公式法

打开工作簿，利用"月度数据"工作表中的数据，分别用移动平均法（$K=3$ 和 $K=4$）和一次指数平滑法（$\alpha=0.2$，1 月的预测值为 286331315）计算 2012 年全国进出口总额的长期趋势，结果如图 6-8 所示。

	A	B	C	D	E	F
1	月份	进出口总值(千美元)	三项移动平均	四项移动平均	二项移正平均	a=0.2
2	1	272600339				286331315
3	2	260424706	286331315			283585120
4	3	325968900	298156614	291767545	300640278	278953037
5	4	308076236	325875779	309513011	318045777	288356210
6	5	343582201	326781758	326578543	326924095	292300215
7	6	328686836	333667449	327269646	329920872	302556612
8	7	328733311	328902063	332572098	332753071	307782657
9	8	329286043	334349781	332934045	331735130	311972788
10	9	345029990	331137184	330536216	331835584	315435439
11	10	319095518	334417922	333134953	337829313	321354349
12	11	339128259	341688235	342523674		320902583
13	12	366840927				324547718
14						333006360

图 6-8　用 Excel 计算的长期趋势资料及结果

项目 6
时间序列预测法

计算步骤如下。

第一步,计算三项移动平均值:在单元格 C3 中输入"=average(B2:B4)",并用鼠标拖动将公式复制到单元格区域 C3:C12。

第二步,计算四项移动平均值:在单元格 D4 中输入"=average(B2:B5)",并用鼠标拖动将公式复制到单元格区域 D4:D12。

第三步,计算二项移动平均值:在单元格 E4 中输入"=average(D4:D5)",并用鼠标拖动将公式复制到单元格区域 E4:E11。

第四步,计算一次指数平滑预测数:在单元格 F2 中输入"286331315",在单元格 F3 中输入"=0.2*B2+(1-0.2)*F2",并用鼠标拖动将公式复制到单元格区域 F4:F14。单元格 F14 为未来下一个月的预测值。

2. 工具分析法

(1) 移动平均法:选择"工具"→"数据分析"命令,弹出"数据分析"对话框,如图 6-9(a)所示。选择"移动平均"选项,单击"确定"按钮,弹出"移动平均"对话框,在"输入区域"中输入"B2:B13",在"间隔"中输入"3",在"输出区域"中输入"C15",如图 6-9(b)所示。单击"确定"按钮就可以得到 n=3 的移动平均值。n=5 时,也是同样的操作。

(a)

(b)

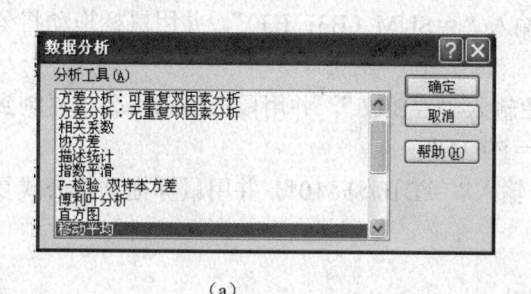

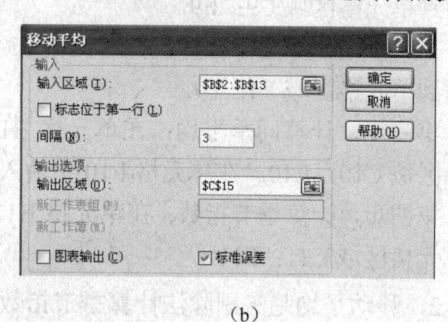

图 6-9 移动平均法

(2) 指数平滑法:选择"工具"→"数据分析"命令,弹出"数据分析"对话框,如图 6-10(a)所示。选择"指数平滑"选项,单击"确定"按钮,弹出"指数平滑"对话框,在"输入区域"中输入"B2:B13",在"阻尼系数"中输入"0.8",在"输出区域"中输入"F15",如图 6-10(b)所示。单击"确定"按钮就可以得到 $\alpha=0.2$ 的指数平滑值。

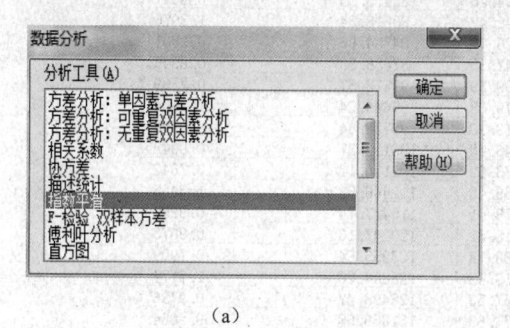

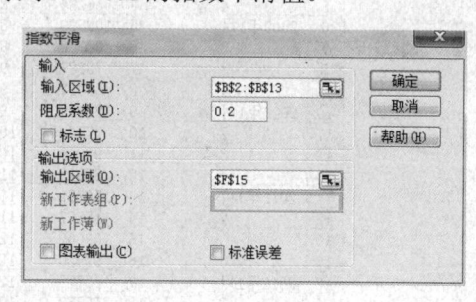

(a)

(b)

图 6-10 指数平滑法

二、计算季节变动

季节变动是指现象受到自然因素和社会习俗等因素影响而发生的有规律的周期性变动。测定季节变动可分为两种:一是不排除长期趋势的影响,直接根据原时间序列来测定;二是依据

市场调查与预测

剔除长期趋势后的时间序列来测定。前者用简单平均法，或者用移动平均趋势剔除法。

1. 用简单平均法计算季节指数

打开工作簿，利用"季度数据"工作表中的数据，计算季节变动，结果如图6-11所示。

	A	B	C	D	E	F
1		国内生产总值季度数据				
2	年/季	1	2	3	4	全年合计
3	2008	97019	76548	74194	66284	314045.4
4	2009	109599	83100	78387	69817	340902.8
5	2010	128886	97748	92265	82613	401512.8
6	2011	150759	115857	109009	97480	473104.1
7	2012	165729	125738	119531	108472	519470.1
8	2013	181745	139076	129162	118862	568845.2
9	同季合计	833737.7	638066.8	602548.2	543527.7	2617880
10	同季平均	138956.3	106344.5	100424.7	90587.95	109078.4
11	季节指数	127.39%	97.49%	92.07%	83.05%	100.00%

图6-11 用简单平均法计算季节指数的结果

计算步骤如下。

第一步，计算同季合计：在单元格B9中输入"＝SUM（B3：B8）"，并用鼠标拖动将公式复制到单元格区域C9：E9。

第二步，计算全年合计：在单元格F3中输入"＝SUM（B3：E3）"，并用鼠标拖动将公式复制到单元格区域F4：F9。

第三步，计算同季平均：在单元格B10中输入"＝B9/6"，并用鼠标拖动将公式复制到单元格区域C10：E10。在单元格F10中输入"＝F9/24"。

第四步，计算季节指数：在单元格B11中输入"＝B10/$F$10"，并用鼠标拖动将公式复制到单元格区域C11：F11。

2. 移动平均趋势剔除法计算季节指数

打开工作簿，利用"季度数据"工作表中的数据，计算季节变动，结果如图6-12和图6-13所示。

	A	B	C	D	E	F
1	年/季	时间序号t	总产值Y	四项移动平均	移正平均（T）	剔除趋势值（Y_t）=Y/T
2	2008年1月	1	97019			
3	2	2	76548	78511.36		
4	3	3	74194	81656.41	80083.88	0.9265
5	4	4	66284	83294.26	82475.33	0.8037
6	2009年1月	5	109599	84342.42	83818.34	1.3076
7	2	6	83100	85225.70	84784.06	0.9801
8	3	7	78387	90047.35	87636.53	0.8945
9	4	8	69817	93709.39	91878.37	0.7599
10	2010年1月	9	128886	97179.08	95444.24	1.3504
11	2	10	97748	100378.20	98778.64	0.9896
12	3	11	92265	105846.53	103112.37	0.8948
13	4	12	82613	110373.69	108110.11	0.7642
14	2011年1月	13	150759	114559.48	112466.58	1.3405
15	2	14	115857	118276.01	116417.74	0.9952
16	3	15	109009	122018.31	120147.16	0.9073
17	4	16	97480	124488.78	123253.54	0.7909
18	2012年1月	17	165729	127119.42	125804.10	1.3174
19	2	18	125738	129867.53	128493.47	0.9786
20	3	19	119531	133871.63	131869.58	0.9064
21	4	20	108472	137205.96	135538.80	0.8003
22	2013年1月	21	181745	139613.78	138409.87	1.3131
23	2	22	139076	142211.30	140912.54	0.9870
24	3	23	129162			
25	4	24	118862			

图6-12 计算剔除趋势值的结果

项目 6
时间序列预测法

年/季	1	2	3	4
2008	——	——	0.9265	0.8037
2009	1.3076	0.9801	0.8945	0.7599
2010	1.3504	0.9896	0.8948	0.7642
2011	1.3405	0.9952	0.9073	0.7909
2012	1.3174	0.9786	0.9064	0.8003
2013	1.3131	0.9870	——	——
同季合计	6.6289	4.9304	4.5294	3.9189	20.0076
同季平均	1.3258	0.9861	0.9059	0.7838	1.0004
季节指数	132.53%	98.57%	90.55%	78.35%	100.00%

图 6-13　计算季节指数的结果

计算步骤如下。

第一步，计算四项移动平均：在单元格 D3 中输入"＝AVERAGE（C2：C5）"，并用鼠标拖动将公式复制到单元格区域 D4：D23。

第二步，计算移正平均 T：在单元格 E4 中输入"＝AVERAGE（D3：D4）"，并用鼠标拖动将公式复制到单元格区域 E5：E23。

第三步，剔除长期趋势 Y_t，即计算 Y/T：在单元格 F4 中输入"＝C4/E4"，并用鼠标拖动将公式复制到单元格区域 F5：F23。

第四步，重新排列单元格区域 F4：F23 中的数字，使同季的数字位于一列，共排成 6 行，如图 6-13 所示。

第五步，计算各年同季合计：在单元格 B35 中输入公式"＝SUM（B29：B34）"，并用鼠标拖动将公式复制到单元格区域 C35：E35。在单元格 F35 中输入公式"＝SUM（B35：E35）"。

第六步，计算各年同季平均：在单元格 B36 中输入公式"＝B35/5"，并用鼠标拖动将公式复制到单元格区域 C36：E36。在单元格 F36 中输入公式"＝F35/20"。

第七步，计算季节指数：在单元格 B37 中输入公式"＝B36/$F$36"，并用鼠标拖动将公式复制到单元格区域 C37：F37。

实训 1：某电子产品公司 2006～2014 年的产品销售数据如表 6-26 所示。

表 6-26　某电子产品公司 2006～2014 年的产品销售数据

年　度	销售额（万元）	年　度	销售额（万元）
2006	80	2011	101
2007	83	2012	107
2008	87	2013	115
2009	89	2014	125
2010	95		

要求：应用三年和五年移动平均法计算趋势值。

实训 2　某公司历年的销售额数据如表 6-27 所示。

表 6-27　某公司历年的销售额数据

年　度	2005	2006	2007	2008	2009	2010	2011	2012	2013	2014	2015
销售额/万元	335	320	338	340	351	357	368	359	369	375	380

要求：取平衡系数为 0.3，初始值为 335，用一次指数平滑法预测 2016 年的销售额。

实训 3　某旅游风景区 3 年的旅游收入如表 6-28 所示。

市场调查与预测

表 6-28 某旅游风景区 3 年的旅游收入

年度	一季度的旅游收入/万元	二季度的旅游收入/万元	三季度的旅游收入/万元	四季度的旅游收入/万元
2014	72	110	135	82
2015	74	115	142	88
2016	78	179	184	95

要求：(1) 采用按季平均法计算季节指数

(2) 按移动平均趋势剔除法计算季节指数，并绘制季节变动图。

项目 7

回归分析预测法

学习目标

1. 了解相关概念；
2. 掌握相关系数的计算，以及如何以此判断相关程度；
3. 熟练掌握一元线性回归模型预测法；
4. 掌握多元线性回归模型预测法；
5. 了解非线性回归预测法。

任务 7.1　相关分析

7.1.1　函数关系与相关关系

现实世界中，事物或现象总是相互联系、制约、依存的。当某些现象发生变化时，另一现象也会随之发生变化。例如，商品价格的变化会刺激或抑制商品销售量的变化；直接材料、直接人工的价格变化会对产品销售成本产生直接的影响。

现象间的依存关系分成函数关系和相关关系两种类型。

1）函数关系

函数关系是指现象之间有一种严格的确定性的依存关系。当某一现象发生变化时，另一现象也相应发生变化，两个现象的取值有严格的对应关系。现象之间的关系可以用一个函数表达。

2）相关关系

相关关系是指现象之间存在的，但数量上不是严格对应的依存关系。对于某一现象的每一数值，另一现象有若干数值与之相对应。例如，成本的大小影响利润大小，但某一确定的成本与利润的数量关系是不确定的，因为利润还受很多偶然因素的影响。

3）相关关系和函数关系的相对性

有些函数关系因为有测量误差和随机因素的干扰，有可能通过相关关系表现出来；有些相关相关，当对其数量间的规律性了解得十分深刻和精准时，其相关关系就有可能以函数关系来表现出来。

4）相关关系的特点

（1）现象之间确实存在着数量上的依存关系。也就是说，一个现象发生数量上的变化，另一个现象也会相应地发生数量上的变化。

（2）现象间的数量依存关系值是不确定的。也就是说，一个现象发生数量上的变化，另一个现象会有几个可能值与之对应，而不是唯一确定的值。

5）相关分析的内容

（1）确定现象之间有无关系。

（2）确定相关关系的表现形式。

分析现象之间的数量依存关系。用一个数学表达式，来反映有相关关系的变量之间的数值变化关系，据此由一个或若干个自变量的数值推断出因变量的可能值，即进行所谓的回归分析。

（3）测定相关关系的密切程度。

7.1.2　用散点图描述相关关系

1）散点图的概念

对于两个变量 x 和 y，通过观察或实验，我们可以得到若干组数据，记为 (x_i, y_i)（$i=1$, 2, $\cdots$, n），将这些数据按 x 值由大到小（或由小到大）以序列表表示，即构成相关表。

项目 7
回归分析预测法

将一一对应的 (x_i, y_i) 描点于坐标轴上，即构成散点图，又称相关图。通过散点图的坐标点的分布状况，可以直观地判断变量之间是否存在相关关系，以及相关的形态、方向。

散点图是相关关系的一种描述方法，它直观、形象，通过散点图可以观察到现象的关系类型以及相关方向、程度。

2) 相关的形态

（1）线性相关。又称直线相关，是指当一个变量变动时，另一变量随之发生大致均等的变动，其观察点的分布近似地表现为一条直线。例如，销售量与广告费的支出数量呈线性关系。

（2）非线性相关。又称曲线相关，是指当一个变量变动时，另一变量也随之发生不均等的变动，其观察点的分布近似地表现为一条曲线，如二次曲线、指数曲线等。例如，工人加班时，刚开始，随着加班时间的增加产量也随之增加，但加班时间足够长后还加班，产量反而下降，即加班时间与产量呈现非线性关系。

3) 相关方向

（1）正相关。指当一个变量的值增加或减少，另一个变量的值也随之增加或减少的相关。例如，工人受培训的时间增加，其劳动生产率也随之增加；居民的月收入越低，其月购物量也越低。

（2）负相关。指当一个变量的值增加或减少时，另一变量的值反而减少或增加的相关。例如，产品的产量越大，单位产品的固定成本越低；汽车的行驶速度越慢，其单位里程的耗油量越大。

7.1.3 相关系数

1) 相关系数的计算

相关的变量之间存在关系，但不同变量之间关系的密切程度各有不同，相关系数就是测定变量之间关系密切程度的量。在直线相关中，人们常常用相关系数测定变量之间的相关关系。度量两个变量之间的线性相关程度的量称为单相关系数。

相关系数的计算公式为

$$r = \frac{\sum(x_i - \bar{x})(y_i - \bar{y})}{\sqrt{\sum(x_i - \bar{x})^2 \cdot \sum(y_i - \bar{y})^2}}$$

化简后变为

$$r = \frac{n\sum x_i y_i - \sum x_i \sum y_i}{\sqrt{n\sum x_i^2 - (\sum x_i)^2} \sqrt{n\sum y_i^2 - (\sum y_i)^2}}$$

计算该相关系数的两个变量都是随机变量，可以选定 n 个样本点来计算，(x_i, y_i) 是任意的第 i 点的坐标。

2) 相关系数的性质

（1）相关系数的值介于 -1 与 +1 之间，即 $-1 \leqslant r \leqslant +1$。

（2）当 $r>0$ 时，表示两变量正相关。

当 $r<0$ 时，表示两变量为负相关。

当 $|r|=1$ 时，表示两变量为完全线性相关，即函数关系。

市场调查与预测

当 $r=1$ 时，称为完全正相关。

当 $r=-1$ 时，称为完全负相关。

当 $r=0$ 时，表示两变量间无线性相关关系。但不代表不存在其他的关系。

（3）r 具有对称性。x 与 y 之间的相关系数 r_{xy} 和 y 与 x 之间的相关系数 r_{yx} 相等。

（4）r 数值大小与 x 和 y 的数据原点及计量尺度无关。

（5）r 是两个变量之间线性关系的一个度量，但不一定表示 x 与 y 一定有因果关系。

（6）当 $|r| \geq 0.8$ 时，为高度相关。

当 $0.5 \leq |r| < 0.8$ 时，为中度相关。

当 $0.3 \leq |r| < 0.5$ 时，为低度相关。

当 $|r| < 0.3$ 时，为极弱相关。

【例1】根据表 7-1 中的数据，计算家庭月收入与家庭储蓄之间的相关系数。

表 7-1 家庭月收入与储蓄相关系数计算表

家庭编号	月收入 x/百元	月储蓄 y/百元	x^2	y^2	xy
1	9	3	81	9	27
2	13	5	169	25	65
3	15	4	225	16	60
4	17	6	289	36	102
5	18	7	324	49	126
6	26	9	676	81	234
7	22	8	484	64	176
8	20	7	400	49	140
9	23	10	529	100	230
10	28	11	784	121	308
11	30	10	900	100	300
12	33	12	1089	144	396
合计	254	92	5950	794	2164

解：以月收入 x 为横坐标，以月储蓄 y 为纵坐标，画散点图，可见 x 与 y 之间基本上成线性关系，相关系数为

$$r = \frac{n\sum xy - \sum x \sum y}{\sqrt{n\sum x^2 - (\sum x)^2}\sqrt{n\sum y^2 - (\sum y)^2}} = \frac{12 \times 2164 - 254 \times 92}{\sqrt{12 \times 5950 - 254^2}\sqrt{12 \times 794 - 92^2}} = 0.9067$$

月收入与月储蓄之间的相关系数为 0.9067，说明两者之间存在高度正线性相关关系。

【例2】海牛是一种体型较大的水生哺乳动物，体重可达到 700 千克，以水草为食。美洲海牛生活在美国的佛罗里达州，在船舶运输繁忙季节，经常被船的螺旋桨击伤致死。表 7-2 是佛罗里达州记录的 1977~1990 年机动船只数量 x 和被船只撞死的海牛数 y 的数据。

表 7-2 1977~1990 年机动船只数量和被船只撞死的海牛数据

年 度	1977	1978	1979	1980	1981	1982	1983
船只数量 x/只	447	460	481	498	513	512	526
撞死海牛数 y/头	13	21	24	16	24	20	15

项目 7
回归分析预测法

续表

年　度	1984	1985	1986	1987	1988	1989	1990
船只数量 x/只	559	585	614	645	675	711	719
撞死海牛数 y/头	34	33	33	39	43	50	47

问：随着机动船数量的增加，被撞死的海牛数是否会增加？

解：首先画出此例相应的散点图，以船只数量 x 为横坐标，以撞死海牛数 y 为纵坐标作图，如图 7-1 所示。

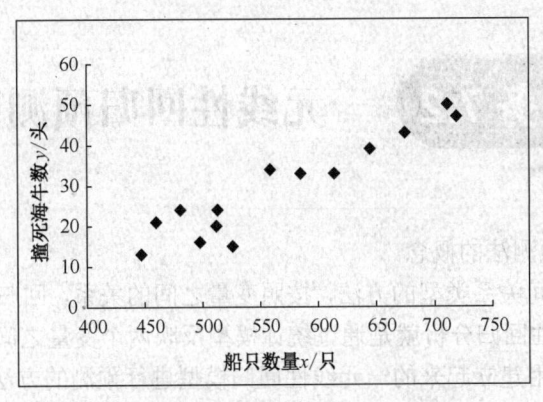

图 7-1　船只数量和被撞死海牛数的散点图

从图 7-1 中看出点的分布趋于一条直线，列表如表 7-3 所示。

表 7-3　参数值

i	x_i	y_i	x_i^2	y_i^2	x_iy_i
1	447	13	5811	199809	169
2	460	21	9660	211600	441
3	481	24	11544	231361	576
4	498	16	7968	248004	256
5	513	24	12312	263169	576
6	512	20	10240	262144	400
7	526	15	7890	276676	225
8	559	34	19006	312481	1156
9	585	33	19305	342225	1089
10	614	33	20262	376996	1089
11	645	39	25155	416025	1521
12	675	43	29025	455625	1849
13	711	50	35550	505521	2500
14	719	47	33793	516961	2209

$\bar{x} = 567.5$，$\bar{y} = 29.43$

$\sum_{i=1}^{14} x_i y_i = 247521$　$\sum_{i=1}^{14} x_i^2 = 4618597$　$\sum_{i=1}^{14} y_i^2 = 14056$

市场调查与预测

相关系数的计算公式为

$$r_{xy} = \frac{\sum\limits_{i=1}^{n} x_i y_i - n\overline{x}\overline{y}}{\sqrt{\sum\limits_{i=1}^{n} x_i^2 - n\overline{x}^2} \sqrt{\sum\limits_{i=1}^{n} y_i^2 - n\overline{y}^2}}$$

代入以上公式，计算得到 $r_{xy} = 0.9415$，则 $\{x_i\}$ 和 $\{y_i\}$ 高度正相关，因此，被撞死的海牛数会随着机动船数的增加而增加。

任务 7.2 一元线性回归预测法

1）一元线性回归预测法的概念

回归是分析变量之间关系类型的方法，按照变量之间的关系，回归分析分为线性回归分析和非线性回归分析。线性回归分析就是通过统计模型反映两个变量之间的线性依存关系。一元线性回归预测法就是利用建立起来的一元线性回归模型进行预测的方法。

回归分析预测法的程序如下。

（1）根据样本数据，确定变量之间的数学关系式。

（2）估计回归模型参数。

（3）对确定的关系式进行各种统计检验，并从影响某一特定变量的诸多变量中找出影响显著的变量。

（4）将预测值对应的自变量代入回归模型，计算得出预测值。

2）一元线性回归模型

一元线性回归模型是指两个变量 x、y 之间的直线因果关系。回归模型为

$$y = \beta_0 + \beta_1 x + \varepsilon$$

理论回归模型中的参数是未知的，但是在观察中我们通常用样本观察值（x_i，y_i）估计参数值 β_0，β_1，通常用 b_0，b_1 分别表示 β_0，β_1 的估计值，ε 是随机误差项，其数学期望为零，可不予考虑。即回归估计模型：

$$\hat{y} = b_0 + b_1 x$$

用最小二乘法估计，可求以上模型中的系数：

$$\begin{cases} b_1 = \dfrac{n\sum xy - \sum x \sum y}{n\sum x^2 - (\sum x)^2} \\ b_0 = \overline{y} - b_1 \overline{x} \end{cases}$$

【例3】实测某地 4~11 周岁女孩的个年龄组的平均身高如表 7-4 所示。

表 7-4　某地 4~11 周岁女孩身高的实测数据

女孩年龄（x_i）/岁	4.5	5.5	6.5	7.5	8.5	9.5	10.5
平均身高（y_i）/厘米	101.1	106.6	112.1	116.1	121.0	125.5	129.2

试建立身高与年龄的线性回归方程。

解：由表 7-4 中的数据可以计算出：

$\sum x_i = 52.5, \sum y_i = 811.6, \sum x^2 = 421.75, \sum x_i y_i = 6218, n = 7$。

回归系数为：

$$b_1 = \frac{n\sum xy - \sum x \sum y}{n\sum x^2 - (\sum x)^2} = \frac{7 \times 6218 - 52.5 \times 811.6}{2 \times 421.75 - 52.5^2} = 4.68$$

$$b_0 = \frac{\sum y}{n} - b_1 \frac{\sum x}{n} = \frac{811.6}{7} - 4.68 \times \frac{52.5}{7} = 80.84$$

于是，女孩身高关于年龄的回归方程为

$$\hat{y} = 80.84 + 4.68x$$

3）回归系数的含义

（1）回归系数可以理解为：对于一定的自变量 x 值，有多个可能的 y 值与其对应，确定平均 y 值所需要的系数。

（2）b_0 为回归直线的初始值，表示在 $x=0$ 时，纵轴上的一个点，也就是在 y 轴上的截距；b_1 是回归直线的斜率，它是自变量（x）每变动一个单位量时，因变量（y）的平均变化量。

（3）若 b_1 为正值，则两个变量为正相关关系，若 b_1 为负值，则两个变量为负相关关系。

4）回归方程的评价——拟合程度分析

已建立的回归方程对数据的代表性如何是一个问题，它表示了回归方程的质量，因此要对建立好的回归方程进行评价，评价用该方程进行估计的精确度如何，即估计回归方程是否很接近因变量，这就是拟合程度分析。如果回归方程对观测值的拟合程度高，就说明估计的精确性高。拟合程度的高低用判定系数来衡量。

（1）判定系数 R^2。

判定系数就是用来度量回归方程对观测数据拟合程度的一个量。例如，在一元线性回归方程中，各个观测点很难全部落在回归方程所代表的直线上，各观测点只能围绕在直线的周围分布，若这种分布越分散，说明直线对观测数据的拟合程度越不好；若各观测点越是紧密围绕直线，表明回归方程对观测点的分布越具有代表性，即方程对观测点的拟合程度越高；若各观测点全部落在回归方程代表的直线上，则回归直线就是对数据的 100%的拟合，直线完全准确地代表了各个点，此时，用 x 估计 y 是没有误差的。拟合程度越高则判定系数越高。

总变平方和＝回归平方和＋残差平方和，即：

$$\sum (y - \bar{y})^2 = \sum (y - \hat{y})^2 + \sum (\hat{y} - \bar{y})^2$$

$\sum (\hat{y} - \bar{y})^2$ 是回归平方和，是回归值 $\hat{y}$ 与平均值 $\bar{y}$ 的离差平方和；

$\sum (y - \hat{y})^2$ 是残差平方和，是各实际观测值与回归值的残差平方和。

$$R^2 = \frac{\text{回归平方和}}{\text{残差平方和}} = \frac{\sum (\hat{y} - \bar{y})^2}{\sum (y - \hat{y})^2} = 1 - \frac{\sum (y - \hat{y})^2}{\sum (y - \bar{y})^2}$$

判定系数 R^2 的取值范围为[0, 1]。

当 $R^2 = 1$ 时，完全拟合，所有观测值都在直线上。

当 $R^2 = 0$ 时，完全不拟合，此时 x 与 y 毫无关系。

当 R^2 越接近于 1，表明回归平方和占总变差平方和的比例越大，回归直线与各观测点越接近，回归直线的拟合程度就越好。

当 R^2 越接近 0，表明回归平方和占总变差平方和的比例越小，回归直线与各观测点越不接近，回归直线的拟合程度就越差。

（2）估计标准误差。

估计标准误差是残差平方和的均方根，用 s_e 表示。其计算公式为

$$s_e = \sqrt{\frac{\sum(y_i - \hat{y}_i)^2}{n-2}} = \sqrt{\frac{残差平方和}{n-2}} \tag{1}$$

s_e 反映了用估计的回归方程预测因变量 y 时预测误差的大小，s_e 越小，说明根据回归方程进行预测也就越准确；若各观测点全部落在直线上，则 $s_e=0$，此时用自变量来预测因变量是没有误差的。可见 s_e 也从另一个角度说明了回归直线的拟合程度。

5）预测并确定置信区间

在上述检验通过以后，将已判断出的未来的自变量 x 的值代入预测模型，就可计算出预测值。

由于实际计算中难免出现误差，预测值不可能是一个确定值，而应该是一个范围或区间，一般要求实际值位于这个区间范围的可靠程度应达到 95%以上。

若给定可靠度 $1-\alpha$，可以证明 y_0 的预测区间为

$$(\hat{y}_0 - t_{\frac{\alpha}{2}} S_0, \hat{y}_0 + t_{\frac{\alpha}{2}} S_0) \tag{2}$$

其中：

$$S_0 = S_y \sqrt{1 + \frac{1}{n} + \frac{n\left(x_0 - \sum_{i=1}^{n} x_i / n\right)^2}{n\sum_{i=1}^{n} x_i^2 - \left(\sum_{i=1}^{n} x_i\right)^2}}$$

式中，$t_{\frac{\alpha}{2}} = t_{\frac{\alpha}{2}}(n-2)$，可由 t 分布表查得；

x_0——预测点 x 的值；

S_y——估计标准差，其计算公式如（1）式；

x_i——统计数据。

利用公式（2）来确定预测区间，在计算上颇为麻烦，在实际应用中可以做一些简化。事实上，预测值 $\hat{y}_0$ 的可靠度为 68.27%时的预测区间为

$$(\hat{y}_0 - S_y, \hat{y}_0 + S_y)$$

预测值 $\hat{y}_0$ 的可靠度为 95.45%时的预测区间为

$$(\hat{y}_0 - 2S_y, \hat{y}_0 + 2S_y)$$

预测值 $\hat{y}_0$ 的可靠度为 99.73%时的预测区间为

$$(\hat{y}_0 - 3S_y, \hat{y}_0 + 3S_y)$$

预测区间的长度直接关系到预测的准确性。显然，预测区间越长，精度越差，反之则越好。

【例 4】某地区居民的收入与社会商品零售总额近 10 年的统计资料如表 7-5 所示。

项目 7
回归分析预测法

表 7-5 社会商品零售总额与居民收入统计资料　　　　　　　　单位：亿元

序 号	居民收入	商品零售总额	序 号	居民收入	商品零售总额
1	64	56	6	107	88
2	70	60	7	125	102
3	77	66	8	143	118
4	82	70	9	165	136
5	92	78	10	189	155

讨论社会商品零售总额与居民收入的关系，并以此预测下一年居民收入达到 213 亿元时的社会商品零售总额。

解：第一步，因为预测目标是社会商品零售总额，所以令社会商品零售总额为 y，居民收入为 x。依据统计资料，画出散点图，如图 7-2 所示。

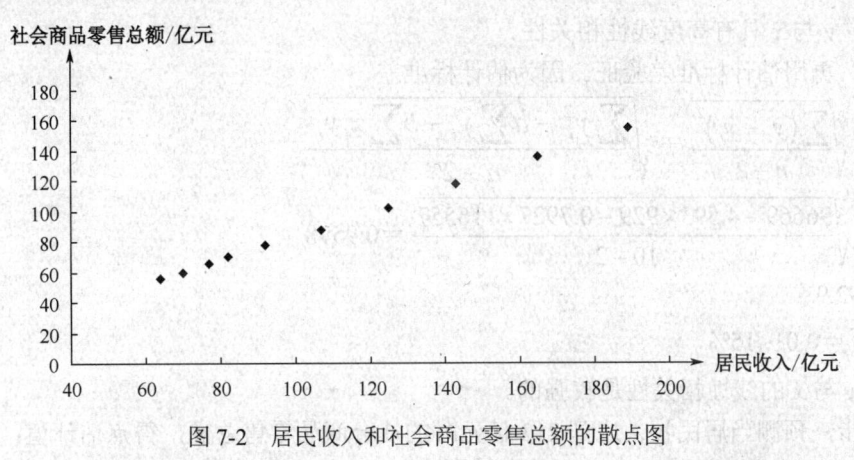

图 7-2 居民收入和社会商品零售总额的散点图

第二步，建立数学模型。由图 7-2 可见，y 与 x 呈线性关系，故设预测模型为
$$\hat{y} = a + bx$$

第三步，估计参数 a、b。为了便于计算，列出计算表，如表 7-6 所示。

表 7-6 线性回归计算表

序 号	x_i	y_i	$x_i y_i$	x_i^2	y_i^2
1	64	56	3584	4096	3136
2	70	60	4200	4900	3600
3	77	66	5082	5929	4356
4	82	70	5740	6724	4900
5	92	78	7176	8464	6084
6	107	88	9416	11449	7744
7	125	102	12750	15625	10404
8	143	118	16874	20449	13924
9	165	136	22440	27225	18496
10	189	155	29295	35721	24025
合计	1114	929	116557	140582	96669

将所得数字代入一元线性回归模型系数的计算公式可得

$$b = \frac{n\sum xy - \sum x \sum y}{n\sum x^2 - (\sum x)^2} = \frac{10 \times 116557 - 1114 \times 929}{10 \times 140582 - (1114)^2} = 13066.4/16482.4 = 0.7927$$

$$a = \frac{1}{n}\sum y - b \cdot \frac{1}{n}\sum x = 929/10 - 0.7927 \times 1114/10 = 4.593$$

由此，得回归预测方程式：

$$\hat{y} = 4.593 + 0.7927x$$

这个模型表明：居民的平均收入每增加 1 元，平均就有约 0.79 元用于商品消费。

第四步，进行相关性检验。

首先，求相关系数：

$$r = \frac{n\sum xy - \sum x \sum y}{\sqrt{n\sum x^2 - (\sum x)^2} \cdot \sqrt{n\sum y^2 - (\sum y)^2}} = 0.9997$$

显然，y 与 x 具有高度线性相关性。

其次，再用估计标准差验证。因为估计标准差

$$S_y = \sqrt{\frac{\sum(y_t - \hat{y}_t)^2}{n-2}} = \sqrt{\frac{\sum y_i^2 - a\sum y_i - b\sum x_i y_i}{n-2}}$$

$$= \sqrt{\frac{96669 - 4.593 \times 929 - 0.7927 \times 116557}{10-2}} = 0.9598$$

$\bar{y} = 92.9$

$S_y / \bar{y} = 0.01 < 15\%$

所以 y 与 x 的线性相关性是较强的。

第五步，预测当居民收入达到 213 亿元时的社会商品零售总额，得点估计值：

$\hat{y}_0 = 4.593 + 0.7927 \times 213 = 173.438$（亿元）

$\hat{y}_0$ 的可靠度为 95% 的预测区间为

$(173.438 - 2 \times 0.9598, 173.438 + 2 \times 0.9598)$

即 $(171.52, 175.36)$

就是说，下一年社会商品零售总额的预测区间为 $(171.52, 175.36)$ 亿元。

【例 5】某省 1999～2016 年的国内生产总值和固定资产投资完成额数据（单位：亿元）如表 7-7 所示。

表 7-7　一元线性回归模型计算表

年　度	固定资产投资完成额 x	国内生产总值 y	x^2	y^2	xy
1999	241.23	744.94	58191.91	554935.6	179701.9
2000	317.12	924.33	100565.1	850694.6	292489.3
2001	371.87	1208.85	138287.3	1461318	449535
2002	320.23	1321.85	102547.3	1747287	423296
2003	356.3	1416.5	126949.7	2006472	504699
2004	439.98	1601.38	193584.4	2564418	704575.2

项目 7
回归分析预测法

续表

年　度	固定资产投资完成额 x	国内生产总值 y	x^2	y^2	xy
2005	711.7	2136.02	506516.9	4562581	1520205
2006	1144.2	2998.16	1309194	8988963	3430495
2007	1331.13	4057.39	1771907	16462414	5400914
2008	1680.17	5155.25	2822971	26576603	8661696
2009	1949.53	6004.21	3800667	36050538	11705388
2010	2203.09	6680.34	4853606	44626943	14717390
2011	2535.5	7199.95	6428760	51839280	18255473
2012	2744.65	7697.82	7522129	59256433	21112426
2013	2995.43	8584.73	8972601	73663254	25708967
2014	3304.96	9511.91	10909545	90476432	31417458
2015	3849.24	10631.75	14816649	113034108	40924157
2016	5335.8	12451.8	28470762	155047323	66440314
合计	31828.13	90323.18	92905430	689769996	251849180.4

试配合适当的回归模型并进行显著性检验。若 2017 年该省的固定资产投资完成额为 5922 亿元，当显著性水平 $\alpha=0.05$ 时，试估计 2017 年其国内生产总值的预测区间。

解：（1）绘制散点图。

设国内生产总值为 y，固定资产投资完成额为 x，绘制散点图（图略），由散点图可以看出两者呈线性关系，可以建立一元线性回归模型。

（2）设一元线性回归方程为
$$\hat{y} = a + bx$$

（3）计算回归系数。

列表计算有关数据（表 7-7），并计算出回归系数估计值：

$$\hat{b} = \frac{n\sum xy - \sum x \sum y}{n\sum x^2 - (\sum x)^2} = \frac{18 \times 251849180 - 31828 \times 90323}{18 \times 92905430 - 31828^2} = 2.51562$$

$$\hat{a} = \frac{\sum y}{n} - \hat{b}\frac{\sum x}{n} = \frac{90323}{18} - 2.51562 \times \frac{31828}{18} = 569.76$$

所求回归预测方程为
$$\hat{y} = 569.76 + 2.51562x$$

（4）检验线性关系的显著性。

由于在一元线性回归情形中，相关系数检验、F 检验、t 检验的结果一致，此处仅给出相关系数检验。

$$R = \frac{n\sum xy - \sum x \sum y}{\sqrt{n\sum x^2 - (\sum x)^2}\sqrt{n\sum y^2 - (\sum y)^2}}$$

$$= \frac{18 \times 251849180 - 31828 \times 90323}{\sqrt{18 \times 92905430 - 31828^2} \cdot \sqrt{18 \times 689769996 - 90323^2}} = 0.9899$$

当显著性水平 $\alpha = 0.05$，自由度 $= n - m = 18 - 2 = 16$ 时，查相关系数临界值表，得 $R_{0.05}(16) = 0.4683$，因

$$R = 0.9899 > 0.4683 = R_{0.05}(16)$$

故在 $\alpha = 0.05$ 的显著性水平上，检验通过，说明两变量之间的线性相关关系显著。

（5）预测。

计算估计值的标准误差：

$$S_y = \sqrt{\frac{\sum y^2 - \hat{a}\sum y - \hat{b}\sum xy}{n-2}}$$

$$= \sqrt{\frac{689769996 - 569.76 \times 90323 - 2.51562 \times 251849180}{18-2}} = 544.9$$

当显著性水平 $\alpha = 0.05$，自由度 $= n - 2 = 18 - 2 = 16$ 时，查 t 分布表得：

$t_{0.025}(16) = 2.1199$

当 $x_0 = 5922$ 亿元时，代入回归方程得 y 的点估计值为

$\hat{y}_0 = 569.76 + 2.51562x = 569.76 + 2.51562 \times 5922 = 15469.1$（亿元）

预测区间为

$$\hat{y}_0 \mp t_{\alpha/2}(n-2) \cdot S_y \sqrt{1 + \frac{1}{n} + \frac{n(x_0 - \bar{x})^2}{n\sum x^2 - (\sum x)^2}}$$

$$= 15469.1 \mp 2.1199 \times 544.9 \times \sqrt{1 + \frac{1}{18} + \frac{18 \times 4154^2}{18 \times 92905430 - 31828^2}}$$

$= 15469.1 \mp 2.1199 \times 544.9 \times 1.52669$

$= 15469.1 \mp 1763.5$

即当 2017 年全省的固定资产投资完成额为 5922 亿元时，在 $\alpha = 0.05$ 的显著性水平上，国内生产总值的预测区间为（13705.6，17234.6）亿元。

任务 7.3 多元线性回归预测法

在市场的经济活动中，经常会遇到某一市场现象的发展和变化取决于几个影响因素的情况，也就是一个因变量和几个自变量有依存关系的情况。而且有时几个影响因素的主次难以区分，或者有的因素虽属次要，但也不能略去其作用。例如，某一商品的销售量既与人口的增长变化有关，也与商品的价格变化有关。这时采用一元回归分析预测法进行预测是难以奏效的，需要采用多元回归分析预测法。

多元回归分析预测法是指通过对两个或两个以上的自变量与一个因变量的相关分析，建立预测模型进行预测的方法。当自变量与因变量之间存在线性关系时，称为多元线性回归分析。

多元线性回归预测模型的一般公式为

$$\hat{Y}_t = a + b_1 x_1 + b_2 x_2 + b_3 x_3 + \cdots + b_n + x_n$$

多元线性回归预测模型中最简单的是只有两个自变量（$n=2$）的二元线性回归模型，其一般形式为

$$\hat{Y}_t = a + b_1 x_1 + b_2 x_2$$

项目 7
回归分析预测法

下面以二元线性回归分析预测法为例,说明多元线性回归分析预测法的应用。

二元线性回归分析预测法是根据两个自变量与一个因变量的相关关系进行预测的方法。二元线性回归方程为

$$\hat{Y}_t = a + b_1 x_1 + b_2 x_2$$

式中,$\hat{Y}_t$——因变量;

x_1、x_2——两个不同自变量,即与因变量有紧密联系的影响因素;

a、b_1、b_2——是线性回归方程的参数。

a、b_1、b_2 通过解下列方程组来得到:

$$\sum y = na + b_1 \sum x_1 + b_2 \sum x_2$$
$$\sum x_1 y = a \sum x_1 + b_1 \sum x_1^2 + b_2 \sum x_1 x_2$$
$$\sum x_2 y = a \sum x_2 + b_1 \sum x_1 x_2 + b_2 \sum x_2^2$$

二元线性回归方程的相关系数的计算公式为

$$Y = \sqrt{1 - \frac{\sum (Y_t - \hat{Y}_t)^2}{\sum (Y_t - \bar{Y}_t)^2}}$$

二元线性回归方程的标准差的计算公式为

$$S = \sqrt{\frac{\sum (y_t - \hat{y}_t)^2}{n-3}}$$

二元线性回归预测法的基本原理和步骤同一元线性回归预测法没有原则的区别,大体相同。

【例 6】某地区通过市场调查发现电冰箱的销售量同居民新结婚户数相关,还与居民户均收入水平相关。该地区近年的电冰箱销售量、新结婚户数和居民户均收入水平资料如表 7-8 所示。

若预计 2003 年该地区的居民新婚户数为 30.2 千户,居民户均收入为 62.5 千元,用二元线性回归分析预测法预测该地区 2003 年的电冰箱需求量。

表 7-8 该地区近年的电冰箱销售量、新结婚户数和居民户均收入水平资料

年 度	电冰箱的销售量 Y/千台	新结婚户数 x_1/千户	居民户均收入 x_1/千元
1995	20	22	28.5
1996	26	22.5	34.0
1997	30	23.1	38.6
1998	34	23.4	40.0
1999	40	24	42.5
2000	44	24.5	46.0
2001	49	26	50.2
2002	55	28.5	54.8

解:从表 7-8 中可以看出电冰箱的销售量同居民新结婚户数和居民户均收入有一定的关系,可试用二元线性回归预测法进行预测。其具体过程如下。

(1)列表计算有关数据,如表 7-9 所示。

表 7-9　参数计算表 1

年　度	Y	x_1	x_2	x_1^2	x_2^2	x_1Y	x_2Y	x_1x_2
1995	20	22	28.5	484	812.3	440	570	627
1996	26	22.5	34.0	506.3	1156	585	884	765
1997	30	23.1	38.6	533.6	1490	693	1158	891.7
1998	34	23.4	40.0	547.6	1600	795.6	1360	936
1999	40	24	42.5	576	1806.3	960	1700	1020
2000	44	24.5	46.0	600.3	2116	1078	2024	1127
2001	49	26	50.2	676	2520	1274	2459.8	1305.2
2002	55	28.5	54.8	812.3	3003	1567.5	3014	1561.8
合计	298	194	334.6	4736.1	14503.6	7393.1	13169.8	8233.7

表 7-9 中，Y 表示电冰箱的销售量（单位：千台）；

x_1：居民新结婚户数（单位：千户）；

x_2：居民户均收入（单位：千元）。

②解下列方程组，求 a、b_1、b_2 参数的值。

把表 7-9 中的有关数据代入下列方程组：

$$\begin{cases} \sum Y = na + b_1 \sum x_1 + b_2 \sum x_2 \\ \sum x_1 y = a \sum x_1 + b_1 \sum x_1^2 + b_2 \sum x_1 x_2 \\ \sum x_2 y = a \sum x_2 + b_1 \sum x_1 x_2 + b_2 \sum x_2^2 \end{cases}$$

得

$$\begin{cases} 298 = 8a + 194 b_1 + 334.6 b_2 \\ 7393.1 = 194a + 4736.1 b_1 + 8233.7 b_2 \\ 13169.8 = 334.6a + 8233.7 b_1 + 14503.6 b_2 \end{cases}$$

解方程组得

$$\begin{cases} a = 20.8387 \\ b_1 = -0.0002 \\ b_2 = 1.3889 \end{cases}$$

由此建立的二元线性回归方程为

$\hat{Y} = a + b_1 x_1 + b_2 x_2 = -20.8387 - 0.002 x_1 + 1.3887 x_2$

这个回归方程必须经过检验才能作为预测模型。

（3）求相关系数，做相关分析。

二元线性回归方程的相关系数的计算公式是

$$Y = \sqrt{1 - \frac{\sum (Y_t - \hat{Y}_t)^2}{\sum (Y_t - \bar{Y}_t)^2}}$$

为了计算相关系数 Y，需列表计算 $\sum(Y - \hat{Y})^2$ 和 $\sum(Y - \bar{Y})^2$，如表 7-10 和表 7-11 所示。

项目 7
回归分析预测法

表 7-10　参数计算表 2

年 序 号	Y_t	$\hat{Y}_t$	$Y_t - \hat{Y}_t$	$(Y_t - \hat{Y}_t)^2$
1（1995 年）	20	18.74	1.26	1.59
2（1996 年）	26	26.38	−0.38	0.14
3（1997 年）	30	32.77	−2.77	7.67
4（1998 年）	34	34.71	−0.71	0.50
5（1999 年）	40	38.18	1.82	3.31
6（2000 年）	44	43.05	0.95	0.90
7（2001 年）	49	48.88	0.12	0.01
8（2002 年）	55	55.27	−0.27	0.07
合计				14.19

$\hat{Y}_t = -20.8387 - 0.0002x_1 + 1.3889x_2$

$\hat{Y}_1 = -20.8387 - 0.0002 \times 22 + 1.3889 \times 28.5 = 18.74$（千台）

$\hat{Y}_2 = -20.8397 - 0.0002 \times 22.5 + 1.3889 \times 34 = 36.38$（千台）

……

$\hat{Y}_8 = -20.8387 - 0.0002 \times 28.5 + 1.3889 \times 54.8 = 55.27$（千台）

表 7-11　参数计算表 3

年 序 号	Y_t	$Y_t - \overline{Y}_t$	$(Y_t - \overline{Y}_t)^2$
1（1995 年）	20	−17.25	297.56
2（1996 年）	26	−11.25	126.56
3（1997 年）	30	−7.25	52.56
4（1998 年）	34	−3.25	10.56
5（1999 年）	40	2.75	7.56
6（2000 年）	44	6.75	45.56
7（2001 年）	49	11.75	138.06
8（2002 年）	55	17.75	315.06
合计	298		993.48

由表 7-11 知

$(\overline{Y}_t = \dfrac{\sum Y_t}{n} = \dfrac{298}{8} = 37.25)$

把表 7-10 和表 7-11 的有关数据代入

$Y = \sqrt{1 - \dfrac{\sum(Y_t - \hat{Y}_t)^2}{\sum(Y_t - \overline{Y}_t)^2}} = \sqrt{1 - \dfrac{14.19}{993.48}} = \sqrt{1 - 0.014} = 0.993$

相关系数为 0.993，说明自变量 X_1、X_2 与因变量 Y 之间有高度相关关系。

（4）做作回归标准差检验。

$S = \sqrt{\dfrac{\sum(Y_t - \hat{Y}_t)^2}{n - 3}} = \sqrt{\dfrac{14.19}{8 - 3}} = 1.685$

$\dfrac{S}{\overline{Y}} = \dfrac{1.685}{37.25} = 0.045 = 4.5\% < 15\%$

市场调查与预测

由此说明二元线性回归方程 $Y = -20.8387 - 0.0002X_1 + 1.3889X_2$ 用于预测，有较高的精确度。

（5）计算预测值。

依据题意，$X_1 = 30.2, X_2 = 62.5$，将它们代入二元线性回归方程：

$$\hat{Y}_{2003} = -20.8387 - 0.0002x_1 + 1.3889x_2$$
$$= -20.8387 - 0.0002 \times 30.2 + 1.3889 \times 62.5$$
$$= 65.96(千台)$$

当居民新结婚户数为 30.2 千户，户均收入为 62.5 千元时，该地区电冰箱需求量的预测值为 65.96 千台。

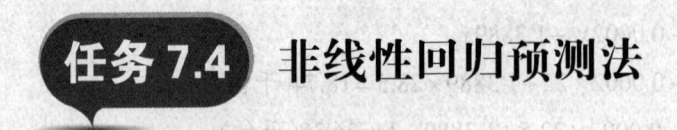

任务 7.4 非线性回归预测法

7.4.1 非线性回归预测方法

现实中，大量的现象之间的关系并不是线性关系，也就是曲线关系。对这种类型现象的分析预测一般要应用非线性回归预测。对于某些非线性回归方程，通过变量代换，可以将它们转化为线性回归，这样就把曲线问题转化为直线问题，就可以利用前面学过的线性回归预测法来解决曲线预测问题了。所以，线性回归是非线性回归的基础，非线性回归是线性回归的延伸。常见的可直线化的曲线有幂函数、指数函数、抛物线函数、对数函数和 S 型函数。

表 7-12 列出了常用的曲线方程和图形，列出了每一种把曲线方程转化为线性方程的变量置换公式，同时列出了变换后的直线方程。

表 7-12 常用的曲线方和图形

方程类型	曲线方程	变换公式	变换后的线性方程	曲线图形
双曲线	$\dfrac{1}{y} = a + \dfrac{b}{x}$	$X = \dfrac{1}{x}$ $Y = \dfrac{1}{y}$	$Y = a + bX$	(1) $b > 0$ (2) $b < 0$
幂函数曲线	$y = ax^b$	$X = \ln x$ $Y = \ln y$	$Y = a' + bX \, (a' = \ln x)$	(1) $b > 0$ (2) $b < 0$

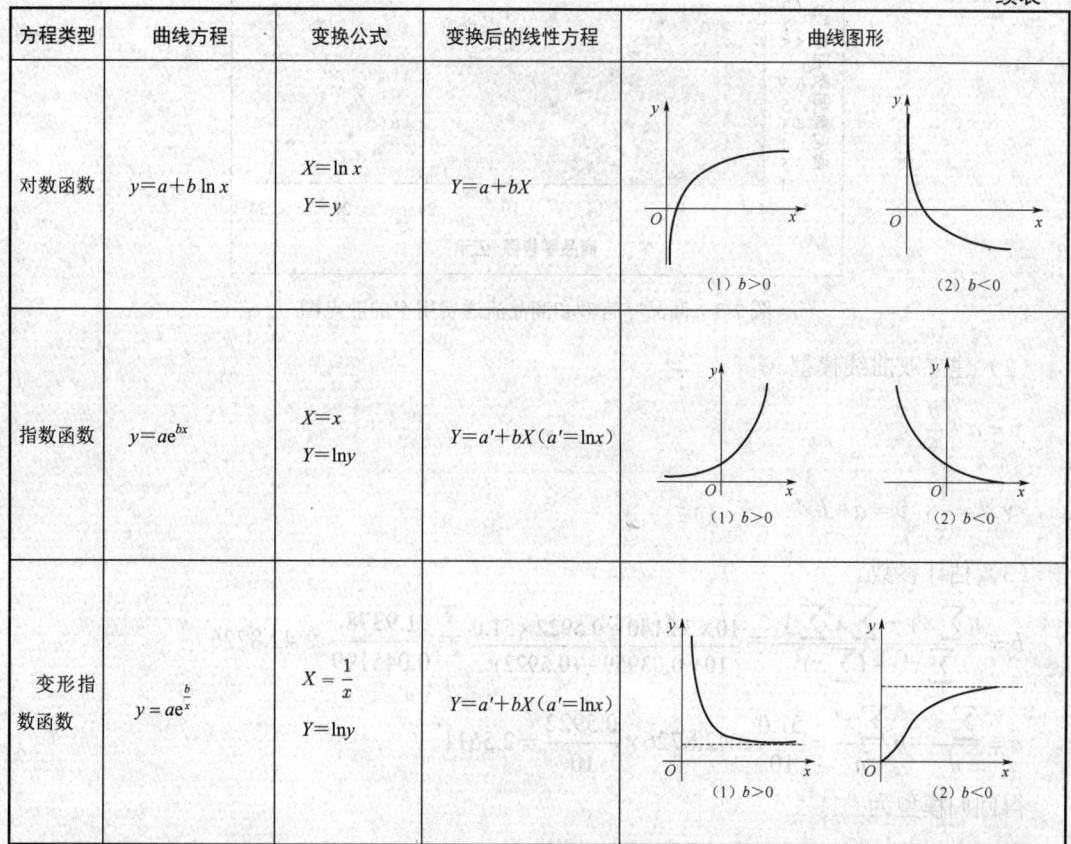

项目 7
回归分析预测法

续表

方程类型	曲线方程	变换公式	变换后的线性方程	曲线图形
对数函数	$y=a+b\ln x$	$X=\ln x$ $Y=y$	$Y=a+bX$	(1) $b>0$ (2) $b<0$
指数函数	$y=ae^{bx}$	$X=x$ $Y=\ln y$	$Y=a'+bX(a'=\ln x)$	(1) $b>0$ (2) $b<0$
变形指数函数	$y=ae^{\frac{b}{x}}$	$X=\dfrac{1}{x}$ $Y=\ln y$	$Y=a'+bX(a'=\ln x)$	(1) $b>0$ (2) $b<0$

【例 7】设某商店 2007～2016 年的商品流通费用率和商品零售额资料如表 7-13 所示。

表 7-13 某商店 2007～2016 年的商品流通费用率和商品零售额资料

年 度	商品流通费用率 $y_i/1\%$	商品零售额 x_i /万元	$x_i'=\dfrac{1}{x_i}$	$x_i'y_i$	$x_i'^2$	y_i^2
2007	7.0	10.2	0.0980	0.6860	0.00960	49.00
2008	6.2	11.7	0.0855	0.5301	0.00731	38.44
2009	5.8	13.0	0.0769	0.4460	0.00591	33.64
2010	5.3	15.0	0.0667	0.3535	0.00445	28.09
2011	5.0	16.5	0.0606	0.3030	0.00367	25.00
2012	6.6	19.0	0.0526	0.2420	0.00277	21.16
2013	6.1	22.0	0.0455	0.2048	0.00207	20.25
2014	6.4	25.0	0.0400	0.1760	0.00160	19.36
2015	6.2	28.5	0.0351	0.1474	0.00123	17.64
2016	6.0	32.0	0.0313	0.1252	0.00098	16.00
合计	51.0	—	0.5922	3.2140	0.03959	268.58

根据上述资料，配合适当的回归模型分析商品零售额与流通费用率的关系。若 2017 年该商店的商品零售额为 36.33 万元，试预测 2017 年的商品流通费用额。

解：(1) 绘制散点图，如图 7-3 所示。从图 7-3 中可以看到：随着商品零售额的增加，流通费用率有不断下降的趋势，呈双曲线形状。

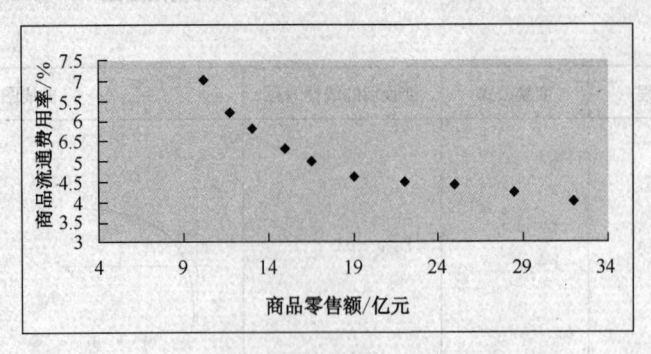

图 7-3 商品零售额和商品流通费用率的散点图

（2）建立双曲线模型。

$$y = a + \frac{b}{x}$$

令 $x' = \frac{1}{x}$，$y = a + bx'$

（3）估计参数。

$$b = \frac{n\sum x'y - \sum x'\sum y}{n\sum x'^2 - (\sum x')^2} = \frac{10 \times 3.2140 - 0.5922 \times 51.0}{10 \times 0.03959 - (0.5922)^2} = \frac{1.9378}{0.045199} = 42.8726$$

$$a = \frac{\sum y}{n} - b\frac{\sum x'}{n} = \frac{51.0}{10} - 42.8726 \times \frac{0.5922}{10} = 2.5611$$

得回归模型为

$$\hat{y} = 2.5611 + 42.8726\frac{1}{x}$$

（4）相关系数。

$$R = \frac{n\sum x'y - \sum x'\sum y}{\sqrt{n\sum x'^2 - (\sum x')^2}\sqrt{n\sum y^2 - (\sum y)^2}}$$

$$= \frac{1.9378}{\sqrt{0.045199}\sqrt{10 \times 268.58 - (51.0)^2}} = \frac{1.9378}{1.9578} = 0.9898$$

由于商品零售额增加，流通费用率呈下降趋势，二者之间为负相关关系，故相关系数取为负值：−0.9898。说明两者高度相关，用双曲线回归模型配合进行预测是可靠的。

（5）预测。将 2017 年该商店的零售额 36.33 万元代入模型，得 2017 年的流通费用率为

$$\hat{y} = 2.5611 + 42.8726 \times \frac{1}{36.33} = 3.74\%$$

故 2017 年该商店的商品流通费用总额预测值为
$36.33 \times 3.74\% = 1.3587$(万元)

7.4.2 非线性回归预测的选配曲线

1）确定变量间函数的类型

变量间函数关系的类型有的可以根据理论或过去积累的经验，事前予以确定。但是，当不

能事先确定变量之间函数关系的类型时，就需要根据实际资料作散点图，根据散点图中的分布形状选择适当的曲线来配合。

2）确定相关函数中的未知参数

函数类型确定以后，接下来就需要确定函数关系式的未知参数。最小二乘法是确定未知参数最常用的办法。但在具体运用时，必须先通过变量变换，把非线性函数关系转化为线性关系。

7.4.3 非线性回归预测原则

1）定性分析先行原则

研究回归预测问题时，首先应进行理论分析和判断，在理论上证实市场各因素之间确实存在相关关系后，才能利用回归预测法，从数量上具体研究市场因素的相关关系。回归分析应该有市场现象相互关系的质的分析，只有在质的分析的基础上，才能测定其在数量上的相互关系。

因此，我们首先应该进行定性分析，在理论指导下，依靠研究人员的理论知识、专业知识、实际经验和分析研究能力，来确定各种变量之间的相关关系及其影响程度。

事物的变化一般是从量变到质变的，在一定的限度内，现象之间才在一定的范围内具有相关关系，超出了这个范围，这种相关关系就会改变。例如，销售人员的数量和利润在一定范围内具有正相关关系，但是销售人员超过了一定的限度，继续增加人员利润反而会减少。因此，做回归分析预测时，一定要注意所建立的回归方程的适用条件，不满足条件的预测可能会得出错误的结论。

2）外推不能原则

回归分析的应用仅仅限于原来数据所包括的范围内，相关关系只限于 x 和 y 从最小值观测值到最大值观测值的范围内；在此范围以外是否存在同样的关系，不得而知。所以，回归分析预测也应限制在此范围内。如果把相关分析任意外推到其他范围，往往根据不足，出现预测错误。即便有十足的理由予以外推，也应小心谨慎，而且不能离开原来的范围太远。

3）数据资料的准确性原则

借以预测的资料必须正确可靠，这样才能保证分析和预测的准确性。凭经验估计出来的资料，得不出科学的分析结论。如果由于历史上的某些原因使得某一年度的资料明显不准确，应按照核实后的数据来计算，不可将错就错。如果发现缺少某些年度的数字，可采用一定的统计方法予以补齐。

4）数据资料的可比性原则

我们应该保证 $y_1, \cdots, y_n$ 之间的指标数值所包含的经济内容、指标的口径、范围、计算方法和计量单位的一致性，各指标具有可比性。

5）市场基本稳定原则

回归分析是在假定市场因素没有发生重大变化时进行的，在市场现象基本稳定的条件下，才能得出可靠的预测结果。回归预测不适合巨变的、不稳定的市场。

市场调查与预测

知识归纳

项目7 回归分析预测法			
相关分析	相关关系	概念：指现象之间存在的，但数量上不是严格对应的依存关系。 特点： （1）现象之间确实存在着数量上的依存关系。 （2）现象间的数量依存关系值是不确定的	
	相关系数	单相关系数：在直线相关中，度量两个变量之间的相关程度和相关方向的量。 $$r = \frac{\sum(x_i-\bar{x})(y_i-\bar{y})}{\sqrt{\sum(x_i-\bar{x})^2 \cdot \sum(y_i-\bar{y})^2}}$$ 化简后变为 $$r = \frac{n\sum x_i y_i - \sum x_i \sum y_i}{\sqrt{n\sum x_i^2 - (\sum x_i)^2}\sqrt{n\sum y_i^2 - (\sum y_i)^2}}$$ 计算相关系数的两个变量都是随机变量，可以选定 n 个样本点来计算，(x_i, y_i) 是任意的第 i 点的坐标	
		单相关系数的性质： （1）相关系数的值介于 -1 与 $+1$ 之间，即 $-1 \leqslant r \leqslant +1$。 （2）当 $r>0$ 时，表示两变量正相关。 当 $r<0$ 时，表示两变量为负相关。 当 $|r|=1$ 时，表示两变量为完全线性相关，即函数关系。 当 $r=1$ 时，称为完全正相关。 当 $r=-1$ 时，称为完全负相关。 当 $r=0$ 时，表示两变量间无线性相关关系。但不代表不存在其他的关系。 （3）r 具有对称性。X 与 y 之间的相关系数 rxy 和 y 与 x 之间的相关系数 ryx 相等。 （4）r 数值大小与 x 和 y 的数据原点及计量尺度无关。 （5）r 是两个变量之间线性关系的一个度量，但不一定表示 x 与 y 一定有因果关系。 （6）当 $|r| \geqslant 0.8$ 时，为高度相关。 当 $0.5 \leqslant |r| < 0.8$ 时，为中度相关。 当 $0.3 \leqslant |r| < 0.5$ 时，为低度相关。 当 $|r| < 0.3$ 时，为极弱相关	
一元线性回归预测法	概念	一元线性回归预测法就是利用建立起来的一元线性回归模型进行预测的方法	
	预测程序	（1）根据样本数据，确定变量之间的数学关系式。 （2）估计回归模型参数。 （3）对确定的关系式进行各种统计检验，并从影响某一特定变量的诸多变量中找出影响显著的变量。 （4）将预测值对应的自变量代入回归模型，计算得出预测值	
	回归估计模型	$$\hat{y} = b_0 + b_1 x$$ 用最小二乘法估计，可求模型中的系数： $$\begin{cases} b_1 = \dfrac{n\sum xy - \sum x \sum y}{n\sum x^2 - (\sum x)^2} \\ b_0 = \bar{y} - b_1 \bar{x} \end{cases}$$	
	拟合程度分析	拟合程度分析的概念	拟合程度分析就是对建立好的回归方程进行评价，评价回归方程的质量、代表性，即评价用该方程进行估计的精确度如何，估计回归方程是否很接近因变量

项目 7
回归分析预测法

续表

项目 7 回归分析预测法

一元线性回归预测法	拟合程度分析	判定系数	判定系数就是用来度量回归方程对观测数据拟合程度的一个量。 总变平方和＝回归平方和＋残差平方和即： $$\sum(y-\bar{y})^2 = \sum(\hat{y}-\bar{y})^2 + \sum(y-\hat{y})^2$$ $\sum(\hat{y}-\bar{y})^2$ 是回归平方和，是回归值 $\hat{y}$ 与平均值 $\bar{y}$ 的离差平方和； $\sum(y-\hat{y})^2$ 是残差平方和，是各实际观测值与回归值的残差平方和。 $$R^2 = \frac{\text{回归平方和}}{\text{残差平方和}} = \frac{\sum(\hat{y}-\bar{y})^2}{\sum(y-\hat{y})^2} = 1 - \frac{\sum(y-\hat{y})^2}{\sum(y-\bar{y})^2}$$ 当 R^2 越接近于 1，表明回归平方和占总变差平方和的比例越大，回归直线与各观测点越接近，回归直线的拟合程度就越好。 当 R^2 越接近 0，表明回归平方和占总变差平方和的比例越小，回归直线与各观测点越不接近，回归直线的拟合程度就越差
		估计标准误差	估计标准误差是残差平方和的均方根： $$s_e = \sqrt{\frac{\sum(y_i - \hat{y}_i)^2}{n-2}} = \sqrt{\frac{\text{残差平方和}}{n-2}}$$ s_e 反映了用估计的回归方程预测因变量 y 时预测误差的大小，s_e 越小，说明根据回归方程进行预测也就越准确；若各观测点全部落在直线上，则 $s_e=0$，此时用自变量来预测因变量是没有误差的。可见 s_e 也从另一个角度说明了回归直线的拟合程度
	预测并确定置信区间		若给定可靠度 $1-\alpha$，则 y_0 的预测区间为 $$\left(\hat{y}_0 - t_{\frac{\alpha}{2}} S_0, \hat{y}_0 + t_{\frac{\alpha}{2}} S_0\right)$$ 其中： $$S_0 = S_y \sqrt{1 + \frac{1}{n} + \frac{n\left(x_0 - \sum_{i=1}^{n} x_i / n\right)^2}{n\sum_{i=1}^{n} x_i^2 - \left(\sum_{i=1}^{n} x_i\right)^2}}$$ 式中，$t_{\frac{\alpha}{2}} = t_{\frac{\alpha}{2}}(n-2)$，可由 t 分布表查得； x_0——预测点 x 值； s_y——估计标准差； x_i——统计数据。 当预测值 $\hat{y}_0$ 的可靠度为 68.27%时，预测区间为（$\hat{y}_0 - s_y$, $\hat{y}_0 + s_y$） 当预测值 $\hat{y}_0$ 的可靠度为 95.45%时，预测区间为（$\hat{y}_0 - 2s_y$, $\hat{y}_0 + 2s_y$） 当预测值 $\hat{y}_0$ 的可靠度为 99.73%时，预测区间为（$\hat{y}_0 - 3s_y$, $\hat{y}_0 + 3s_y$） 预测区间的长度直接关系到预测的准确性。预测区间越长，精度越差
多元线性回归预测法	概念		多元回归分析预测法是指通过对两个或两个以上的自变量与一个因变量的相关分析，建立预测模型进行预测的方法。当自变量与因变量之间存在线性关系时，称为多元线性回归分析。二元线性回归分析预测法是根据两个自变量与一个因变量的相关关系进行预测的方法
	模型		二元线性回归方程为 $$\hat{y}_t = a + b_1 x_1 + b_2 x_2$$ 式中，$\hat{Y}_t$——因变量； x_1、x_2——两个不同自变量，即与因变量有紧密联系的影响因素； a、b_1、b_2——线性回归方程的参数，它们是通过解下列的方程组来得到： $$\sum y = na + b_1 \sum x_1 + b_2 \sum x_2$$ $$\sum x_1 y = a\sum x_1 + b_1 \sum x_1^2 + b_2 \sum x_1 x_2$$ $$\sum x_2 y = a\sum x_2 + b_1 \sum x_1 x_2 + b_2 \sum x_2^2$$ 相关系数的计算公式为 $$Y = \sqrt{1 - \frac{\sum(Y_t - \hat{Y}_t)^2}{\sum(Y_t - \bar{Y}_t)^2}}$$ 标准差的计算公式为 $$S = \sqrt{\frac{\sum(y_t - \hat{y}_t)^2}{n-3}}$$

209

市场调查与预测

续表

	项目7	回归分析预测法
非线性回归预测法	概念	非线性回归预测法就是利用建立起来的非线性回归模型进行预测的方法
	方法	通过变量代换，将曲线回归方程转化为线性回归方程，然后利用线性回归预测法来解决曲线预测问题
	类型	幂函数、指数函数、抛物线函数、对数函数、S型函数
	程序	(1) 确定变量间函数的类型。 (2) 确定相关函数中的未知参数
	预测原则	(1) 定性分析先行原则。 (2) 外推不能原则。 (3) 数据资料的准确性原则。 (4) 数据资料的可比性原则。 (5) 市场基本稳定原则

情景7

练习题

一、单选题

1. 测定现象相关关系密切程度的主要方法是（　　）。
   A. 相关表　　　　　　　　B. 散点图
   C. 相关系数　　　　　　　D. 定性分析

2. 在回归分析中，自变量同因变量的地位不同，两变量 x 和 y 中，y 对 x 回归和 x 对 y 回归（　　）。
   A. 是同一问题　　　　　　B. 不一定相同
   C. 有联系但不是同一问题　D. 完全相同

3. 相关系数等于0，表明两个变量（　　）。
   A. 是严格的函数关系　　　B. 不存在相关关系
   C. 不存在线性相关关系　　D. 存在曲线相关关系

4. 回归系数和相关系数的符号是一致的，其符号均可用来判断现象（　　）。
   A. 线性相关还是非线性相关　B. 正相关还是负相关
   C. 完全相关还是不完全相关　D. 单相关还是复相关

5. 在回归直线 $y=a+bx$（$b<0$）中，x 与 y 之间的相关系数（　　）。
   A. $r=0$　　B. $r=1$　　C. $0<r<1$　　D. $-1<r<0$

6. 某校对营销系的学生学习市场调研与预测的时间 x 与考试成绩 y 之间的关系进行测定，建立了线性回归方程 $y=215-0.6x$，该方程参数的计算（　　）。
   A. a 值是计算错误的　　　B. b 值是计算错误的

项目 7
回归分析预测法

C. a 值和 b 值都是计算错误的　　D. a 值和 b 值都是计算正确的

7. 评价回归直线方程拟合程度如何的指标是（　　）。
   A. 直线斜率　　　　　　　　　B. 直线截距
   C. 判定系数　　　　　　　　　D. 相关系数

8. 关于估计标准误差，下列说法正确的是（　　）。
   A. 数值越大，说明回归直线的代表性越大
   B. 数值越大，说明回归直线的代表性越小
   C. 数值越大，说明回归直线的实用价值越大
   D. 数值越大，说明回归直线的实用价值越小

9. 年劳动生产率 y（千元）和工人工资 x（元）之间的回归方程 $y=20+30x$，意味着劳动生产率每提高 2 千元时，工人工资平均（　　）。
   A. 增加 80 元　　　　　　　　B. 增加 60 元
   C. 减少 80 元　　　　　　　　D. 减少 50 元

10. 两变量 x 与 y 的相关系数为 0.8，则其回归直线的可决系数为（　　）。
    A. 0.50　　B. 0.64　　C. 0.80　　D. 0.90

二、多选题

1. 从变量之间相互关系的表现形式看，相关关系可分为（　　）。
   A. 正相关　　　　　　　　　　B. 负相关
   C. 直线相关　　　　　　　　　D. 非线性相关
   E. 不相关和完全相关

2. 可用来判断现象相关方向的指标有（　　）。
   A. 相关系数　　　　　　　　　B. 回归系数
   C. 回归方程参数 a　　　　　　D. 估计标准误差
   E. x、y 的平均数

3. 确定直线回归方程必须满足的条件有（　　）。
   A. 现象之间确实存在数量上的相互依存关系
   B. 相关系数必须等于 1
   C. y 与 x 必须同方向变化
   D. 现象之间存在较密切的直线相关关系
   E. 相关系数必须大于 0

4. 在直线回归方程中，（　　）。
   A. 在两个变量中必须确定自变量和因变量
   B. 一个回归方程只能做一种推算
   C. 回归系数只能取正值
   D. 要求两个变量都是随机变量
   E. 要求因变量是随机的，自变量是给定的

5. 某工厂生产的产品单位成本（元）与产量（千件）变化的回归方程是 $y=88-3x$，这表示（　　）。
   A. 产量为 1000 件时，单位成本为 85 元
   B. 产量为 1000 件时，单位成本为 88 元

C. 产量每增加 1000 件时，单位成本下降 3 元
D. 产量每增加 1000 件时，单位成本下降 85 元
E. 当单位成本为 79 元时，产量为 3000 件

6. 相关系数与回归系数的关系是（　　）。
   A. 回归系数大于 0 则相关系数大于 0
   B. 回归系数小于 0 则相关系数小于 0
   C. 回归系数大于 0 则相关系数小于 0
   D. 回归系数小于 0 则相关系数大于 0
   E. 回归系数等于 0 则相关系数等于 0

7. 当两个现象完全相关时，下列统计指标值成立的有（　　）。
   A. 相关系数等于 1   B. 相关系数等于 0
   C. 相关系数等于 −1   D. 估计标准误差等于 0
   E. 估计标准误差等于 1

8. 估计标准误差的作用是表明（　　）。
   A. 回归方程的代表性   B. 样本的变异程度
   C. 估计值与实际值的平均误差   D. 样本指标的代表性
   E. 总体的变异程度

9. 有关相关系数数值大小的叙述中正确的有（　　）。
   A. 与回归系数没有关系
   B. 表明两个变量的相关关系程度的高低
   C. 和估计标准误差数值成反比
   D. 和估计标准误差数值成正比
   E. 和估计标准误差没关系

三、简答题

1. 什么是相关关系？什么是函数关系？
2. 相关关系有什么特点？
3. 在两个变量之间，如何用相关系数的取值来判定它们之间的相关性？
4. 简述用一元线性回归预测法做预测的步骤。
5. 如何计算判定系数？并说明怎样根据判定系数的取值判定直线的拟合程度。
6. 如何计算估计标准误差？并说明怎样根据估计标准误差的取值判定直线的拟合程度。
7. 简述如何确定预测置信区间。
8. 简述如何把指数曲线方程转化为直线方程。
9. 什么是多元线性回归预测法？
10. 用非线性回归预测法进行预测时总的基本方法是什么？
11. 一元线性回归方程和二元线性回归方程分别是怎样的？
12. 在一元线性回归方程中，用最小二乘法求出的方程参数计算公式是怎样的？并说明参数在方程中的意义。

四、预测分析题

1. 某工厂生产的某种产品的产量与单位成本数据如表 7-14 所示。

项目 7
回归分析预测法

表 7-14　某工厂生产的某种产品的产量与单位成本数据

年　度	产量 x/千件	单位成本 y/元/件
2012	2	73
2013	3	72
2014	4	71
2015	3	73
2016	4	69
2017	5	68

要求：
（1）计算相关系数。
（2）建立产量对单位成本的直线回归方程，并解释斜率的经济学意义。
（3）该工厂计划 2018 年大幅度提高产量，计划产量达到 7000 件，则预测单位成本将为多少？

2．某同学市场营销学的学习时数与学习成绩如表 7-15 所示。

表 7-15　某同学市场营销学的学习时数与学习成绩

学 生 编 号	每周学习时数	学 习 成 绩
1	4	40
2	6	60
3	7	50
4	10	70
5	13	90

要求：
（1）计算学习时数与学习成绩之间的相关系数。
（2）建立直线回归方程。
（3）计算估计标准误差。

3．某地高校教育经费 x 与高校学生人数 y 连续 6 年的统计资料如表 7-16 所示。

表 7-16　某地高校教育经费与高校学生人数连续 6 年的统计资料

教育经费 x/万元	在校学生数 y/万人
316	11
343	16
373	18
393	20
418	22
455	25

要求：
（1）建立直线回归方程，预测当教育经费为 500 万元时的在校学生数。
（2）计算估计标准误差。

4．某公司每周的广告费支出和每周的销售额数据如表 7-17 所示。

表 7-17　某公司每周的广告费支出和每周的销售额数据

广告费/支出/元	4100	5400	6300	5400	4800	4600	6200	6100	6400	7100
销售额/万元	12.50	13.80	14.25	14.25	14.50	13.00	14.00	15.00	15.75	16.50

要求：
（1）计算广告费支出与销售额之间的相关关系。
（2）计算回归模型参数。
（3）如果下一周的广告费支出为 6700 元，试预测下一周的销售额的置信度为 95%的置信区间。

5．某块农用地的施肥量 x_1、农药用量 x_2 和亩产量 y 的数据如表 7-18 所示。

表 7-18　某块农用地的施肥量、农药用量和亩产量的数据

亩产量 y/斤	58	152	41	93	101	38	203	78	117	44
施肥量 x_1/斤	7	18	5	14	11	5	23	9	16	5
农药用量 x_2/斤	5	16	3	7	10	4	22	7	10	4

要求：拟合二元线性回归方程。

6．某工厂生产某电器产品的产量 x（万件）与单位成本 y（元）的资料如下：
$n=6, \sum x=21, \sum x^2=79, \sum xy=1483, \sum y=426, \sum y^2=30268$

要求：
（1）分析产量与单位成本是否存在线性相关，如果存在，相当程度如何？
（2）拟合适当的回归模型，并评价拟合优度如何。
（3）当估计产量为 6 万件时，预测单位成本置信度为 95%的特定值的置信区间。

7．设销售额 x 为自变量，销售成本 y 为因变量，现已根据某百货公司 12 个月的有关资料计算出以下数据（单位：万元）：

$\sum(x-\bar{x})^2 = 425053.73, \bar{x} = 647.88$

$\sum(y-\bar{y})^2 = 262855.25, \bar{y} = 549.8$

$\sum(y-\bar{y})(x-\bar{x}) = 334229.09$

要求：
（1）拟合线性回归方程，并对回归系数的经济意义做出解释。
（2）计算判定系数和回归估计的标准误差。
（3）假定明年 1 月的销售额为 800 万元，利用拟合的回归方程来预测相应的销售成本，并给出置信度为 95%的预测区间。

实训

一、用 Excel 绘制散点图

实训举例：近年来国家教育部决定将各高校的后勤社会化。某从事饮食业的企业家认为这是一个很好的投资机会，他得到 10 组高校人数与周边饭店的季销售额的数据资料，并想根据高校的数据决策其投资规模。

项目 7
回归分析预测法

操作步骤如下。

1. 打开 Excel 工作簿，输入原始数据，如图 7-4 所示，该表为相关表。

2. 选择"插入"→"图表"命令，打开图表向导，如图 7-5 所示。在"图表类型"列表中选择 XY 散点图选项，单击"下一步"按钮。

图 7-4 原始数据

图 7-5 选择图表类型

3. 在"数据区域"中输入"B2：C11"，选择系列产生在"列"，如图 7-6 所示，单击"下一步"按钮。

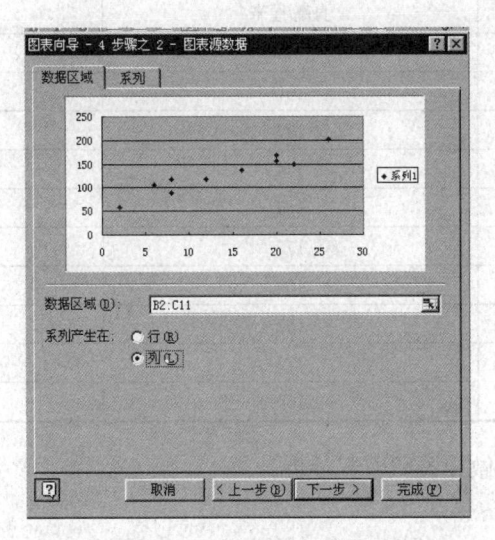

图 7-6 选择图表源数据

市场调查与预测

4. 选择"图例"选项卡,取消图例,省略标题,如图 7-7 所示。

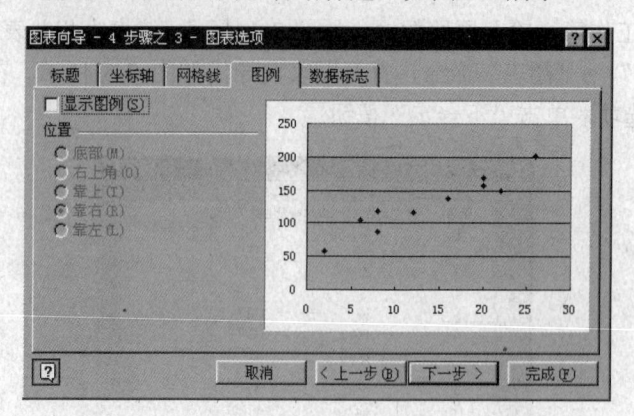

图 7-7　取消图例和标题

5. 单击"完成"按钮,便得到 XY 散点图,如图 7-8 所示。

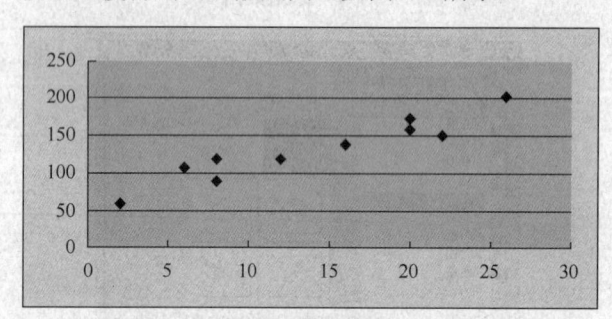

图 7-8　散点图

二、计算相关系数

用 Excel 计算相关系数,可以利用相关系数函数。

实训举例:10 个学生的身高和体重如表 7-19 所示。

表 7-19　10 个学生的身高和体重

学　生	身高/厘米	体重/千克
1	171	53
2	167	56
3	177	64
4	154	49
5	169	55
6	175	66
7	163	52
8	152	47
9	172	58
10	160	50

要求:对身高和体重做相关和回归分析。
操作步骤如下。
首先把有关数据输入 Excel 的单元格中,如图 7-9 所示。

项目 7
回归分析预测法

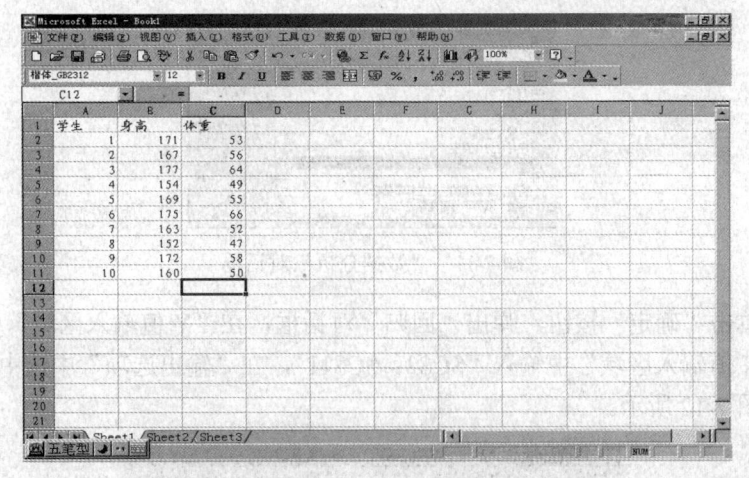

图 7-9　Excel 数据集

Excel 中提供了两个计算两个变量之间相关系数的方法：CORREL 函数和 PERSON 函数，这两个函数是等价的，这里我们介绍用 CORREL 函数计算相关系数。

第一步：单击任一个空白单元格，选择"插入"→"函数"命令，弹出"粘贴函数"对话框，在"函数分类"中选择"统计"，在"函数名"中选择"CORREL"，单击"确定"按钮后，弹出"CORREL"对话框。

第二步：在"Array1"中输入"B2：B11"，在"Array2"中输入"C2：C11"，即可在对话框下方显示出计算结果为 0.896，如图 7-10 所示。

图 7-10　"CORREL"对话框及输入结果

三、用 Excel 进行一元线性回归分析

Excel 进行回归分析同样分函数和回归分析宏两种形式，其提供了 9 个函数用于建立回归模型和预测。这 9 个函数如下。

（1）INTERCEPT，返回线性回归模型的截距。
（2）SLOPE，返回线性回归模型的斜率。
（3）RSQ，返回线性回归模型的判定系数。
（4）FORECAST，返回一元线性回归模型的预测值。
（5）STEYX，计算估计的标准误差。
（6）TREND，计算线性回归线的趋势值。
（7）GROWTH，返回指数曲线的趋势值。
（8）LINEST，返回线性回归模型的参数。
（9）LOGEST，返回指数曲线模型的参数。

用函数进行回归分析比较麻烦，这里介绍使用回归分析宏进行回归分析。

第一步：选择"工具"→"数据分析"命令，弹出"数据分析"对话框，在"分析工具"列表中选择回归选项，如图 7-11 所示。

市场调查与预测

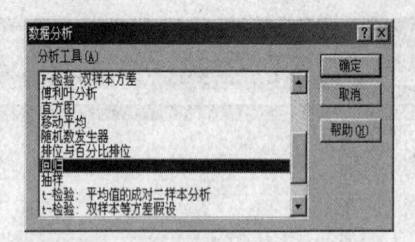

图 7-11　"数据分析"对话框

第二步：单击"确定"按钮，弹出"回归"对话框，在"Y值输入区域"中输入"$B$2：$B$11"，在"X值输入区域"中输入"$C$2：$C$11"，在"输出选项"中选中"新工作表组"单选按钮，如图 7-12 所示。

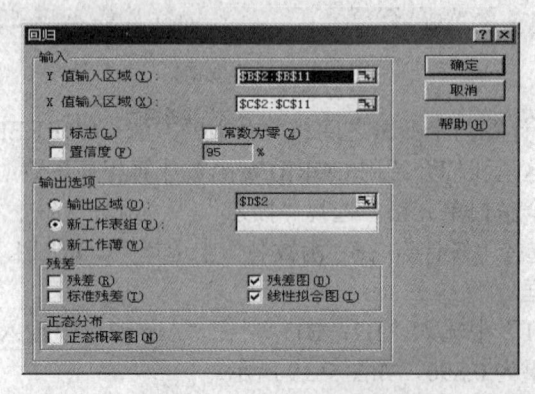

图 7-12　"回归"对话框

第四步：单击"确定"按钮，得到回归分析结果，如图 7-13 所示。

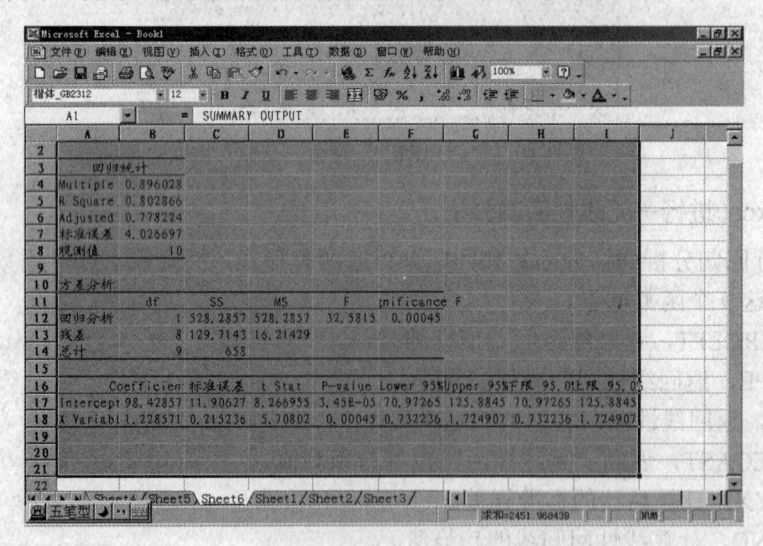

图 7-10　回归分析结果

在上面的输出结果中，第一部分为回归统计，该部分给出了回归分析中的一些常用统计量，Multiple 指相关系数，R Square 指判定系数，Adjusted 指调整后的判定系数，标准误差指估计的标准误差，观测值指样本容量；第二部分为方差分析，该部分给出了自由度（df），回归平方和、残差平方和、总平方和（SS），回归和残差的均方（MS），F 检验的显著性水平（Significance F），P 值（F），该部分的主要作用是对回归方程的线性关系进行显著性检验；第三部分是参数

218

项目 7
回归分析预测法

估计的有关内容，包括回归方程的截距（Intercept）、斜率（X Variable 1）。Coefficient 指系数，用于检验的回归系数的 t 统计量（t Stat）、P 值（P-value），以及截距和斜率的置信区间（Lower 95%和 Upper 95%）。

实训 1：单位成本与产量的关系如表 7-20 所示。

表 7-20 铸铁件产量及单位成本

年　月	铸铁件产量/吨	单位产品成本/元
上年 1 月	810	670
2 月	547	780
3 月	900	620
4 月	530	800
5 月	540	780
6 月	800	675
7 月	820	650
8 月	850	620
9 月	600	735
10 月	690	720
11 月	700	715
12 月	860	610
今年 1 月	920	580
2 月	840	630
3 月	1 000	570

要求：
（1）绘制铸铁件产量与单位产品成本的散点图，计算其相关系数。
（2）拟合回归方程。

实训 2：已知某地区 1978—2003 年的国内生产总值与货运周转量的数据如表 7-21 所示。

表 7-21 国内生产总值

年　度	国内生产总值/亿元	货运周转量/亿吨·千米	年　度	国内生产总值/亿元	货运周转量/亿吨·千米
1978	5.0	9.0	1991	44.0	32.0
1979	8.7	12.0	1992	47.0	34.0
1980	12.0	14.0	1993	54.	37.0
1981	16.0	15.0	1994	56.5	40.0
1982	19.0	17.0	1995	56.0	44.0
1983	22.0	20.0	1996	57.0	43.5
1984	25.0	20.5	1997	59.0	43.5
1985	28.0	23.5	1998	63.0	43.5
1986	36.0	30.0	1999	66.5	44.0
1987	40.0	35.0	2000	67.0	45.5
1988	41.0	32.0	2001	70.5	47.0
1989	32.0	24.0	2002	70.6	46.0
1990	34.0	28.0	2003	73.0	52.0

市场调查与预测

要求：
（1）绘制散点图。
（2）计算相关系数，建立回归方程。
（3）若2005年国内生产总值达到80亿元，试对其货运周转量做出预测（$\alpha = 5\%$）（包括点预测和区间预测）。

报告篇

项目 8

市场调研报告和市场预测报告的撰写

💡 学习目标

1. 熟练掌握市场调研报告的撰写；
2. 掌握市场预测报告的撰写。

市场调查与预测

任务 8.1 市场调研报告的撰写

8.1.1 市场调研报告概述

市场调研是市场调查与市场研究的统称，它是个人或组织根据特定的决策问题而系统地设计、收集、记录、整理、分析及研究市场各类信息资料，报告调研结果的工作过程。

市场调研报告是指经过在实践中对某一产品客观实际情况的调查了解，将调查了解到的全部情况和材料进行分析研究，揭示出本质，寻找出规律，总结出经验，最后以书面形式陈述出来。

撰写调研报告是把调研分析的结果用文字表述出来，撰写调研报告的目的是反映实际情况，为决策提供书面依据。而报告的撰写是在对调研资料进行科学的整理、分析基础上进行的。在正式撰写之前，调研人员首先要构思市场调研报告的整体框架，确定写作的思路。

1）调研报告的组成部分

调研报告主要包括 3 个部分：一是调查，二是研究，三是对策。

（1）调查。应该深入实际，准确地反映客观事实，不凭主观想象，按事物的本来面目了解事物，详细地占有材料。

（2）研究。即在掌握客观事实的基础上，认真分析，透彻地揭示事物的本质。

（3）对策。调研报告中可以提出一些看法。对策的制定是一个深入的、复杂的、综合的研究过程，调研报告提出的对策是否被采纳，能否上升到政策，应该经过政策预评估。

2）市场调研报告的作用

随着社会的信息化，市场经济的迅速发展，人们迫切要求及时了解经济形势、市场变化。市场调研报告能对市场经济提供有效的导向作用，在生产经营管理者摄取信息、分析问题、制定决策和编制计划以及控制、协调、监督等方面都能起积极的作用。最主要有以下三点。

（1）获取经济预测的信息。市场调研报告所掌握的市场的历史、现状及其发展变化的轨迹，能提供企业进行经济预测的可靠信息。

（2）提供企业决策的依据。市场调研报告所提供的准确的市场动态信息，可直接为企业决策提供依据，从而使产销需求对路，避免竞争中的风险。

（3）推动企业改善经营管理。市场调研报告有助于正确认识市场，推动企业改善经营管理；遵循经济规律，提高经济计划的制订水平。

3）市场调研报告的特点

（1）针对性。针对性是市场调研报告的灵魂，主要包括两方面：第一，市场调研报告必须以市场活动为对象，有的放矢地说明或解决某一问题；第二，市场调研报告必须明确阅读对象。因为生产经营者与商品消费者所要求和关心的问题是不尽相同的。如果既不明确解决什么问题，又不明确读者对象而撰写市场调研报告，就是盲目而毫无意义的。

（2）新颖性。市场调研报告应紧紧抓住市场活动的新动向、新问题，引用一些人们未知的通过调查研究获得的新发现，提出新观点，形成新结论。只有突出"新"的报告，才有使用价值，才能达到指导企业市场经营活动的目的。不要把众所周知的、常识性的或陈旧的观点和结论作为市场调研的成果。

（3）时效性。当今世界已进入信息时代，市场竞争更加剧烈，企业在生产经营中必须掌握

项目 8
市场调研报告和市场预测报告的撰写

准确、及时、系统的经济资料,对市场变化迅速做出反应,并对未来状况加以预测,才能在竞争中取胜。因而,要顺应瞬息万变的市场形势,市场调研报告必须讲究时间效益,做到及时反馈。市场调研报告只有及时到达使用者手中,使经营决策跟上市场形势的发展变化,才能发挥其作用。

(4) 写实性。调研报告是在占有大量现实和历史资料的基础上,用叙述性的语言实事求是地反映某一客观事物。充分了解实情和全面掌握真实可靠的素材是写好调研报告的基础。

(5) 逻辑性。调研报告离不开确凿的事实,但又不是材料的机械堆砌,而是对核实无误的数据和事实进行严密的逻辑论证,探明事物发展变化的原因,预测事物发展变化的趋势,提示本质性和规律性的东西,得出科学的结论。

4) 市场调研报告的分类

市场调研报告可以从不同角度进行分类。

按其所涉及内容含量的多少,可以分为综合性市场调研报告和专题性市场调研报告。

按调查对象的不同,可以分为市场供求情况的市场调研报告、关于产品情况的市场调研报告、关于消费者情况的市场调研报告、关于销售情况的市场调研报告以及有关市场竞争情况的市场调研报告。

按表述手法的不同,可分为陈述型市场调研报告和分析型市场调研报告。

常见的专业调研报告有以下几种。

(1) 概况调研报告。概况调研报告是围绕调研对象的基本状况而撰写的全貌表述。其主要用途是较详尽地记录调研结果,较系统地陈述调研资料,以弄清调研对象发生和发展的基本状况,使人们对调研对象有一个全面的了解。

(2) 专题调研报告。专题调研报告是围绕某一问题而撰写的。这些专题可以是典型经验、新生事物、历史事件、存在问题等。专题调研名目繁多,范围很广,实用性很强。专题调研报告的主要用途是研究具体问题,及时反映情况,揭露事物某一侧面矛盾,根据调研分析结果提出建议和对策。其特点是:主题鲜明,针对性强;材料具体、数据准确、说服力强。

(3) 理论研究型报告。如果调研分析的目的是提出、证明或补充某个经济理论观点,其报告为就理论研究型的。其特点是注重理论研究和陈述,讲求分析问题的立场和方法。

(4) 实际建议型报告。这类调研报告的目的是某项工作,是针对某社会现象和有影响的问题,或对某方案提出意见和建议而撰写的。它除了具有专题调研报告的特点外,还应有具备以下特点:调研报告建议要结合实际,有分量,有新意;提出的建议紧紧依靠调研取得的全部资料和数据;调研报告的建议也仅仅出自于实际调研的资料,做到言之有理,论之有据。

(5) 典型经验调研报告。是通过分析典型事例,总结工作中出现的新经验,从而指导和推动某方面工作的一种调研报告。

(6) 问题调研报告。这是针对某一方面的问题,进行专项调研,澄清事实真相,判明问题的原因和性质,确定造成的危害,并提出解决问题的途径和建议,为问题的最后处理提供依据,也为其他有关方面提供参考和借鉴的一种调研报告。

8.1.2 市场调研报告的写作

1) 市场调研报告写作前的准备

(1) 确定选题。

选题一般表现为调研报告的标题,也就是调研报告的题目,它必须准确揭示调研报告的主题思想,做到题文相符;高度概括,具有较强的吸引力。一般是通过扼要地突出本次市场调研全过程中最为有特色的环节的方式,揭示本报告所要论述的内容。

(2) 提炼并形成调研报告的观点。

观点是调研者对分析对象所持有的看法和评价,是调研材料的客观性与调研者主观认识的统一体,是形成思路、组织材料的基本依据和出发点。要从实际调研的情况和数字出发,通过现象而把握本质,具体分析,提炼观点,并立论新颖,用简单、明确、易懂的语言阐述。

(3) 构思市场调研报告的提纲。

提纲是调研报告的骨架,拟订一份提纲可以理清思路。调研报告提纲可以采用从层次上列出报告的章节形式的条目提纲,或者列出各章节要表述的观点形式的观点提纲。一般先拟定提纲框架,把调研报告分为几大部分。然后在各部分中充实,按次序或轻重,横向或纵向罗列而成较细的提纲。提纲越细,反映调研者的思路越清晰,同时也便于对调研报告进行调整。

2) 市场调研报告的结构

(1) 报告题目。

作为一种习惯做法,调研报告题目的下方,紧接着注明报告人或单位、报告日期;然后另起一行,注明报告呈交的对象。这些内容编排在调研报告的首页上。

(2) 报告目录与摘要。

当市场调研报告的页数较多时,应使用目录或索引形式列出主要纲目及页码,编排在报告题目的后面。报告应提供"报告摘要"。主要包括以下四方面内容。

① 明确指出本次调研的目标。
② 简要指出调研时间、地点、对象、范围,以及调研的主要项目。
③ 简要介绍调研实施的方法、手段,以及对调研结果的影响。
④ 调研中的主要发现,或结论性内容。

(3) 报告的正文。

正文应依据调研提纲设定的内容充分展开,它是一份完整的市场调研报告。正文的写作要求言之有据,简练准确。每层意思可以用另起一段的方式处理,而不需刻意注意文字的华丽与承接关系,但逻辑性要强,要把整个报告作为一个整体来处理。

(4) 附录文件。

附件是指调研报告正文包含不了或对正文结论的说明,是正文报告的补充或更为详细的专题性说明。一般包括数据的汇总表、统计公式或参数选择的依据,与本调研题目相关的整体环境资料或有直接对比意义的完整数据,调查问卷、访谈提纲等,均可单独成为报告的附件。

3) 市场调研报告的写作技巧

(1) 标题的写法。

调研报告的标题可以采用单标题与双标题。单标题只有一行标题,一般通过标题把被调查单位和调查内容明确而具体地表现出来;双标题有两行标题,采用正、副标题形式,一般正标题表达调查主题,副标题用于补充说明调查对象和主要内容。由于双标题的优点很多,正标题突出主题,副标题交代形势、背景,有时还可以烘托气氛,二者互相补充,因此成为调研分析报告中最常用的形式。

在具体确定标题时,可以采用下面的形式。

① "直叙式"的标题,即反映调研意向或调研项目或是地点的标题。这种标题简明、客观,一般调研报告多采用这种标题。
② "表明观点式"的标题,直接阐明作者的观点、看法,或对事物进行判断、评价。
③ "提出问题式"的标题,即以设问、反问等形式,突出问题的焦点和尖锐性,吸引读

项目 8
市场调研报告和市场预测报告的撰写

者，促使读者思考。例如，《中学生早恋问题说明了什么》等。

（2）导语的写法。

导语又称引言。它是调研报告的前言，简洁明了地介绍有关调查的情况，或提出全文的引子，为正文写作做好铺垫。常见的导语有以下几种。

① 简介式导语。对调查的目的、时间、方法、背景、方式等做简明的介绍。

② 概括式导语。对调查对象的情况进行概括介绍，使读者一开始就能对其基本情况有个大致的了解。

③ 交代式导语。即对课题产生的由来做简明的介绍和说明。

④ 问题式导语。在开头提出问题来，引起读者对调查课题的关注，促使读者思考。

导语一般使用一段文字，简洁明了，引出下文。

（3）正文的写法。

前言之后、结语之前的文字，都属于正文。正文是调研报告的主体，它对调查得来的事实和有关材料进行叙述，对所做出的分析综合进行议论，对调查研究的结果和结论进行说明。这部分的材料丰富、内容复杂，在写作中最主要的问题是结构的安排。其主要结构形态有以下 3 种。

① 用观点串联材料。

由几个从不同方面表现基本观点的层次组成主体，以基本观点为中心线索将它们贯穿在一起。例如，1999 年 12 月 9 日《人民日报》刊登的调研报告《按照市场经济规律指导农民增收——山东省微山县调查》的主体就是这样的形态。它由 4 个部分构成："抓住了规律就抓住了根本""把握市场需求，发挥自身优势""围绕市场竞争，加强联合与协作""遵循价值规律，推进农业'四化'"。这 4 个部分是由标题所显示的基本观点贯穿起来的。

② 按照内容的逻辑结构安排材料。

课题比较单一，材料比较分散的调研报告可采用这种结构形式。按照内容表达的层次组成的框架有："情况—成果—问题—建议"式结构，多用于反映基本情况的调研报告；"成果—具体做法—经验"式结构，多用于介绍经验的调研报告；"问题—原因—意见或建议"式结构，多用于揭露问题的调研报告。《报刊广告中双关修辞的使用》就属于反映基本情况式结构。

③ 按照时间顺序安排材料。

事件单一、过程性强的调研报告，可采用这种结构形式。它实际上是以时间为线索来谋篇布局的，类似于记叙文的时间顺序写法。这种有清晰过程的写法，可以提高读者的阅读兴趣。其基本结构是：事件过程—事件性质结论—处理意见。

（4）写作的表达方式。

调研报告的表达方式以说明为主。"说明"在调研报告中的主要作用是将研究对象及其存在的问题、产生的原因、程度，以及解决问题的办法解释清楚，使读者了解、认识和信服。在报告中不论是陈述情况、介绍背景，还是总结经验、罗列问题、分析原因，以及反映事物情节、特征和状况等，都要加以说明。即使提出建议和措施也要说明。因此，调研报告是一种特殊说明文，而且特殊之处处处都要说明。

（5）调研报告的语言。

调研报告不是文学作品，它具有较强的应用性。因此，它的语言应该严谨、简明和通俗。

① 严谨。在调研报告中尽量不使用"可能""也许""大概"等含糊的词语，还要注意在选择使用表示强度的副词或形容词时，要把握词语的程度差异，如"有所反应"与"有反应""较大反响"与"反应强烈""显著变化"与"很大变化"之间的差别。为确保用词精确，最好

市场调查与预测

用数字来反映。还要区分相近、易于混淆的概念，如"发展速度"与"增长速度""番数"与"倍数""速度"与"效益"。

② 简明。在叙述事实情况时，力争以较少的文字清楚地表达较多的内容。要使语言简明，重要的是训练作者的思维。只有思维清晰、深刻，才能抓住事物的本质和关键，用最简练的语言概括和表述。

③ 通俗。调研报告的语言应力求朴实严肃，平易近人。通俗易懂才能发挥其应有的作用。但通俗、严肃并非平淡无味，作者要加强各方面的修养和语言文字表达的训练，提高驾驭语言文字的能力，最终才能写出语言生动、通俗易懂的高水平的调研报告。

（6）调研报告中数字的运用。

较多地使用数字、图表是调研报告的主要特征。调研报告中的数字既要准确，又要讲求技巧，力求把数字用活，用得恰到好处。

① 要防止数字文学化。数字文学化表现为在调研报告中到处都是数字。在大量使用数字时，要注意使用方式。一般我们应该使用图表来说明数字。

② 运用比较法表达数字。这是基本的数字加工方法，可以纵向比较和横向比较，纵向比较可反映事物自身的发展变化，横向比较可以反映事物间的差距，对比可形成强烈的反差，增强数字的鲜明性。

③ 运用化小法表达数字。有时数字太大，不易理解和记忆。如果把大数字换算成小数字则便于记忆。例如，把某厂年产电视机 518400 台换算成每分钟生产一台效果更好地，153000000 千米换算成 1.53 亿千米更容易记忆。

④ 运用推算法表达数字。有时个体数量较小，不易引起人们的重视，但由此推算出的整体数量大得惊人。例如，对农民建房占用耕地情况调研发现 12 个村 3 年每户平均占用耕地 2 分 2 厘，而由此推算全县农村建房 3 年共占用耕地上万亩。

⑤ 运用形象法表达数字。这种方法并不使用事物本身的具体数字，而是用人们熟悉的数字表示代替，以增强生动感。例如，乐山大佛高 71 米，头长 14.7 米，换成形象法为：佛像有 20 层楼高，耳朵有 4 个人高，每只脚背上可停放 5 辆解放牌卡车。相比较后者更具有吸引力。

⑥ 使用的汉字与阿拉伯数字应统一。总的原则是可用阿拉伯数字的地方，均应使用阿拉伯数字。公历世纪、年代、年、月、日和时间应使用阿拉伯数字，星期几则一律用汉字，年份一般不用简写；计数与计量应使用阿拉伯数字，不具有统计意义的一位数可以使用汉字（如一个人、九本书等）；数字作为词素构成定型的词、词组、惯用语或具有修辞色彩的语句应当用汉字（如"十五"规划等）；邻近的两个数并列连用表示概数时应当用汉字（如三五天，十之八九等）。

4) 撰写调研报告时事项的注意

一篇高质量的调研报告，除了符合调研报告一般的格式以及很强的逻辑性结构外，写作手法也是多样的，但其中必须注意的问题有以下两点。

（1）调研报告不是流水账或数据的堆积。数据在于为理论分析提供客观依据，市场调研报告需要概括评价整个调研活动的过程，需要说明这些方案执行落实的情况，特别是实际完成的情况对调研结果的影响，需要认真分析清楚。

（2）市场调研报告必须真实、准确。从事实出发，而不是从某人的观点出发，先入为主地做出主观判断。调研前所设计的理论模型或先行的工作假设，都应毫不例外地接受调研资料的检验。凡是与事实不符的观点，都应该坚决舍弃，凡是暂时还拿不准的，应如实写明，或放在

项目 8
市场调研报告和市场预测报告的撰写

附录中加以讨论。

5）写好市场调研报告的要素

（1）必须掌握符合实际的丰富确凿的材料，这是调研报告的生命。丰富确凿的材料一方面来自于实地考察，一方面来自于书报、杂志和互联网。在知识爆炸的时代，获得间接资料似乎比较容易，难得的是深入实地获取第一手资料。这就需要眼睛向下，脚踏实地地到实践中认真调查，掌握大量的符合实际的第一手资料，这是写好调研报告的前提，必须下大功夫。

（2）对于获得的大量的直接和间接资料，要做艰苦细致的辨别真伪的工作，从中找出事物的内在规律性，这是不容易的事。调研报告切忌面面俱到。在第一手材料中，筛选出最典型、最能说明问题的材料，对其进行分析，从中揭示出事物的本质或找出事物的内在 规律，得出正确的结论，总结出有价值的东西，这是写调研报告时应特别注意的。

（3）用词力求准确，文风朴实。写调研报告，应该用概念成熟的专业用语，非专业用语应力求准确易懂。通俗应该是提倡的。特别是被调查对象反映事物的典型语言，应在调研报告中选用。目前，盲目追求用词新颖，把简单的事物用复杂的词语来表达，把简单的道理说得云山雾罩、玄而又玄，实际上是学风浮躁的表现，有时甚至有"没有真功夫"之嫌。

（4）逻辑严谨，条理清晰。调研报告要做到观点鲜明，立论有据。论据和观点要有严密的逻辑关系，条理清晰。论据不单是列举事例、讲故事。逻辑关系是指论据和观点之间内在的必然联系。如果没有逻辑关系，无论多少事例也很难证明观点的正确性。结构上的创新只是形式问题，不能把主要精力放在追求报告的形式上。调研报告的结构可以不拘一格。

（5）要有扎实的专业知识和思想素质。好的调研报告，是由调研人员的基本素质决定的。调研人员既要有深厚的理论基础，又要有丰富的专业知识。一项政策往往涉及国民经济的许多方面，并且影响到不同的社会群体，只有具备很宽的知识面，才能够深刻理解国家的大政方针，正确判断政策所涉及的不同群体的需要，才能看清复杂事物的真实面目。恩格斯说过：如果现象和本质是统一的，任何科学都没有存在的价值了。调研人员一定要具备透过现象洞察事物本质的能力。这源于日积月累，非一朝一夕之功。

6）市场调研报告的写作要点

（1）以科学的市场调查方法为基础。

在市场经济中，参与市场经营的主体，其成败的关键就在于经营决策是否科学，而科学的决策又必须以科学的市场调查方法为基础。因此，要善于运用询问法、观察法、资料查阅法、实验法及问卷调查等方法，适时捕捉瞬息万变的市场变化情况，以获取真实、可靠、典型、富有说服力的商情材料。在此基础上所撰写出来的市场调研报告，就必然具有科学性和针对性。

（2）以真实准确的数据材料为依据。

由于市场调研报告是对市场的供求关系、购销状况及消费情况等所进行的调查行为的书面反映，因此它往往离不开各种各样的数据材料。这些数据材料是定性定量的依据，在撰写时要善于运用统计数据来说明问题，以增强市场调研报告的说服力。关于这点，我们从上述市场调研报告范文中也可略见一斑。

（3）以充分有力的分析论证为杠杆。

撰写市场调研报告，必须以大量的事实材料为基础，包括动态的、静态的、表象的、本质的、历史的、现实的等，可以说错综复杂，丰富充实。但写进市场调研报告中的内容绝不是这些事实材料的简单罗列和堆积，而必须运用科学的方法对其进行充分有力的分析归纳，只有这样，市场调研报告所做的市场预测及所提出的对策与建议才会获得坚实的支撑。

任务 8.2 市场预测报告的撰写

8.2.1 市场预测报告概述

1）市场预测报告的概念

市场预测报告就是依据已掌握的有关市场的信息和资料，通过科学的方法分析研究，从而预测未来发展趋势的一种预见性报告。它是在市场调查的基础上，综合调查的材料，用科学的方法估计和预测未来市场的趋势，从而为有关部门和企业提供信息，以改善经营管理，促使产销对路，提高经济效益。市场预测报告实际上是调研报告的一种特殊形式。它也是应用写作研究的文体之一。

2）市场预测报告的特点

（1）预见性。

市场预测报告的性质就是对市场未来的发展趋势做出预见性的判断，它是在深入分析市场既往历史和现状的基础上的合理判断，目的是将市场需求的不确定性极小化，使预测结果和未来的实际情况的偏差概率达到最小化。

（2）科学性。

市场预测报告在内容上必须占据充分翔实的资料，并运用科学的预测理论和预测方法，以周密的调查研究为基础，充分收集各种真实可靠的数据资料，才能找出预测对象的客观运行规律，得出合乎实际的结论，从而有效地指导人们的实践。

（3）针对性。

市场预测的内容十分广泛，每一次市场调查和预测，只能针对某一具体的经济活动或某一产品的发展前景，因此，市场预测报告的针对性很强。选定的预测对象越明确，市场预测报告的现实指导意义就越大。

3）市场预测报告的作用

（1）科学决策的向导。

市场预测报告是建立在市场调查和市场分析的基础之上的合理推论，是经济理论与经营实践有机结合的成果。通过对市场现状充分、准确地分析和预测，有助于企业管理的决策者把握市场的变化规律，洞察业内的动态走势，明了未来的经营方向。

（2）企业发展的动力。

未来的市场是动态的、变化的。市场预测报告往往能提示市场需求倾向和变动趋势，使企业经营管理提前明确发展思路，拟订产销规划，抢占市场先机，从而提高企业的科学化、现代化管理水平，提高企业的市场适应能力和竞争能力。

（3）资源优化的参谋。

市场预测报告对市场发展变化的合理推断，为企业的人力资源、产业规划、产品结构、产销安排、原料采购、成本控制、能源配给和资金运作等资源的运用，提供了应变、调整的依据。

项目 8
市场调研报告和市场预测报告的撰写

企业通过这些资源优化,科学整合,不仅为企业、社会节约了大量的宝贵资源,为企业、社会增加了财富,而且为企业、国家的经济创造了可持续发展的强劲功能。

4)市场预测报告的分类

(1)按预测的范围分。

① 宏观市场预测报告。宏观市场预测报告是对大范围或整体现象的未来所做的综合预测,常指有关国民经济乃至世界范围内的各种全局性、整体性的、综合性的经济问题的报告。

② 微观市场预测报告。微观市场预测报告是某一部门或某一经济实体对特定市场商品供需变化情况、新产品开发前景等分析研究的预测报告。

(2)按预测的时间分。

① 长期预测报告。它是指超过 5 年期限的经济前景的预测报告。

② 中期预测报告。它是指对 2~5 年内经济发展前景的预测报告。

③ 短期预测。它是指对一年内经济发展情况的预测报告。

(3)按预测的方法分。

① 定量预测报告。定量预测报告包括数字预测法预测报告和经济计量法预测报告。数字预测法预测报告是采用对某一产品(商品)已有的大量数据进行分析研究,用统计数字表达,从中找出产品(商品)的发展趋势而写成的报告。经济计量法预测报告是根据各种因素的制约关系用数学方法加以预测而写成的报告。

② 定性预测报告。定性预测报告是对影响需求量的各种因素,如质量、价格、消费者、销售点等进行调查、分析研究,在此基础上预测市场的需求量而写成的报告。

8.2.2 市场预测报告的写作

一般的写作格式为:标题+正文+落款。

1)标题

市场预测报告的标题一般由预测、预测展望、组成标题构成,标题要简明、醒目。

(1)公文式。

① 全称标题。包括预测时限、预测区域、预测目标和文种 4 个要素,如《2011~2015 年中国手袋行业市场现状及发展前景预测报告》《2005 年我国笔记本电脑市场预测》。

② 简称标题。这类标题往往将预测时限、区域省掉了,突出预测目标和文种,如《家电市场预测》。

(2)信息式标题(文章式)。

信息式标题类似新闻报道中的消息标题,标题中没有"预测"字样,却能看出是预测,如《明年钢材市场相对平稳》《明年保暖内衣可望热销》。

多由正副标题组成。

不管哪种形式的标题,都必须标出预测目标。它是预测报告标题的必要条件。

2)正文

市场预测报告的正文是市场预测报告的主体部分。

(1)前言。

前言部分要求以简短扼要的文字,说明预测的主旨,或概括介绍全文的主要内容,也可以将预测的结果先提到这个部分来写,以引起读者的注意。

(2) 主体。

一般包括现状、预测、建议 3 个部分。

① 现状部分。预测的特点就是根据过去和现在预测未来。所以，写市场预测报告，首先要从收集到的材料中选择有代表性的资料、数据来说明经济活动的历史和现状，为进行预测分所提供依据。

不同的企业，不同的产品或商品，预测的内容必然是不同的。但是，一般来说，要掌握以下几个方面。

第一，产销情况，如产销特点、产量、国家方针政策对产品的影响等。

第二，市场需求状况。

第三，商品资源情况。

第四，购买力的投向情况。

第五，要说明一个时期内产品或商品在社会上需求量的侧重点，不同消费者的购买趋向和心理变化，外地购买力的流入及同本市的销售比例等。

第六，用户支付能力的情况。

第七，要说明社会集团或居民需求量和购买能力的关系，以及价格对销售的影响等。

第八，同行业、同类产品的经营情况，如说明同行业和同类产品的价格、产量、品种、质量、生产能力和地理位置，对方产品或商品的优缺点等。

第九，生产形势和竞争情况。

第十，本企业生产能力和技术设备的情况，要仔细衡量自己的生产能力和技术水平，能否取得较好的经济效果。

② 预测部分。利用资料数据进行科学的定性分析和定量分析，从而预测经济活动的趋势和规律，是市场预测报告的重点所在。这个部分应该在调查研究或科学实验取得资料数据的基础上，对经济现象进行分析研究，重要的是要预测市场对某产品的需求总量和本产品占有市场的比例。

③ 建议部分。为适应经济活动未来的发展变化，为领导决策提供有价值的、值得参考的建议，是写市场预测报告的目的。因此，这个部分必须根据预测分析的结果，提出切合实际的具体建议。宏观经济市场预测报告中常省略。

(3) 结尾（可以建议做结尾）。

结尾是归纳预测结论，提出展望，鼓舞人心，也可以照应前言或重申观点，以加深认识。

3) 落款（作用：备查）：单位名称（作者姓名）＋日期

若公开发表，可略去日期，署名在标题正下方。

8.2.3 市场预测报告的撰写要求

1) 写作要求

(1) 深入调查，从实际出发。

市场调查必须是在对市场的历史、现状进行深入细致的调查基础上进行的。这也是写好预测报告的前提。调查阶段所取得的资料不准确、不全面，不仅不能全面、正确地把握市场变化的趋势和规律，而且很可能做出错误的结论，给生产和决策带来损失。

(2) 目标明确，突出重点。

项目 8
市场调研报告和市场预测报告的撰写

预测目标在市场预测报告的写作中具有重要作用,明确了目标后,材料的收集、筛选、使用,以及报告的结构安排才有依据。目标明确后要突出重点。

(3) 预测报告的专业要掌握好有关经济政策。

我国的市场营销活动主要是在党和国家的经济政策指导下进行的,不熟悉经济政策,单靠对市场现状的了解和运用预测方法,是搞不好市场预测的。

(4) 语言要求准确、简练。

市场预测报告的价值,主要看预测的结论是否准确、建议是否切实可行。因此,撰写市场预测报告必须对采用的资料和预测模型反复落实、推敲。语言的运用要准确、简洁,不必单纯追求语句的华丽和渲染。

2) 写作的注意事项

(1) 注重调查研究,充分占有资料。

(2) 注重事实,进行科学的分析和预测。

(3) 注重实效,提供对策研究。

3) 市场预测报告和市场调研报告的联系和区别

(1) 联系。

市场调查是市场预测的手段,是市场预测的基础。另外,市场调研报告和市场预测报告在调查上重合。

(2) 区别。

方法不同。市场调研报告一般通过现场调查或抽样调查获取资料,通过分析整理,得出结论;而市场预测报告主要根据统计资料,通过数学分析,预测市场的走向。

知识归纳

项目8 市场调研报告和市场预测报告的撰写		
市场调研报告的撰写	组成部分	调查、研究、对策
	作用	(1) 获取经济预测的信息。 (2) 提供企业决策的依据。 (3) 推动企业改善经营管理
	特点	(1) 针对性。 (2) 新颖性。 (3) 时效性。 (4) 写实性。 (5) 逻辑性
	分类	按其所涉及内容含量的多少:综合性市场调查报告、专题性市场调查报告。 按调查对象的不同:市场供求情况的市场调查报告、关于产品情况的市场调查报告、关于消费者情况的市场调查报告、关于销售情况的市场调查报告、有关市场竞争情况的市场调查报告。 按表述手法的不同:陈述型市场调查报告、分析型市场调查报告

续表

		项目8 市场调研报告和市场预测报告的撰写
市场调研报告的撰写	写作	1. 市场调研报告写作前的准备 确定选题—提炼并形成调研报告的观点—构思市场调研报告的提纲。 2. 市场调研报告的结构 （1）报告题目。 （2）报告目录与摘要。 （3）报告的正文。 （4）附录文件。 3. 市场调研报告的写作技巧 （1）标题的写法："直叙式"的标题、"表明观点式"的标题、"提出问题式"的标题。 （2）导语的写法：简介式导语、概括式导语、交代式导语、问题式导语。 （3）正文的写法：用观点串联材料、按照内容的逻辑结构安排材料、按照时间顺序安排材料。 （4）写作的表达方式：以说明为主。 （5）调研报告的语言：严谨、简明、通俗。 （6）调研报告中数字的运用：要防止数字文学化、运用比较法表达数字、运用化小法表达数字、运用推算法表达数字、运用形象法表达数字、使用的汉字与阿拉伯数字应统一
	注意	（1）调研报告不是流水账或数据的堆积。 （2）市场调研报告必须真实、准确。
	要素	（1）必须掌握符合实际的丰富确凿的材料。 （2）对获得的资料做辨别真伪的工作，找出事物的内在规律。 （3）用词力求准确，文风朴实。 （4）逻辑严谨，条理清晰。 （5）要有扎实的专业知识和思想素质。
	要点	（1）以科学的市场调查方法为基础。 （2）以真实准确的数据材料为依据。 （3）以充分有力的分析论证为杠杆。
市场预测报告的撰写	特点	（1）预见性。 （2）科学性。 （3）针对性。
	作用	（1）科学决策的向导。 （2）企业发展的动力。 （3）资源优化的参谋。
	分类	（1）按预测的范围分：宏观市场预测报告、微观市场预测报告。 （2）按预测的时间分：长期预测报告、中期预测报告、短期预测。 （3）按预测的方法分：定量预测报告、定性预测报告。
	写作	1. 标题 包括公文式标题、信息式标题。 2. 正文 （1）前言。 （2）主体：包括现状部分、预测部分、建议部分。 （3）结尾（可以建议做结尾）。 3. 落款 包括单位名称、作者姓名、日期
	要求	（1）深入调查，从实际出发。 （2）目标明确，突出重点。 （3）预测报告的专业要掌握好有关经济政策。 （4）语言要求准确、简练

项目 8
市场调研报告和市场预测报告的撰写

续表

		项目 8　市场调研报告和市场预测报告的撰写
市场预测报告的撰写	注意事项	（1）注重调查研究，充分占有资料。 （2）注重事实，进行科学的分析和预测。 （3）注重实效，提供对策研究
	市场调研报告与市场预测报告的比较	1. 联系 市场调查报告是市场预测报告的前提和基础，市场预测报告是市场调研的延伸。 2. 区别 方法不同。市场调研报告通过现场调查获取资料，经过分析整理，得出结论；而市场预测报告根据统计资料，通过数学分析，预测市场的走向

情景 8

练习题

一、单选题

1. 市场调研报告的组成部分不包括（　　）。
   A．调查　　　　B．研究　　　　C．对策　　　　D．决策
2. 市场调研报告的撰写不必注意（　　）。
   A．针对性　　　B．时效性　　　C．启发性　　　D．逻辑性
3. 市场调研报告能够起到以下作用（　　）。
   A．总结作用　　　　　　　　　　B．提供企业决策的依据
   C．展现企业形象　　　　　　　　D．预测未来
4. 市场调研报告写作要（　　）。
   A．以分析为主　B．以说明为主　C．以议论为主　D．以推理为主
5. 不属于市场调研报告结构内容的是（　　）。
   A．报告题目　　B．报告的正文　C．报告背景　　D．附录文件
6. 调研报告的语言风格是（　　）。
   A．优美　　　　B．晦涩　　　　C．简明　　　　D．古朴

二、多选题

1. 按预测的范围分，市场预测报告可以分为（　　）。
   A．长期预测报告　　　　　　　　B．中期预测报告
   C．短期预测　　　　　　　　　　D．宏观市场预测报告
   E．微观市场预测报告
2. 市场预测报告正文中的主体包括（　　）。
   A．现状部分　　　　　　　　　　B．调查部分

233

        C. 预测部分 　　　　　　　　D. 建议部分
        E. 推理部分
　　3. 写市场调研报告时（　　）。
        A. 必须真实、准确 　　　　　B. 逻辑严谨，条理清晰
        C. 以充分有力的分析论证为杠杆　D. 以推理代替调查资料
        E. 文风精美
　　4. 市场调研报告中（　　）。
        A. 材料必须真实 　　　　　　B. 有分析论证
        C. 符合逻辑 　　　　　　　　D. 做出假设
        E. 只需列出调查数据
　　5. 写市场预测报告时（　　）。
        A. 目标明确，突出重点 　　　B. 深入调查，从实际出发
        C. 分析务必深入 　　　　　　D. 不能有猜测
        E. 语言准确、简练
　　6. 市场预测报告（　　）。
        A. 注重实效，提供对策研究 　B. 注重事实，进行科学的分析和预测
        C. 注重调查研究，充分占有资料　D. 注重多种预测方法并用
        E. 注重多用定量预测方法

三、简答题

1. 市场调研报告有什么特点？
2. 市场调研报告的基本结构是什么？
3. 举例说明市场调研报告的标题怎么写。
4. 市场调研报告写作前要做什么准备？
5. 市场调研报告的正文怎么写？
6. 怎样写市场调研报告的导语？
7. 市场预测报告的结构是怎样的？
8. 市场预测报告的写作要求是什么？
9. 撰写市场预测报告时要注意哪些问题？
10. 试比较市场调研报告与市场预测报告的异同点。

实训

1. 为在项目1、项目2中做过的实训撰写一份市场调研报告。
2. 为在项目5、项目6、项目7中做过的实训撰写一份市场预测报告。
3. 与学校附近的商店或企业联系，为其做市场调查和预测，撰写综合市场调研与预测报告。

参 考 文 献

[1] 勾殿红. 市场营销[M]. 北京：中国人民大学出版社，2014.
[2] 赵轶. 市场调查与预测[M]. 北京：机械工业出版社，2015.
[3] 郑聪玲. 市场调查与分析[M]. 北京：中国人民大学出版社，2013.
[4] 马连福. 市场调查与预测[M]. 北京：机械工业出版社，2016.
[5] 马连福. 体验营销[M]. 北京：首都经济贸易大学出版社，2005.
[6] 鄢奋. 市场调查[M]. 北京：经济管理出版社，2015.
[7] 吴杨，陈兆荣. 市场调查与预测[M]. 合肥：中国科学技术大学出版社，2014.
[8] 贾俊平，郝静等. 统计学案例与分析[M]. 北京：中国人民大学出版社，2010.
[9] 魏炳麒. 市场调查与预测（第二版）[M]. 大连：东北财经大学出版社，2005.
[10] 于翠华. 市场调查与预测（第二版）[M]. 北京：电子工业出版社，2010.
[11] 杜明汉，刘巧兰. 市场调查与预测——理论、实务、案例、实训（第二版）[M]. 大连：东北财经大学出版社，2014.
[12] 郑聪玲，徐盈群. 市场调研原理与实训[M]. 大连：东北财经大学出版社，2014.
[13] 国家统计局统计教育培训中心. 统计业务知识——学习指导与习题[M]. 北京：中国统计出版社，2012.
[14] 马乘霈. 市场调研与预测[M]. 成都：西南财经大学出版社，2002.
[15] 张灿鹏，郭砚常. 市场调查与分析预测[M]. 北京：清华大学出版社，2008.
[16] 刘登辉，韩千里. 市场调查与预测[M]. 北京：中国经济出版社，2008.
[17] 李冬梅. 市场调查与预测[M]. 上海：复旦大学出版社，2014.
[18] 赵相忠. 市场调查与预测[M]. 重庆：重庆大学出版社，2004.
[19] 张卫星. 市场预测与决策[M]. 北京：北京工业大学出版社，2002.

参考文献

[1] 张岱年,方克立. 中国文化概论[M]. 2014.
[2] 王玉德. 熟读深思自知之[M]. 上海:华东师范大学出版社, 2015.
[3] 刘守华. 中国民间故事史[M]. 武汉: 华中师范大学出版社, 2012.
[4] 王立. 中国古代文学十大主题[M]. 沈阳: 辽宁教育出版社, 2006.
[5] 乌丙安. 民俗学原理[M]. 沈阳: 辽宁教育出版社, 2003.
[6] 陶思炎. 应用民俗学[M]. 南京: 江苏教育出版社, 2013.
[7] 王娟. 民俗学概论[M]. 北京: 北京大学出版社, 2014.
[8] 钟敬文. 民俗学概论[M]. 上海: 上海文艺出版社, 2010.
[9] 郑土有. 中国仙话与仙人信仰[M]. 上海: 上海人民出版社, 2005.
[10] 叶子铭. 中国现当代文学史[M]. 上海: 华东师范大学出版社, 2010.
[11] 刘魁立. 民间叙事的生命树——浙江当代"五女祭祖"故事情节类型的形态结构分析[M]. 北京: 中国社会科学出版社, 2014.
[12] 段宝林. 民间文学教程[M]. 北京: 高等教育出版社, 2014.
[13] 陈勤建. 民俗学田野作业研究——当代民俗学方法论[M]. 济南: 山东大学出版社, 2012.
[14] 吕思勉. 中国通史[M]. 北京: 群言出版社, 2005.
[15] 朱狄. 原始文化研究[M]. 北京: 生活·读书·新知三联书店, 2008.
[16] 万建中. 民间文学引论[M]. 北京: 北京大学出版社, 2008.
[17] 黄永林. 中国民间文化与新时期小说[M]. 北京: 人民出版社, 2012.
[18] 乌丙安. 中国民俗学[M]. 沈阳: 辽宁大学出版社, 2006.
[19] 高有鹏. 沉重的祭奠[M]. 开封: 河南大学出版社, 2002.